# 富爸爸

# 投资指南

〔美〕罗伯特·清崎　〔美〕莎伦·莱希特　著

萧明　译

四川人民出版社

**readers-club**

北京读书人文化艺术有限公司
www.readers.com.cn
出　品

# 致中国读者的一封信

亲爱的中国读者：

你们好！

今年是《富爸爸穷爸爸》在美国出版20周年，其在中国上市也已经整整17年了。我非常高兴地从我的中国伙伴——北京读书人文化艺术有限公司（他们在这些年里收到了很多读者来信）那里了解到，你们中的很多人因为读了这本书而认识到财商的重要性，从而努力提高自己的财商，最终同我一样获得了财务自由。

我很骄傲我的书能够让你们获益。20年后的今天，世界又处在变革的十字路口。全球经济形势日益复杂，不断涌现的"黑天鹅事件"加剧了世界发展的不确定性，人们对未来充满迷茫，悲观主义情绪正在蔓延。

而对于你们，富爸爸广大的中国读者来说，除了受世界经济的影响，还要面对国内经济转型的阵痛，这个过程艰苦而漫长。当然，为了成就这种时代的美好，你必须坚持正确的选择，拥有前进的智慧和勇气。这就需要你努力学习。此次修订除了对原来内容的更新，还增加了许多全新的小版块。这些小版块贯穿全书，可以看作是穿越时光的透视镜，它们从今天回望

1997 年这本书诞生的时候，用今天的形势来印证富爸爸当初的理念。

　　最后，我还是要说，任何人都能成功，只要你选择这么做！

罗伯特·清崎

2017年6月

# 出版人的话

转眼间，"富爸爸"问世已20年，与中国读者相伴也已17余年。在中国经济和社会蓬勃发展的17余年间，"富爸爸"系列丛书的出版影响了千千万万的中国读者，有超过1000万的读者认识了富爸爸、了解了财商。在"富爸爸"的忠实读者中，既有在餐厅打工的服务员，也有执教讲堂的大学教授；既有满怀创业梦想的年轻人，也有安享晚年的退休人士。"富爸爸"的读者群体之广、之大，是我们不曾预料到的。

作为一套在中国风靡大江南北、引领国人创业创富的财商智慧丛书，"富爸爸"系列伴随和见证了千万读者的创富经历和成长历程，他们通过学习财商，已然成为中国的"富爸爸"，这也是我们修订此书的动力。十几年来，"富爸爸"系列也在不断地增加新的"家族成员"，新书的内容也越来越贴合当下经济的快速发展以及国内风起云涌的经济大潮，我们也在十几年的财商教育过程中摸索出了一套适合国内大众群体的"MBW"财商理论体系，即从创富动机、创富行为习惯、创富路径三方面培养学员的财商，增强大家和财富打交道的积极意识，提高抗风险的能力。

曾有一位来自深圳的学员告诉我，他当年就是因为读了《富爸爸穷爸爸》一书，并通过系统的财商训练，才在事业上取得了巨大的成功。难能可贵的是，成功后的他并没有独享财富，而是将自己致富的秘诀——"富爸爸"财商理念分享给了更多想要创业、想要致富、想要成功的人。

在"富爸爸"的忠实读者群中，类似的成功故事还有很多很多。在"富爸爸"的影响下，每一位创富的读者都非常乐意向更多的朋友传授自己从财商训练中获得的成功经验。

值此"富爸爸"20周年之际，作者的最新修订版再次契合了时代的发展、读者的需要。在经济金融全球化的发展与危机中，作者总结过去、现在和未来财富的变化与趋势，并重温了富爸爸那些简洁有力的财商智慧，在中华民族伟大复兴的新时代，"富爸爸"系列丛书将结合财商教育培训，为读者带来提高财商的具体办法，以及在中国具体环境下的MBW创富实践理论。丛书的出版公司北京读书人文化艺术有限公司将和相关的财商教育培训机构一起，从图书、财商游戏、财商培训、财商俱乐部等多角度多方面，打造出一个立体的"富爸爸"，不仅要从财商理念上引导中国读者，更要在实践中帮助中国读者真正实现财务自由。读者和创业者可以通过登录官方网站：www.readers.com.cn及www.fubaba.com，或关注读书人俱乐部微信，来了解更多有关"富爸爸"系列丛书和财商培训的信息。

正如富爸爸在书中所说，世界变了，金钱游戏的规则也变了。对于读者和创富者来说，也要应时而变，理解金钱的语言、学会金钱的游戏。只有这样，你才能玩转金钱游戏，实现财务自由。

汤小明
2017年4月

读书人俱乐部

# 目 录

## 第二阶段　你想成为哪种类型的投资者

## 第三阶段　怎样建立一家强大的企业

## 第四阶段　谁是成熟投资者

## 从本书中你将学到什么

美国证券交易委员会（The Securities and Exchange Commission，简称SEC）规定，一个合格的投资者应具备以下条件之一：

1. 年收入 20 万美元或以上。
2. 夫妇两人年收入 30 万美元或以上。
3. 净资产 100 万美元或以上。

美国证券交易委员会提出的这些要求，是为了保护普通投资者不被卷入世界上最冒险的投资游戏中去，但问题是，这同时也让普通投资者远离了世界上最好的投资项目。所以富爸爸给普通投资者的建议是："不要太普通。"

## 白手起家

本书从 1973 年我从越南回国时写起，当时我还有不到一年就要从海军陆战队退役了。这意味着在不到一年之后，我将没有工作，没有钱，也没有资产。所以本书开始时所描述的境况许多人都可能会了解，那就是白手起家。

写这本书对我而言是一个挑战，我曾经四易其稿。初稿是以SEC规定的特许投资者的标准开始的，按照那个标准，个人年收入至少应该达到20万美元。但当初稿完成后，我的合著者莎伦·莱希特提醒我注意富爸爸的90/10金钱规律。她说："现在这本书讲的是富人进行的投资，但现实是，在美国只有不到10%的人年收入在20万美元以上。事实上，我认为只有不到3%的人符合特许投资者的标准。"由此我意识到写这本书的难题在于，不仅要写年收入在20万美元以上的富人的投资，还要兼顾所有的读者，无论他们是否有钱进行投资。这确实很有挑战性，所以我将本书重写了4稿。

现在呈献在你面前的这本书将从最基础的投资者水平讲起，逐渐上升到最高级、最复杂的投资者水平。不以"特许投资者"为开篇，而是从我在1973年的处境谈起，因为那时我没有工作，没有钱，没有资产，那种情况是很多人都曾经历或正在经历的。1973年，我唯一的梦想就是有一天能非常富有，并有资格和富人做相同的投资。那些投资有鲜为人知的，也有写在财经报纸上的，还有被投资经纪人在店头推销的。我除了一个梦想和富爸爸的教导外一无所有，本书就是从那时候写起，一直写到我有资格进行和富人一样的投资。

所以不管你现在有没有钱去投资，也不管你对投资知道多少，你都会对本书感兴趣。本书尽可能地用最简单的语言去探讨非常复杂的投资问题。本书正是献给那些不管有多少钱都希望更聪明的投资者。

如果本书是你读到的第一本关于投资的书，请不要担心书中的内容太复杂。我们希望你以开放的思想从头至尾读完本书。如果你感到有些部分实在难以理解，先熟悉一下里面的词语也行，但请读完全书。即使你以往对投资一无所知，通过阅读本书，你也会比很多正在市场上投资的人知道得更多。实际上，通过阅读本书，你甚至会比很多专给别人投资建议的投资顾问更加通晓投资的智慧。本书的内容由浅入深，但不过多地探讨细节和复杂的问题。我们试图通过多种方式，始终以简洁晓畅的语言阐述深奥的投资策略。本书是一个富人指导一个年轻人投资的故事，并辅以图表，以帮助你弄懂很多复杂的投资问题。

## 90/10 金钱规律

富爸爸很欣赏意大利经济学家帕累托的 80/20 准则，即众所周知的"最小努力原则"。但论及金钱时，富爸爸则更加推崇 90/10 规律，即 10% 的人赚了 90% 的钱。

1999 年 9 月 13 日，《华尔街日报》刊登了一篇文章，这篇文章可以说是深刻讲述了富爸爸关于"90/10 金钱规律"的观点。其中有一段写道：

> 无论是有关大众投资共同基金的讨论，还是为理发师、擦鞋工等普通人提供的投资建议，都说明了一个问题：股票市场仍然是精英的领地。根据纽约大学经济学家爱德华·沃尔夫提供的数据，1997 年，仅有 43.3% 的家庭持有股票，且其中许多投资组合的规模相对较小。近 90% 的股票已为最富有的 10% 的家庭所持有，最主要的是：那 10% 最富有的家庭拥有国民净资产的比例从 1983 年的 68% 上升到了 1997 年的 73%。

换句话说，尽管今天有更多的人在投资，富人却仍然变得更富有。在股票市场，"90/10 金钱规律"仍然适用。

我个人对此感到忧虑，因为有越来越多的家庭依赖投资维持今后的生计。问题在于，尽管有越来越多的人投资，但只有很少的人接受过良好的投资教育。如果有一天市场崩溃，这些投资新手将遇到什么样的问题？要知道联邦政府只保护我们的储蓄免受灾难性的损失，却并不保护我们的投资。因此当我问富爸爸"你给普通投资者的建议是什么"时，他的回答是："不要太普通。"

## 怎样才能不普通

我在 12 岁时就对投资产生了浓厚的兴趣。在那以前，我从未真正有过"投资"这个概念，满脑子都是棒球和橄榄球。我听过"投资"这个词，但没有真正在意，直到我看到了投资所表现出的巨大力量。我还记得有一次和富爸爸以及他的儿子即我最好的朋友迈克，一起在一片小海滩散步，富爸爸向我们展示他新近买下的一块地产。当时我只有 12 岁，但也知道富爸爸买下的是我们镇里最有价值的地产之一。虽然那时我很年幼，但也知道面朝大海且有一片沙滩的海滨地产要比没有沙滩的地产值钱得多。我的第一个念头是："迈克的爸爸怎么买得起这么昂贵的地产？"我站在沙滩上，阵阵浪花抚过脚背，望着这个和我爸爸同龄的人，想到他正在做的事是他一生中最大的投资之一，我敬畏于他能够买得起这样一块土地。我知道我爸爸挣的钱更多，因为他是一个工资挺高的政府官员。但我也知道我爸爸绝对没有能力买下这样的海滨地产。那么为什么迈克的爸爸买得起呢？当时我没有想到，我作为职业投资者的生涯竟是从我意识到"投资"这个词的力量那一刻起正式开始的。

现在，距我与富爸爸和迈克在海滩散步已过去 40 多年了，也有许多人曾问我那天我提过的问题。在我讲授的投资课上，学员们也问到类似的问题：

1.“我没钱时怎样投资？”

2.“我有1万美元，你建议我投资什么？”

3.“你建议我投资房地产、共同基金还是股票？”

4.“我没有钱，那我能买房地产或股票吗？”

5.“赚钱可以不用花钱吗？”

6.“投资不是有风险吗？”

7.“你怎样用低风险获取高收益的？”

8.“我能和你一起投资吗？”

今天，有越来越多的人开始意识到"投资"一词蕴藏的巨大力量，许多人希望找到获取这种力量的方法。我的目的就是让你在读完本书后能找到以上问题的答案，即使找不到答案，也希望能激励你进行更深入的研究，以找出适合你的方法。40多年前，富爸爸对我最大的影响就是激发了我对投资的好奇心。那时，当我意识到我最好朋友的爸爸，一个比我爸爸赚钱还少的人——至少从工资收入来说是这样，居然能够买下只有富人才买得起的地产，这时，我的好奇心被唤醒了。我感到富爸爸有一种我爸爸所没有的力量，而我，也想拥有那种力量。

许多人惧怕这种力量，远远地躲避它，一些人甚至成为它的牺牲品。我没有逃避它，或对它横加指责，说"富人剥削穷人""投资有风险"或"我对致富没兴趣"之类的话，而是十分好奇。正是这种好奇心和获取这种力量——获取财务知识和投资能力——的强烈愿望，引导我走上了终生学习与探索的人生路。

## 像富人那样投资

本书也许不能为你提供所有的专业意见，但可以让你看清白手起家的人在怎样赚钱，并怎样继续获得更多的财富。当我12岁那年站在海滩上，望着富爸爸新购置的房地产时，我的思路从此打开，向一个与我家传统隔隔不入的世界打开。我意识到富爸爸与我爸爸有截然不同甚至相悖的思维方式；我意识到如果我想拥有富爸爸那样的财务能力，就需要理解富爸爸的思维方式。我知道如果我能像富爸爸那样思考，我将终生富有；如果不能像他那样思考，那么不管多有钱，我也永远不能真正富有。富爸爸没有多少工资收入，却投资了镇上最昂贵的一块土地。这使我明白：财富是一种思维方式，而不是存在银行里的钱。我们力求在本书中向你传递这种富有投资者的思维方式，这也是我们四易书稿的原因。

## 富爸爸的回答

40多年前站在海滩上，我最终鼓足勇气问富爸爸："你怎么能买得起这块4万平方米的昂贵的海滨地产，我爸爸却做不到呢？"富爸爸的回答让我永生难忘。他把手搭在我的肩上，和我一起踩着沙滩上细碎的浪花，然后开始热心地向我解释他关于金钱和投资的基本理念。他说："我也买不起这块地，但我的企业买得起。"那天，我和他的儿子迈克一左一右地走在他身旁，3个人在海滩上走了一个小时，我的投资课就此开始了。

几年前，我在澳大利亚的悉尼讲了3天的投资课。我用了一天半的时间讲解建立一家企业的细节问题。最后，一位深感沮丧的学员举手问："我是来学投资的，你为什么花这么多时间讲企业经营呢？"

我的回答是："有两个原因。其一，我们最终投资的对象是一家企业。如果你投资股票，你是在投资企业；如果你购买房地产，例如一幢公寓，那么这幢公寓也是一种企业经营；如果你购买的是债券，那还是在投资企业。想成为一个优秀的投资者，首先要擅长企业经营。其二，最好的投资方式是让你的企业为你投资，以个人名义进行投资是最差的投资方式。普通投资者对企业知之甚少，经常以个人方式投资。这就是我花这么多时间在投资课上谈企业经营的原因。"同样，这也是本书不惜笔墨谈论怎样建立企业和分析企业的原因，我会用一定的篇幅介绍如何通过企业进行投资，因为富爸爸就是这样教导我的。正如富爸爸40多年前所说的："我也买不起这块地，但我的企业买得起。"换句话说，富爸爸的准则就是："我的企业为我投资，大多数人不富有是因为他们作为个人而不是作为企业主进行投资。"在本书中，你将看到为什么持有90%股票的那10%的人，大多是企业主，都通过企业进行投资。并且，你将学到怎样像他们一样去做。

在课程的后半部分，那位学员明白了我大谈企业的原因。随着课程的继续，学员们开始明白世界上最富有的投资者并不购买投资，而是创造投资。世界上有20多岁的亿万富翁，不是因为他们购买投资，而是因为他们创造投资，创造数百万人都想投资的企业。

几乎每一天，我都会听见有人说："我有一种新产品的创意，可以赚大钱。"遗憾的是，大多数创意从没有转化为财富。本书后半部分将集中探讨那10%的人是怎样将他们的创意转化为其他人都想投资的价值数百万甚至数十亿美元的企业的。这就是富爸爸花很多时间教我如何建立企业，如何分析你所打算投资的企业的原因。如果你认为你有一个能使你致富，甚至可能让你加入90/10那个群体的好创意，本书的后半部分就是为你而写的。

## 购买、持有并祈祷

多年以来，富爸爸都认为投资因人而异。今天，我经常听到人们这样说：

1."我刚以每股 5 美元的价格买进 500 股 XYZ 公司的股票,价格就涨到了每股 15 美元,我立刻抛掉。不到一星期我就赚了 5000 美元!"

2."我和丈夫专买旧房,装修翻新后再卖掉,能赚大钱呢。"

3."我做商品期货投资。"

4."我的退休金账户中有超过 100 万美元。"

5."钱存在银行里最安全。"

6."我有一个多元化的投资组合。"

7."我是做长线投资的。"

正如富爸爸所说:"投资因人而异。"虽然上面的说法反映了投资产品和投资过程的不同类型,但富爸爸不这样投资。他说:"大多数人不是投资者,而是投机者或赌徒。他们购买、持有,然后祈祷价格上涨。他们生活在牛市的希望之中,同时又因为市场崩溃的可能性而感到惶惶不安。真正的投资者却不论市场是涨是跌,不论是赢是输,都能发家致富,他们既做长线又做短线。普通投资者不知道怎样去做,因此大多数投资者是普通投资者,是仅赚 10% 的钱的那 90% 的人。"

## 不仅仅购买、持有并祈祷

对富爸爸来说,投资不仅意味着购买、持有和祈祷,本书将揭示以下几个主题:

1.十大投资者控制。许多人说投资很冒险,富爸爸却说:"投资本身不会有风险,失控的投资才有风险。"本书将详细阐述富爸爸的"十大投资者控制",这"十大投资者控制"可以降低风险,增加收益。

2. 富爸爸教给我的从没钱投资到有很多钱投资的五阶段计划。第一阶段就是让我做好成为富有投资者的思想准备，对于那些充满自信地想投资的人来说，这个阶段是一个简单却至关重要的阶段。

3. 对不同投资者的不同税收法规。在"富爸爸"系列的《富爸爸财务自由之路》里，我谈到了商业世界中的4类人。

他们是：E代表雇员；S代表自由职业者或小企业主；B代表企业主；I代表投资人。

富爸爸之所以鼓励我从B象限投资是因为税法对从B象限投资更为有利。他总是说："税法是不公平的，它由富人制定，为富人服务。如果你想致富，就得利用富人适用的税法。"10%的人控制了大部分财富，原因之一就是只有10%的人知道如何利用税法。

1943年，联邦政府堵住了所有雇员的大部分税收漏洞。1986年，联邦政府又堵住了S象限，如医生、律师、会计师、工程师和建筑师等人的税收漏洞。

换句话说，10%的人能赚到90%的钱的另一个原因，就是只有10%的投资者知道如何在所有4个象限投资，以获得不同的税收优惠政策。而普通投资者通常只在一个象限投资。

4. 无论市场繁荣与否，一个真正的投资者为什么赚钱、怎样赚钱。

5. 基础投资者和技术投资者的区别。

6. 在《富爸爸财务自由之路》中，我讨论过 7 种水平的投资者。本书将讨论后两种水平的投资者，并将他们进一步细分为以下几种类型：

特许投资者；

合格投资者；

成熟投资者；

内部投资者；

终极投资者。

在本书结尾部分，你将了解到不同的投资者应该具备的不同技巧和教育。

7. 许多人说："我挣到很多钱后，就没有钱的问题了。"他们没有认识到，有很多钱和钱不够同样有麻烦。在本书中，你将学习到这两种钱的问题的区别，一种是钱不够的问题，另一种是钱太多的问题。极少有人认识到钱太多同样是个大问题，但许多人发财后又破产，原因之一就在于他们不知道如何解决钱太多的问题。

在本书中，你将学到如何从钱不够的情况下开始，怎样赚到很多钱，然后怎样解决钱太多的问题。也就是说，本书不仅让你知道如何赚很多钱，更重要的是让你懂得如何留住这些钱。正如富爸爸所说的："如果留不住钱，那么挣钱又有什么用？"

我的一位股票经纪人朋友曾对我说："普通投资者并没有在市场上赚到钱。他们不一定赔钱，但一定没有赚钱。我看到过太多的投资者去年赚了钱今年又赔光了。"

8. 怎样赚到至少 20 万美元这个富人开始投资的最低收入标准？富爸爸对我说："钱就是一个观念。如果你认为 20 万美元就是一大笔钱的话，你怎么能致富呢？如果你想成为一个富有的投资者，就必须把 20 万美元看成作为特许投资者的最低标准，是水桶中的一滴水。"所以，本书的第一部分至关重要。

9. 本书第一部分将让你做好成为富有投资者的思想准备，在每章末尾都有一个简短的意向测试。

测试题尽管很简单，但旨在启发你思考。如果有条件的话，请与你的朋友们讨论你的答案。这些都是富爸爸让我深刻自省的问题，它们帮助我找到了我一直寻求的答案。也就是说，我一直寻求的许多投资问题的答案，其实就在我的内心深处。

## 什么使90/10投资者与众不同

本书讲述的一个最重要的问题，就是普通投资者与90/10投资者的思维差异。富爸爸常说："如果你想致富，只需要观察普通人正在做什么，然后做完全相反的事。"阅读本书时，你会发现那些获得90%财富的10%的人与仅获得10%财富的90%的人之间，主要区别并不在于投资对象的不同，而是他们的思维差异。例如：

1. 大多数投资者会说："不要冒险。"而富有的投资者敢于"冒险"。

2. 大多数投资者强调"多元化"，而富有的投资者强调专注。

3. 普通投资者尽力最小化债务，而富有的投资者增加对他们有利的债务。

4. 普通投资者尽力减少支出，而富有的投资者懂得通过增加支出使自己变得更富有。

5. 普通投资者拥有工作，而富有的投资者创造工作。

6. 普通投资者拼命工作，富有的投资者工作越来越少，赚钱却越来越多。

## "硬币"的另一面

所以在阅读本书时，请注意你和富爸爸的指导思想相悖的地方。富爸爸说："只有极少数人致富的原因之一，就在于大多数人的思维已成定式，他们认为想问题、做事情只有一种方法。当普通投资者想'谨慎从事，不要冒险'时，富有的投资者却在考虑怎样提高技巧，以冒更多的风险。"富爸爸称这种思维为"双面硬币思维"。他继续说："富有的投资者比普通投资者的思维更灵活。例如，普通投资者与富有的投资者都必须考虑安全性，但富有的投资者会同时考虑如何冒更多的风险。当普通投资者想着要减少债务的时候，富有的投资者却在思考如何增加有利的债务。当普通投资者生活在市场崩溃的恐惧中时，富有的投资者却盼望市场崩溃。这一切听起来很矛盾，但正是这些矛盾，使富有的投资者变得富有。"

当你阅读本书时，请务必注意普通投资者与富有的投资者在思维上的矛盾。正如富爸爸所说的："富有的投资者十分注意事物的两面性，普通投资者只看到硬币的一面，而正是普通投资者没有看到的那一面，使普通投资者一直普通，使富有的投资者更加富有。"本书的第二部分将着重讲述硬币的另一面。

## 你想超越普通投资者吗

本书所谈的不只是投资小窍门和神奇的致富妙方。写作本书的主要目的之一是为你提供一个拥有不同投资观念的机会。本书从1973 年我从越南回来后希望自己也像富有的投资者一样投资开始讲起。1973 年，富爸爸开始教导我如何获取他所拥有的财务力量，这种力量我在 12 岁时第一次意识到。40 多年前当我站在海滩上，面对着富爸爸的新投资时，我就认识到在投资方面，富爸爸和穷爸爸的区别远不止谁有多少钱这么简单，他们之间的首要区别是：内心深处是否有超越普通投资者的强烈愿望。如果你也有这种愿望，请读下去。

# 你做好成为投资者的
# 思想准备了吗

Rich Dad's Guide To Investing

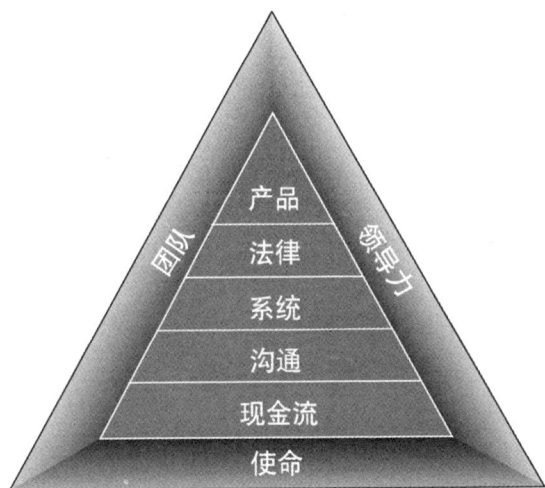

# 第1章
# 我该投资什么

1973 年，我结束越南之行回家。所幸的是，我被派驻离家较近的夏威夷基地而不是东海岸基地。在海军陆战队航空站安置妥当后，我给迈克打电话，同他约好时间与他的父亲也就是被我称为"富爸爸"的那个人共进午餐。迈克急着让我看他的新房子和刚出生的小宝宝，因此我们约定下一个周六去他家吃午饭。当迈克派来接我的豪华轿车停在我们基地的单身军官营地时，我忽然意识到从 1965 年我们高中毕业以后，已发生了多么巨大的变化。

"欢迎回来。"当我迈入铺着大理石地板的门厅时，迈克冲我说。抱着他 7 个月大的儿子，迈克全身上下都焕发着光彩："真高兴你能平安回来。"

"我也是。"我边回答边望着迈克身后那波光粼粼的蓝色太平洋，轻柔的浪花正悠闲地冲刷着屋前的白沙滩。他的新家真是美极了！这是一幢热带地区典型的宅子，兼具夏威夷新旧生活的优雅与魅力。漂亮的波斯地毯，高大的墨绿盆景，被房子三面环绕的大游泳池，第四面则是大海。房子非常宽敞、通风，加上最美丽的细节修饰，堪称迷人的海岛生活的典范。它与我想象中夏威夷的奢华生活不谋而合。

"看看我的儿子詹姆斯。"迈克说。

"哦，"我惊了一下，这幢房子令人吃惊的美丽使我陷入遐想。

"多可爱的孩子啊。"我说了一句任何人看到新生婴儿时都会说的话。当我手舞足蹈扮着鬼脸逗弄这个神情茫然的小家伙时，我的思绪却仍然处于这8年巨大变化的震惊之中。此刻我住在军事基地破旧的营房里，和另外3个邋遢的酒鬼飞行员共住一屋，而迈克呢，却和他美丽的妻子、刚出生的儿子住在价值数百万美元的豪宅中。

"进来吧，"迈克说，"爸爸和康妮在露台上等我们呢。"

午餐很丰盛，由专职女佣随侍左右。我享受着美味佳肴，欣赏着美丽的风光，而此时我那3个室友可能正在乱糟糟的军官饭厅里就餐。因为是周六，基地的午餐很可能就是劣质三明治和一碗汤。

轻松愉快的叙旧之后，富爸爸说："你看，迈克的企业经营得很成功，投资获利良好。我们在过去两年赚的钱比我头20年赚的还多。第一个100万最难赚，这种说法真的很有道理。"

"那么，生意一直不错吧？"我问，想进一步了解他们怎样如此迅速地积累财富。

"生意很好，"富爸爸说，"新型波音747客机把世界各地的大量游客带到夏威夷，想生意不好都不行。但我们真正的成功是我们的投资而不是生意，迈克在管理这些投资。"

"祝贺你，"我对迈克说，"干得好。"

"谢谢，"迈克说，"但这不是我一个人的功劳，因为是爸爸的投资方式在真正起作用。我只是按照这些年他教给我们的做生意方法和投资方法去做而已。"

"现在终于有了回报，"我说，"我简直不敢相信你能住在这个城市最富有的社区。你还记得我们是穷孩子的时候，夹着冲浪板，躲躲闪闪地奔跑于富人的房子之间，想要跑到海滩上的情景吗？"

迈克笑了。"是的，我记得。我还记得被那些吝啬的有钱人追赶的情景，现在我也成了赶孩子的吝啬的有钱人了。谁能想到你和我会住在……"

他忽然意识到他的话不对头，便停了下来。他想起了只是他自己住在这儿，而我还住在海岛另一面破旧的军营里。

"对不起，"他说，"我……不是想说……"

"不必道歉，"我微微一笑，"我为你高兴，看到你这么富有、这么成功，我很高兴。这是你应得的，因为你花了时间学习怎样经营企业。再过两年，我和海军陆战队的合同期满后，我就会走出军营。"

富爸爸意识到迈克和我之间的尴尬，便打断了我们的谈话："他做得比我好，我为他感到骄傲，为我的儿子和儿媳感到骄傲。他们是很好的团队，挣得了他们拥有的一切。现在你也从战场上回来了，该轮到你了，罗伯特。"

## 能跟着你们一起投资吗

"我想和你们一起投资，"我急切地回答，"我在越南时存了3000美元，我希望在花掉它之前能用它投资。我能和你们一起投资吗？"

"嗯，我会给你介绍一个很不错的股票经纪人，"富爸爸说，"我肯定他能给你一些好建议，甚至可能教你一两个投资窍门。"

"不，"我说，"我想投资你们所投资的项目。好啦，你们知道我认识你们多久了。我了解，你们无论干什么，投资什么，总会有回报。我可不想去找一个股票经纪人，我想和你们一起做生意。"

房间里一阵静默，我等待着富爸爸或是迈克的回应，但这种静默渐渐令人紧张起来。

"我说错什么了吗？"最后我问。

"没有，"迈克说，"我和爸爸正在投资一些令人兴奋的新项目，但我认为你最好还是先和我们的一个股票经纪人谈谈，然后和他开始投资。"

又是一阵静默，只有佣人收拾桌子时杯碟发出的叮当声。迈克的妻子康妮起身告辞带着孩子到另一个房间去了。

"我不理解。"我说。转身面向富爸爸，我继续说道："这些年当你们创建企业时我一直按照你的建议在做，但现在我一无所有。你说我该上大学，我就去上大学；你说一个年轻人应该为他的祖国而战，我就去参军打仗。现在我已经足够大了，终于有一点钱可以投资了，但当我说要跟你们一起投资时，你们就这样犹犹豫豫。我真搞不懂，你们为什么要给我泼冷水——是想冷落我还是想把我推开？难道你们不想我也像你们一样富有吗？"

"这不是泼冷水，"迈克回答，"我们也从未冷落你或不希望你富有，而是因为现在事情不一样了。"

富爸爸缓缓地点了点头，默默地表示同意。

"我们很乐意和你一起投资我们所投资的项目，"富爸爸最后说，"但那是违法的。"

"违法？"我难以置信地大声重复，"你们两个在干违法的事吗？"

"不是，不是，"富爸爸轻笑道，"我们决不做任何违法的事。以合法手段致富太容易了，用不着冒蹲监狱的危险去做违法的事。"

"正因为我们一直遵守法律，所以我们说你和我们一起投资是违法的。"迈克说。

"我和迈克做我们现在做的投资是合法的，但你做就是非法的。"富爸爸试图总结。

"为什么？"我问。

"因为你不够富有，"迈克轻声说，"我们做的投资是只有富人才有资格做的投资。"

迈克的话很伤人，但我明白，作为我最好的朋友，他说出这些话很困难。尽管他的语调在尽可能地轻柔，但这些话仍然像利刃一样插进我的心房。我开始感受到存在于我们之间的经济鸿沟。虽然我爸爸和他爸爸同样是白手起家，但迈克和他爸爸获得了巨大的财富。正如他们所说，我和我爸爸仍然走在与他们不同的道路上。我能感到，这幢拥有美丽白沙滩的房子离我很遥远，这个距离甚至不能以物理距离来衡量。我抱着双臂，靠在椅背上，陷入沉思。我静静地点了点头，在那一刻对我们的生活做了一个总结。同样是25岁，但在财务方面，迈克已领先我25年。我爸爸刚刚被政府辞退，于是在52岁这年，他又不得不从一无所有开始。而我，甚至还没有开始。

"你没事吧？"富爸爸轻声问。

"哦，没事。"我回答，尽力掩饰因想起自己和家庭的贫困而产生的难受。"我只是想做一些深入的思考，好好地反省一下。"我说，挤出一个勇敢的微笑。

屋里一片沉静，我们听着外面海浪的声音，感到凉风吹过这座美丽的房子。迈克、富爸爸和我坐在那里，而我正想着刚听到的信息以及它所传达的残酷现实。

"那么，因为我不够富有，所以不能跟你们一起投资了，"一阵失神后，我说，"如果我投资你们所投资的项目，就会违法？"

富爸爸和迈克点了点头。"在某些情况下是这样的。"迈克补充道。

"谁制定的法律？"我问。

"联邦政府。"迈克回答。

"还有SEC。"富爸爸补充道。

"SEC？"我问，"SEC是什么？"

"美国证券交易委员会，"富爸爸回答，"它是20世纪30年代，在前总统约翰·肯尼迪的父亲约瑟夫·肯尼迪的主持下创立的。"

"为什么要创立SEC呢？"我问。

富爸爸笑了："是为了保护公众免受疯狂的不道德的交易商、商人、经纪人和投资者的欺骗。"

"你笑什么？"我问，"这看起来是件好事啊。"

"是啊，非常好，"富爸爸回答，仍带着笑意，"1929年股市崩溃之前，有许多可疑的、不可靠的和劣质的投资向公众出售，谎言和虚假信息层出不穷。因此国家成立SEC以进行监督。这个机构帮助制定并负责执行一些规章制度，起着极其重要的作用。没有SEC，股票市场将一片混乱。"

"那你为什么要笑呢？"我坚持问。

"因为它在保护公众免受最坏的投资之苦的同时，也将公众挡在了最好的投资之外。"富爸爸用严肃一些的语气说。

"如果SEC使公众避免了最坏的投资又使他们与最好的投资无缘，那公众投资的是什么呢？"我问。

"净化了的投资，"富爸爸回答，"也就是在SEC指导下的投资。"

"那有什么不对吗？"我问。

"没有，"富爸爸说，"我想那是个好主意。我们必须有法规，必须执行法规，SEC做了这些。"

"那你笑是为什么呢？"我问，"我认识你这么多年了，我知道你还有些事没说，那才是使你发笑的原因。"

"我已经告诉你了，"富爸爸说，"我笑是因为SEC在保护公众远离最坏的投资的同时，也使公众与最好的投资无缘。"

"这就是富人更富的原因之一？"我轻声问。

"说对了，"富爸爸说，"我笑就是因为看见这个颇具讽刺意味的状况。人们因为想致富而投资，但由于不富有，他们又被禁止从事那些可以让他们致富的投资。只有你是富人时，才能从事富人的投资，所以富人更富。在我看来，这就很有讽刺意味。"

"为什么要这样做呢？"我问，"是为了保护穷人和中产阶级免受富人的伤害吗？"

"不，不一定，"迈克说，"我认为它实际上是为了保护穷人和中产阶级免受他们自己的伤害。"

"为什么？"我问。

"因为在现实中坏交易比好交易多得多。如果一个人不够清醒，就会将所有交易无论好坏都看成一样。在众多复杂的投资中分辨出好坏，需要足够成熟的教育和投资经验。成熟意味着你要有这样一种能力：知道什么使一项投资是好投资，使另一项投资变得危险。但多数人都没有这种教育和经验，"富爸爸说，"迈克，为什么不把我们最近在考虑的投资项目拿出来看看呢？"

迈克去他的办公室拿来了一本大约5厘米厚的活页夹，纸上满是数字、图片和地图。

"这就是我们的一个投资项目，"迈克坐下说，"这是一种不记名证券，这种特殊的投资有时用私募备忘录的形式加以规范。"

迈克翻过一页又一页的曲线图、表格、地图以及描述投资风险与收益的文字，我的头脑开始麻木。当他滔滔不绝地解释这些内容，并告诉我他为什么认为这是一个绝好的投资机会时，我感到昏昏欲睡。

看到我一下子被塞进过多的陌生信息而晕头转向，富爸爸打断迈克的话说："我想还是先让罗伯特看看这个。"

说着富爸爸指着活页夹前面的一小段文字，上面写着"《1933年证券法》中的免税"。

"我希望你先弄懂这个。"他说。

我朝前探了一下身体，以便更清楚、更详细地看到他指着的内容。上面写道：

"本投资仅适用于特许投资者。特许投资者通常应具备下列条件之一：

"净资产为100万美元或以上；

"在最近几年中每年收入20万美元或以上（或一对夫妇年收入30万美元或以上）并在今后几年能保持此收入水平。"

我靠回椅背，说："这就是你们不让我与你们一起投资的原因了。这种投资只适用于有钱人。"

"或是高收入的人。"迈克说。

"不仅仅是因为这些规定太苛刻，即使你能投资这个项目，最低限额也得要 3.5 万美元，这还只是一个投资单位的成本，即所谓的单位成本。"

"3.5 万美元！"我倒抽一口凉气，"钱太多了，风险也太高了。你是说这个项目每个人最少要投资这么多钱？"

富爸爸点点头："政府付给你这样的海军陆战队飞行员多少工资？"

"飞行费加上在越南的战斗费一年能挣大约 1.2 万美元，但我还不知道现在在夏威夷驻军的工资是多少。可能会有一些生活津贴，但肯定没多少，还不够在夏威夷的生活费。"

"所以对于你来说，能存下 3000 美元已经是一个很不错的成就了，"富爸爸尽力想让我高兴起来，"你竟然节约了总收入的 25%。"

我默默地点了点头，意识到自己距特许投资者的标准是如此的遥远。即使在海军能坐上将军的位子，可能也挣不到足够的钱成为一个特许投资者。就算是美国总统，除非他已经很富有，否则单靠工资也很难达到这个标准。

"那我应该怎么做？"最后我问，"我可不可以给你们 3000 美元和你们一起投资，等生意成功后分红？"

"可以，"富爸爸说，"但我不建议这种做法，特别是对你。"

"为什么？"我问，"为什么我不行。"

"你已经有很好的财商教育基础了，你的才能远不止成为一个特许投资者。如果你愿意，你完全可以成为一个成熟投资者，那样你将能获得远远超出你梦想的财富。"

"特许投资者？成熟投资者？有什么区别？"我问，重新燃起了希望。

"问得好。"迈克笑着说，感到他的朋友正在振作起来。

"特许投资者的概念是用于定义因为有钱而具有投资资格的人，所以特许投资者通常也被称为合格投资者。"富爸爸解释道，"但光有钱还称不上是成熟投资者。"

"他们有什么区别？"我问。

"你有没有看到昨天报纸的头条新闻？一个好莱坞电影明星在一次投资诈骗中损失了几百万美元。"富爸爸说。

我点头说："看了，他不仅损失了几百万美元，而且还得向税务部门缴纳这场交易中未缴的税金。"

"这就是一个特许投资者或合格投资者的典型例子。"富爸爸继续说，"仅仅有钱，并不意味着你就是一个成熟投资者。所以我们经常听说许多高收入的人如医生、律师、摇滚歌星、职业运动员在一些不可靠的投资中损失惨重。他们虽然有钱但不够老练，他们富有却不知道如何安全投资并获取高额回报。所有的交易在他们眼里都一样，他们分辨不出交易的好坏。像他们那样的人应该只做'净化'了的投资或是雇一个值得信任的专业资金管理人替他们投资。"

"那你对成熟投资者怎样定义？"我问。

"成熟投资者具备 3 个 E。"富爸爸说。

"3 个 E。"我重复道，"什么是 3 个 E？"

富爸爸将我们正在看的私募备忘录翻过来，在背面写下了几个词：

1. 教育（Education）；
2. 经验（Experience）；
3. 充足的现金（Excessive cash）。

"这就是 3 个 E。"富爸爸抬起头说，"只有具备了这 3 个条件，你才有可能成为成熟投资者。"

看着这3个条件，我说："所以那个电影明星虽然有充足的现金，但他缺乏前两个条件。"

富爸爸点点头："还有很多人受过良好的财商教育但没有经验，没有亲身经历，而且他们通常缺乏充足的现金。"

"当你向这类人解释一些投资时，他们总爱说'我懂了'，但做起事来还是外行。"迈克补充道，"我们的银行经理总是对爸爸和我所做的事说'我知道'，但由于种种原因，他总也不去做他宣称知道的事情。"

"所以你们的银行经理不会像你们一样有充足的现金。"我说。

富爸爸和迈克一齐点了点头。

谈话结束了，屋中又是一阵静默。我们3个人各自陷入沉思。富爸爸示意女佣再加些咖啡，迈克把文件夹拿回去放好。我交叉双臂坐在那里，透过迈克家漂亮的房子眺望着窗外深蓝色的太平洋，为我今后的发展方向细细打算。我已按父母的期望完成了大学学业，兵役也即将结束，我可以自由地选择最适合我的道路了。

"在想什么？"富爸爸轻啜着新煮好的咖啡问。

"我在想我应该成为哪种人，既然我已经长大了。"我回答。

"那么你想成为哪种人？"迈克问。

"我在想，或许我应该成为一个成熟投资者。"我平静地回答。

"明智的选择。"富爸爸说，"你已经有了很好的开始，已具备了良好的教育基础，现在是获取一些经验的时候了。"

"我怎样才能知道到什么时候我具备了这两个条件呢？"我问。

"当你有了充足的现金时。"富爸爸笑了。

我们3个都笑了，各自举起手中的杯子："为充足的现金。"

富爸爸又说："为成为成熟投资者。"

"为充足的现金，为成为成熟投资者。"我在心中默默重复。我喜欢萦绕于头脑中的这些词语。

迈克叫来司机，把我送回昏暗脏乱的单身军官营房。回到营房，我思考着今后的路该如何走。我已是个成年人，已完成了父母的期望——接受了大学教育并在战争期间报效了祖国。现在是该决定为自己做点什么的时候了。学习成为一个成熟投资者的想法深深吸引着我，我将继续向富爸爸学习，获取所需的经验。而这次，富爸爸将会给作为成人的我以引导。

# 20年后

1993年，富爸爸把他的财产分配给了他的儿子、孙子以及将来的后代，在未来大约100年的时间里，他的继承者们将不用再为钱犯愁。迈克得到了企业最主要的资产，并不断地为富爸爸的财富王国添砖加瓦，这个财富王国由富爸爸从一无所有开始，我看着它发展壮大。

我用了20年才完成原以为10年就能完成的事情。正如富爸爸所说："第一个100万最难赚。"

回想一下，其实赚100万也并没有多么难，难的是留住这100万，并让它努力为你工作。尽管这么难，我还是得以在1994年我47岁时退休，实现了财务自由，带着足够的钱去享受生活。

然而，并不是年轻退休让我激动，而是可以作为一个成熟投资者去投资让我激动。能够像迈克和富爸爸那样投资，是一个值得努力的目标。早在1973年的那一天，当富爸爸和迈克说我还没富有到能跟他们一起投资时，我就下定决心要成为一个成熟投资者，那一天成为我一生的转折点。

以下是所谓的"特许投资者和成熟投资者"的投资项目：

1. 私募；

2. 房地产企业联合与有限合伙企业；

3. 首次公开发行（IPO）前融资；

4. IPO（虽然对所有的投资者开放，但通常很难买到）；

5. 次级融资；

6. 兼并与收购；

7. 创业贷款；

8. 对冲基金。

对普通投资者来说，这些投资风险太高。不一定是因为它们本身风险高，而是因为普通投资者常常缺乏教育、经验和充足的现金，从而不明白自己到底投资的是什么项目。现在我站在SEC一边了，通过禁止不合格投资者投资这些项目确实更好地保护了投资者，因为我本人就在投资之路上有过一些错误和挫折。

今天，作为一个成熟的投资者，我正投资于这些项目。如果你清楚自己正在做什么，那么风险就会很低而潜在的收益会很高。这些就是富人经常进行的投资。

尽管我也曾有所损失，但经营良好的投资回报非常可观，远远超过了少数的几次损失。正常的资本收益率是35%，而1000%以上的收益率也偶尔会有。我更喜欢这样的投资，因为我发现它们更刺激、更有挑战性。它不是简简单单地"买进100股或卖出100股"的问题，也不是"市盈率高或市盈率低"的问题，这些都不是一个成熟的投资者所要关心的。做这样的投资将离资本主义"引擎"越来越近。事实上，上述的一些投资均为风险资本投资，对普通投资者来说风险太高了。而实际上，这些投资并不冒险，是由于缺乏教育、经验和充足的现金才使普通投资者冒险。

本书不讲投资，而专讲投资者。

# 道路

本书不讲投资，专讲投资者以及成为成熟投资者之路。本书将帮助你找到你的道路，去获取 3 个 E：教育、经验和充足的现金。

《富爸爸穷爸爸》是写我小时候接受财商教育的历程。《富爸爸财务自由之路》讲的是我从 1973 年到 1994 年间作为一个创富新人接受财商教育的历程。本书则是基于我早年亲身经历的教训，以及为了成为合格的成熟投资者而把这些教训转化成 3 个 E 的经历。

1973 年，我用仅有的 3000 美元去投资，也没有太多的教育和真实生活经验。到 1994 年，我成为了一名成熟投资者。

20 多年前，富爸爸曾说："正如富人、穷人和中产阶级有不同的房子一样，他们每一种人的投资类型也不同。如果你希望像富人一样投资，就不仅仅要变得富有，还需要成为一个成熟投资者，而不仅仅是一个做投资的富人。"

## 成为成熟投资者的 5 个阶段

富爸爸将我的发展计划分为 5 个不同的阶段，这 5 个阶段已被我归纳在本书的各部分、各课和各章节之中，它们分别是：

1. 你做好成为投资者的思想准备了吗；
2. 你想成为哪种类型的投资者；
3. 怎样建立一家强大的企业；
4. 谁是成熟投资者；
5. 财富回馈。

本书是一本指南，而不会给你具体的答案。本书的目的在于帮助你了解在投资时该提哪些问题。如果本书确实达到了这种效果，就完成了自己的使命。富爸爸说："你不能教别人成为一个成熟投资者，但人们可以通过学习而成为一个成熟投资者。就像学骑自行车，我不能教会你骑，但你可以自己去学着骑。学骑自行车需要冒险、练习，甚至犯错，当然，还要有适当的指导。投资也是一样的道理。如果你不愿冒险，那就是说你不愿学习。如果你不愿学习，那我也无法教你。"

如果你想找一本关于投资诀窍，或快速致富秘诀，或绝密投资公式的书，那么本书不适合你。事实上，比起投资，本书更多关注于学习。本书是为那些学习投资的人而写的，是为那些寻找自己的致富之路的人而写的，而不是写给那些寻找致富捷径的人。

本书介绍了富爸爸的 5 个发展阶段。这 5 个阶段他曾亲身经历，目前我也正在经历。如果你正在学习如何获得巨大财富，阅读本书时你就会注意到富爸爸的 5 个阶段是世界上最富有的商业人士和投资者为了致富所必须经历的阶段。微软的创始人比尔·盖茨、美国最富有的投资者沃伦·巴菲特以及通用电气的创始人托马斯·爱迪生都经历了这 5 个阶段。那些互联网经济中新晋百万富翁和亿万富翁们，还只有二三十岁，也正在经历这 5 个阶段。唯一不同的是，信息时代的这些年轻人经历这 5 个阶段的速度更快。或许你也能做到。

## 你们是时代变革的一部分吗

工业革命创造了巨大的财富和一大批家财万贯的名门望族，而信息革命方兴未艾的今天，历史在重演。

我发现一个有趣的现象：当今社会既有在 20 岁、30 岁、40 岁白手起家的百万和亿万富翁，也有 40 岁以上靠每年 5 万美元工资过拮据日子的人。造成这种巨大差异的一个原因就是，目前正处于从工业时代向信息时代的大变革。当我们进入工业时代时，亨利·福特、托马斯·爱迪生这类人成了亿万富翁；今天，当我们进入信息时代时，比尔·盖茨、迈克尔·戴尔，以及众多互联网公司的创始人成为了年轻的百万富翁甚至亿万富翁，并且这些20多岁的年轻人在财富上将很快超越前人。这就是时代变迁的力量——从工业时代向信息时代转变的力量。人们常说：再没有一种力量比应时而生的新思想更强大，也再没有什么东西比墨守成规的思想更有害了。

对于你来说，本书也许能帮助你反思旧观念，并找到新的致富理念，也许还能成为你生活转变的一个典范。这种转变可能就像从工业时代向信息时代的转变那样彻底。本书也许会帮助你为你的生活闯出一条新的财务之路，它带来的思维方式可能让你更像企业主和投资者，而不是更像雇员或自由职业者。

多年来我一直在经历这些阶段，事实上现在仍在继续经历。读完本书，你可以考虑经历这5个阶段或者断定这条发展道路不适合你。假如你决定踏上这条相同的道路，那么你经历这5个阶段的速度也完全取决于你。请记住，本书不是关于快速致富的。如果你选择经历书中这样的个人发展和教育计划，我们就开始第一阶段——思想准备的阶段。

## 你做好成为投资者的思想准备了吗

富爸爸经常说："你想钱是什么，它就会是什么。"

他的意思是说，钱来自我们的观念，来自我们的思想。如果有人说"赚钱真难"，那也许钱就真的很难赚。如果他说"哦，我永远也富不了"，或"致富真的太难了"，那么他的这些话就有可能会变成现实。假如有人说"致富的唯一途径就是拼命工作"，那么他可能只有拼命工作。假如他又说"如果我有很多钱，我会把它存进银行，因为我实在不知道该怎么用它"，那么他真的可能只把钱存入银行。你会惊讶于有如此多的人那样想和那样做。假如有人说"投资有风险"，那么他去投资，可能就真的会冒险。正如富爸爸所说的："你想钱是什么，它就会是什么。"

富爸爸曾警告我："成为成熟投资者需要做的思想准备，类似于为攀登珠穆朗玛峰所做的思想准备，或是为做僧侣要进行的思想准备。"当然，他是在开玩笑，但也是在提醒我：这种经历不会很轻松。他对我说："你的起步和我一样，我们都是白手起家，有的只是获取财富的希望和梦想。虽然有很多人梦想致富，但只有极少数人能梦想成真。你务必仔细考虑，做好思想准备，因为你要学习的是只有极少数人才被允许的投资方式。你将从内部而不是从外部洞悉投资的世界，在内部，有更容易的生活道路和投资方式。所以，如果你选择这条人生道路，就一定要慎重考虑，做好准备。"

# 第2章
# 为财富奠基

那晚，回到基地昏暗的单身军官营房后，我度过了艰难的一夜。那天早晨离开时，我还觉得营房是一个不错的地方，但在迈克的新家度过了一天后，我忽然感到它是如此的廉价、破旧、脏乱。

如我所料，我的3个室友又在边喝啤酒边看棒球比赛，屋里到处是比萨饼盒子和啤酒罐。我从共用的起居室经过时，他们没有多说什么，只是盯着电视。我走进房间关好门，庆幸还有个属于自己的私人空间。我真的有许多事情要好好想一想了。

在25岁时，我终于理解了9岁那年第一次向富爸爸学习时还理解不了的问题。我认识到，富爸爸通过多年不懈的努力为他的财富王国打下了坚实的基础。他从镇里的穷人区起步，极尽节俭，建立企业，购买地产，按照自己的计划前进。当我和迈克读中学时，富爸爸已经把他的业务扩展到夏威夷群岛的其他岛屿，不断购置房地产，收购企业。当我和迈克上大学时，他的事业又迈进了一大步，成为火奴鲁鲁和怀基基海滩主要的私人投资商之一。当我在越南成为海军陆战队飞行员时，他奠定了自己强大、坚固的财富基础。现在，他和他的家庭正在享用多年的劳动果实，他们再也不用住在外岛的贫民区，而是住在火奴鲁鲁最富的富人区。我知道，他们不仅是从表面上看起来很富有，像住在那里的许多富人一样。他们是确确实实富有，因为他们让我看过他们审计过的财务报表，这不是人人都能得到的权利。

与此相反的是，我的亲爸爸这时失业了。他一直在州政府工作，努力向上爬，却最终失宠，被夏威夷州的政治机器抛弃了。他反对他的上司，还参加副州长竞选，但失败了，这时他失去了奋斗终生的一切。他上了州政府的黑名单，试图从头开始致富，但他没有财富基础。尽管他已经 52 岁，而我刚到 25 岁，我们竟处于完全相同的经济状况，我们都没有钱。我们都受过大学教育，都有能力找到另一份工作，但说到真正的资产，我们都一无所有。那晚，静静地躺在床上，我知道自己有一个选择生活方向的宝贵机会。因为，极少有人有这样的机会来对比两个爸爸的生活道路，然后选择适合自己的道路。这种选择，我不能轻率作出。

## 富人的投资

尽管那晚有很多事情涌上心头，但最让我好奇的还是：原来世上有仅为富人提供的投资，也有为其他人提供的投资。我记得小时候为富爸爸工作时，他所谈论的全是创建他的企业。但现在他富有了，谈论的又全是投资，富人的投资。那天午饭后，他解释说："我创建企业的唯一原因是，这样我就能做富人的投资，就可以让我的企业为我购置资产。如果没有企业，我就不能投资富人投资的项目。"

富爸爸接着强调了雇员投资和企业投资的区别。他说："当你作为一个雇员去投资时，大多数投资项目都很昂贵，但如果让你的企业去为你购买这些投资项目，就会容易得多。"当时我不理解这句话的含义，但我知道雇员投资和企业投资的区别很重要。现在，我急切地想知道这种区别到底在什么地方。富爸爸研究公司法和税法，找到了利用法律为他赚大钱的方法。那晚，我浮想联翩，激动得想在第二天一早就给富爸爸打电话，并一直轻声地对自己说："富人的投资。"

## 课程重新开始

小时候，我经常坐在富爸爸的餐馆里，听他讨论生意方面的事情。当富爸爸和他的银行家、会计师、律师、股票经纪人、房地产经纪人、财务规划师、保险代理人讨论的时候，我就坐在一旁喝着汽水。这是我商业教育的开始。在我 9 ~ 18 岁期间，我花了很多时间听他们谈如何解决生意中的难题。但这些课程在我去纽约读大学时就终止了，之后我又在海军陆战队服了 5 年兵役。现在，我的大学教育已经完成，军旅生涯也即将结束，我已准备好继续富爸爸的课程。

第二天，当我打电话给他时，他表示乐意继续我的课程。现在他已经把生意交给了迈克，处于半退休状态，他正想找些事情来做，而不想整天打高尔夫球。

年幼时，我不知道在金钱问题上应该听哪个爸爸的话。他们都是勤劳善良的人，坚强而有魅力；他们都希望我上大学，又让我参军为国家服务。但在金钱问题以及我长大后该做什么的问题上，他们的建议大相径庭。现在，我可以通过不同结果，自己比较穷爸爸和富爸爸各自选择的职业道路了。

在《富爸爸财务自由之路》一书中，穷爸爸建议我："上学，争取好成绩，然后找一份又安稳、福利又好的工作。"他建议的职业道路是这样的：

学校

相反，富爸爸说："学习创立企业，学习通过你的企业去投资。"他建议的职业道路如下：

学校

《富爸爸财务自由之路》讲述了来自每个象限的人在情感和技巧上的本质区别。这些区别至关重要，因为它们最终决定了一个人倾向于在哪个象限发展。例如，想找一份安稳工作的人大多会选择E象限。E象限的人包括从看门人到公司总经理。想只靠自己做事的人通常在S象限，他们是自由职业者或小企业主。我还说S代表"独立"和"聪明"，因为在这个象限你会发现很多诸如医生、律师、会计师或其他专业顾问之类的人。

《富爸爸财务自由之路》详细解释了S象限（大多数小企业主选择的象限）和B象限（大企业主所在的象限）之间的区别。在本书中，我们将更加详细地介绍投资技巧上的区别，因为富人和其他人的不同之处也在这里。

## 税法是不同的

各象限之间的区别是本书的一个重点。所处象限不同，适用的税法也就不同，在一个象限合法的在另一个象限可能不合法。这些细微的区别在投资上会造成巨大的差异。在讨论投资问题时，富爸爸总是十分谨慎地问我计划在哪个象限赚钱。

## 课程开始

当迈克忙于经营他们的商业王国时，我和富爸爸在怀基基海滩的一家饭店午餐。温暖的阳光，美丽的大海，徐徐的微风，让你好像置身于天堂。富爸爸吃惊地看着我身穿军装走进来，他以前从没见过我穿军装，他一直把我看做身穿短裤、牛仔裤和 T 恤之类休闲服的孩子。我猜他终于意识到自从高中毕业后我已经长大，现在我已见过了世面，也已在战争中经受了生死考验。这次见面我穿着军装是因为我正在飞行期，不得不在当晚返回基地执行飞行任务。

"这就是你高中毕业后一直在做的事吧？"富爸爸说。

我点头说："在纽约的商船学院待了 4 年，又在海军陆战队待了 4 年，还有 1 年就可以退役。"

"我真为你骄傲。"富爸爸说。

"谢谢，"我回答，"但我想不穿军装感觉会更好些。被那些嬉皮士和反战人士唾弃、怒视或被称做杀害儿童的'战犯'，真的很难受。我只希望这些早点结束。"

"我庆幸迈克不用去，"富爸爸说，"他也想入伍，但因为身体差没能入选。"

"他很幸运。"我回答，"我在战争中失去的朋友已经够多了，我可不愿再失去迈克。"

富爸爸点点头，问我："那你明年退役后有什么打算？"

"我有3个朋友接到了去航空公司当飞行员的邀请。现在去航空公司工作很困难，不过他们说可以通过一些关系让我进去。"

"那么你想到航空公司当飞行员了？"富爸爸问。

我慢慢地点了点头。"嗯，那是我一直在做的事情，也是我一直以来的想法。薪水不错，福利也很好。而且，我的飞行训练一直强度很大，"我说，"战争已把我变成一个很优秀的飞行员。如果我为一家小航空公司飞行一年，得到一些驾驶多引擎飞机的经验，我就能驾驶大型飞机了。"

"这就是你对未来的打算吗？"富爸爸问。

"不。"我回答，"当看到我爸爸身上发生的事和那天在迈克的新家午餐后，我就不再这样打算了。那天晚上我辗转难眠，一直在考虑你说的投资问题。我认识到如果我为航空公司工作，也许有一天，我会成为一个特许投资者，但我也知道我可能永远无法超越这个水平。"

富爸爸静静地坐着，轻轻地点头，低声说："看来我的话击中了要害。"

"正中要害，"我回答，"我想起小时候你教给我的东西。现在我已成人，这些课程对我又有了新的意义。"

"你记得什么？"富爸爸问。

"我记得你拿走我每小时10美分的工资，让我无偿劳动。"我回答，"我记得那堂不让我沉迷于工资的课。"

富爸爸笑道："那堂课上得很费劲呢。"

"是啊，"我回答，"但非常重要。当时我爸爸对你大为光火，但现在他是一个没有工资而挣扎着过日子的人。他和我的区别在于上这一课时，他52岁，我9岁。在迈克家的午饭后，我就发誓决不因为一份薪水就让自己一生依附于工作，这也是我怀疑我要找一份航空公司工作到底对不对的原因。我想重温你教过我的那些课程，想了解怎样让钱为我工作，这样我就不用终生为钱工作。不过，这次我想要你以成人的标准来授课，让课程更难一些，并能给我讲解更多的细节。"

"那我第1课该讲什么呢？"富爸爸问。

"富人不为钱工作，"我立刻回答，"他们知道怎样让钱为他们工作。"

富爸爸露出开心的笑容。他知道我小时候一直听他的话。"很好，"他说，"这就是成为投资者的基础，所有的投资者都要学习怎样让钱为他们努力工作。"

"这就是我想学的。"我平静地说，"我想学习，可能的话还想把这些告诉我爸爸，他目前境遇很不好，52岁了还要试着重新开始。"

"我知道，"富爸爸说，"我知道。"

就这样，在那个阳光明媚的日子，蔚蓝的大海中，冲浪者在美丽的浪花上飞舞，我的投资课程开始了。课程分为5个阶段，每个阶段都让我上升到一个更高的认识水平——来认识富爸爸的思维过程和他的投资计划。课程从思想准备和自我控制开始，因为这是让投资产生作用的唯一地方。从根本上说，投资以自我控制开始，也以自我控制结束。

富爸爸投资计划的第一阶段是要在实际投资前做好思想准备。1973年的那个夜晚，躺在基地昏暗的房间中，我的思想准备开始了。迈克很幸运，有一个积累了巨大财富的爸爸。我没有那种运气。在很多方面，他比我早起步了50年，而我还没有起步。那晚，通过在穷爸爸选择的工作安全和富爸爸选择的为财富奠基之间作出决定，我开始了我的思想准备。这是投资过程的真正起步，也是富爸爸投资课程的开始。它开始于一个非常个人化的选择——成为富人、穷人或者中产阶级的精神选择。这是一个重要的决定，因为无论你选择什么样的经济地位，无论你选择成为富人、穷人或者中产阶级，你生命中的一切将从此改变。

# 第3章
## 投资者第 1 课：选择

　　富爸爸的投资课开始了。富爸爸说，对于钱和投资，人们通常有 3 个基本的原因或选择，它们分别是：

　　1. 安全；
　　2. 舒适；
　　3. 富有。

　　富爸爸接着说："这 3 种选择都很重要。这 3 种选择的优先次序不同，一个人的生活就会不同。"他又继续说："大多数的人，挣钱和投资时都完全按照上面这个顺序。也就是说，当谈及金钱时，他们的第一选择是安全，第二选择是舒适，第三选择才是富有。这就是大多数人把工作安全作为最优选择的原因。在拥有一份安全的工作或职业后，他们开始关心舒适。致富是大多数人最后的选择。"

　　1973 年的那一天，富爸爸说："大多数人梦想致富，但这不是他们的第一选择。"他继续说道："在美国，因为这种选择的优先次序，100 个人中只有 3 个人富有。对大多数人来说，如果致富破坏了他们的舒适感，或是让他们感到不安全，他们就会放弃致富的梦想。这就是有如此多的人想获得一个投资窍门的原因。那些把安全和舒适作为第一和第二选择的人，试图寻找简单、没有风险又舒服的快速致富方法。确实有极少人通过某种幸运的投资致富，但大多数时候，他们只会满盘皆输。"

## 富有还是快乐

我经常听到人们说："我宁愿快乐而不是富有。"这种评论在我听来非常奇怪，因为我贫穷过也富有过，在这两种经济状况下，我都会快乐和不快乐。我不明白为什么会有人觉得在快乐和富有之间只能选一样。

当我回想这一课时，忽然想到其实人们说这句话真正的意思是：我宁愿感觉安全和舒适而不是富有。因为如果他们没有安全感和舒适感，就不会快乐。对我来说，为了致富，我宁愿感到不安全、不舒适。我曾经富有也曾经贫穷，曾经快乐也曾经不快乐。但我向你保证，我既贫穷又不快乐的时候，比富有但不快乐的时候，不快乐得多。

我永远不能理解的另一句话是："钱不能让你快乐。"尽管这有一定道理，但我总感觉当我有钱时，会比较快乐。前几天，我在牛仔裤兜里发现了一张 10 美元的钞票。尽管只有 10 美元，我还是感觉好极了。收到钱永远比收到账单感觉要好。至少，这是我自己对金钱的感觉。当钱进来时我高兴，当它离开时我悲伤。

回到 1973 年，那时我选择的优先次序是：

1. 富有；
2. 舒适；
3. 安全。

如前所述，在钱和投资方面，这3种选择都很重要。怎样进行排序是很个人的决定，在开始投资前你就应该做好这种准备。穷爸爸把安全放在首位，富爸爸把富有放在首位。在开始投资前，决定你的首选很重要。

## 意向测试

富有、舒适、安全是真实的个人核心价值取向。其中一个并不比其他好。但我知道，选择哪一个作为你的核心价值取向极其重要，会对你选择的生活方式产生重大而深远的影响。所以，知道哪一种核心价值取向对你最关键很重要，特别是谈及钱和理财规划时。

**所以意向测试为：**

按你所认为的重要性列出上述3种选择：

1.＿＿＿＿＿＿＿＿＿＿＿＿＿＿＿＿＿＿＿＿＿＿＿＿＿＿

2.＿＿＿＿＿＿＿＿＿＿＿＿＿＿＿＿＿＿＿＿＿＿＿＿＿＿

3.＿＿＿＿＿＿＿＿＿＿＿＿＿＿＿＿＿＿＿＿＿＿＿＿＿＿

你应该按照自己的真实想法列出顺序。认真地和你的配偶或是值得信赖的顾问讨论，列出你赞成与反对的理由。知道你的首选，将使你以后不再面对令人心烦的选择和失眠的困扰。

90/10金钱规律普遍适用原因之一或许就是，90%的人把"舒适"和"安全"列在了"富有"之前。

# 第4章
# 投资者第2课：你眼中的世界是什么样的

富爸爸和穷爸爸最显著的差异之一，就是他们眼中的世界不同。穷爸爸总是看到一个金钱匮乏的世界。这种观点反映在他的谈话中："你认为钱是树上长的吗？"或者："你觉得我在印钞票吗？"或者："我可买不起。"

我和富爸爸在一起的时候，逐渐意识到他看到的是一个截然不同的世界。他能看到一个有大量金钱的世界。这种观点同样表现在他的谈话中："不要担心钱的问题，只要做好自己的事，自然会有很多钱。"或者："不要以没钱为借口而不去争取你想要的东西。"

1973年，在富爸爸的一堂课上，他说："只有两种金钱问题。一种是钱太少，另一种是钱太多。你想要哪种金钱问题呢？"

在我现在开设的投资课上，我也花了大量时间解释这个问题。大多数人都有钱太少的问题。由于金钱是一种观念，如果你的观念就是钱太少，那么你的现实就会是那样。来自两种家庭是我拥有的一个优势，这样我就可以看到两种金钱问题，并且确信这两种都是问题。穷爸爸总是有钱太少的问题，富爸爸则总是有钱太多的问题。

富爸爸对这种奇怪的现象是这样评论的，他说："有人通过继承遗产、中彩票或去拉斯维加斯赌博而一夜暴富，之后又突然一贫如洗，这是因为他们从心理上认定只存在一个金钱匮乏的世界。所以他们会失去已经到手的财富，又回到他们唯一知道的钱太少的世界。"

改变"这个世界是个金钱匮乏的世界"的观念曾是我个人奋斗的目标之一。从1973年起，富爸爸就让我在涉及金钱、工作和致富的问题时，保持清醒的头脑。富爸爸确信，穷人一直贫穷是因为他们只知道一个到处缺钱的世界。富爸爸说："你有什么样的金钱观念，就会有什么样的金钱现状。你只有首先改变你的金钱观念，才能改变你的金钱现状。"

富爸爸曾概述了他看到的与人们的观点的区别，那也是人们金钱匮乏的部分原因：

1. 你需要的安全保障越多，你的生活中就会越没钱。

2. 你越竞争，你的生活中就会越没钱。人们在工作中为职位、为晋升竞争，在学校为分数而竞争，也就是因为职位、晋升机会、高分太少了。

3. 一个人想得到更丰富的物质，就需要更多的技能，更多的创新与合作能力。有创造力，有很好的财务和商业技能，并且有合作精神的人，通常会过上财富持续增加的生活。

我可以看到我两个爸爸对此的不同态度。穷爸爸总是叮嘱我谨慎行事，寻求安全感。富爸爸则鼓励我提高技能并发展创造力。本书的后半部分将讲述如何运用创新精神，去创造一个物质丰富而不是物质贫乏的世界。

在我们讨论匮乏这个问题时，富爸爸突然拿出一枚硬币说："当一个人说'我买不起'的时候，他只看到了硬币的一面。当你说'我怎样才能买得起'的时候，你就开始看到硬币的另一面了。问题是，有些人即使看到了另一面，也只是在以自己的眼光去看它。所以穷人只从表面看到富人做的事，而看不到富人内心的想法。如果你想看到事物的另一面，就必须知道富人的脑子里在想什么。"本书的后半部分也将介绍富人的思维。

若干年后，当看到中彩票的人破产时，我问富爸爸这是为什么。他的回答是："一个人突然暴富又很快破产，是因为他们仍然只看到了硬币的一面。也就是说，他们仍用过去一贯的方式来处理金钱问题，这就是他们又回到原地，依然贫穷，依然在生活中挣扎的原因。他们只看到一个金钱匮乏的世界。对他们来说，最安全的做法就是把钱存进银行然后靠利息生活。而能看到硬币另一面的人，就会拿着这笔钱，使它安全且迅速地增值。他们能做到这一点，是因为他们看到了硬币的另一面，在那一面是个金钱遍地的世界。于是他们用已有的钱快速到达另一面，而其他人却用已有的钱更快地变穷。"

20 世纪 80 年代末，富爸爸退休了，将他的商业王国交给了迈克，然后找我小聚了一次。会面时，他给我看了一份 3900 万美元现金的银行报表。我吃惊地吸了口气，他说："这只是一家银行里的。我现在退休了，因为我要全力去做一件事，我将把这些现金从银行里取出来，投入到产出更高的投资中去。我将全力使它的增值一年比一年更有挑战性。"

会面结束时，富爸爸说："我花了多年心血培养迈克去建立产生这些钱的机器。现在我退休了，由他来管理这台机器。我能放心地退休，是因为迈克不仅懂得怎样管理这台机器，而且如果出了问题，他还懂得修理。大多数富家子弟会赔掉父母留下的钱，是因为他们虽然在富有的环境中成长，但从来没有真正学会怎样去建造一台这样的机器，也不知道如果它坏了该怎样去修理。事实上，正是这些富家子弟破坏了这台机器。他们成长在硬币富有的这一面，却从来不学习要到达这一面该怎么做。在我的指导下，你就有机会到达并待在那一面。"

自我控制的很大部分就是控制我们内心对金钱的看法。我曾经不得不时常提醒自己，有一个充满财富的世界，因为从内心深处我常常觉得自己是个穷人。

每当缺钱的恐惧与焦虑在我的五脏六腑翻腾时，我就会做富爸爸教我的一个练习，我对自己说："世界上有两种金钱问题。一种是钱太少的问题，另一种是钱太多的问题。我想要哪一种？"我会在脑海里不断地问自己，即使我的内心已满是恐慌。

我不是那种一相情愿或固执己见的人。我这样问自己是为了与我固有的金钱观念作斗争。一旦平静下来，我就会命令自己去寻找解决办法，无论那是什么样的财务问题。解决办法可能是寻找新的答案、聘请新的顾问或参加一个我不擅长领域的培训班。我与内心深处的恐慌作斗争，主要目的是让自己能够平静下来，然后继续前进。

我注意到大多数人都是被金钱匮乏引起的恐慌所击倒，并让这种恐慌主宰了他们的生活。因此，他们依然畏惧金钱和风险。正如我在《富爸爸财务自由之路》中所写的，情感经常操纵着人们的生活，恐惧和怀疑会导致人们贬低自我和缺乏自信。

20世纪90年代初，唐纳德·川普个人债务近10亿美元，公司债务有90亿美元。一位记者问他是否很焦虑，川普回答："焦虑只会浪费时间，焦虑会妨碍我解决这些问题。"我也注意到有些人之所以不能致富，主要原因之一就是他们过分担心一些可能永远不会发生的坏事。

富爸爸的投资者第2课是教我从精神上去选择这两个世界：钱太少的世界和钱太多的世界。然后，富爸爸会强调财务计划的重要性。富爸爸坚信，钱少时应该有个财务计划，钱多时也应该有个财务计划。他说："如果钱多时没有计划，你就会失去所有的钱，回到你唯一知道的钱少的计划中去，回到90%的人熟悉的那个世界，那个没有钱的世界。"

## 安全与贫乏

富爸爸说过："人们越寻求安全，他们的生活就会越贫乏。"安全与贫乏结伴而行。这就是为什么寻求工作安全或保障的人，通常都是物质生活贫乏的人。90/10金钱规律正确的原因之一，就是大多数人用毕生精力去寻求更多的安全感，而不是努力获取更多的财务技能。你学到的财务技能越多，你的物质生活就会越富裕。

正是这些财务技能，让富爸爸在没有多少钱的情况下也能购置夏威夷最昂贵的房地产。这些相同的财务技能，让人们有能力去把握住机会，并把机会转化成数百万美元。大多数人能看到机会，但不能把机会转化成金钱，所以他们通常更多地寻求安全。富爸爸还说过："一个人越寻求安全，他能够看到的机会就越少。他只能看到硬币的一面，从来看不到另一面。所以越寻求安全，就越没有看到硬币另一面的机会。"正如著名棒球运动员约吉·贝拉说过的那样："只要在10次中有7次让击球手退场，你就能进入名人堂。"换句话说，如果在他的棒球生涯中，他有1000次机会，他只要有700次让击球手退场，他就会进入名人堂。读了约吉·贝拉的话后，富爸爸说："大多数人的安全意识过强，他们终生避免哪怕出局一次的风险。"

## 意向测试

我来自一个抱着"金钱匮乏"观念的家庭。我个人的挑战就是不停地提醒自己：还存在着另一个世界，要保持开放的心态，去看到都可能发生在我身上的两个世界。

**所以意向测试为：**

1. 你能看到两个不同的金钱世界吗？一个钱太少的世界，另一个钱太多的世界。

　　是_____不是_____

　　2．如果你目前生活在一个钱太少的世界里，你想拥有生活在另一个钱太多的世界的可能吗？

　　想_____不想_____

# 第5章
# 投资者第3课：为什么投资常令人困惑

一天，我在富爸爸的办公室等他，他正在打电话。我听到他说："……所以今天你要做多，是吗？""如果大盘下跌，你怎么平仓？""好，好，现在我明白了你为什么购买双重期权来轧平头寸。""你在卖空那只股票吗？你为什么不用卖方期权代替卖空？"

富爸爸放下电话后，我说："我简直听不懂你在说什么，投资看起来让人难以理解。"

富爸爸笑着说："我刚才所说的并不是真正的投资。"

"不是投资是什么？听起来就像电视和电影里的投资家说的话。"

富爸爸哈哈大笑，说："首先，投资对不同的人有不同的意味。这就是投资看起来让人困惑的原因。大多数人的所谓的投资并不是真正的投资。对于投资，人们在谈不同的事物，却还以为是在谈相同的事物。"

"什么？"我皱起眉头说，"人们在谈不同的事物，还认为在谈相同的事物？"

富爸爸又笑了，开始上这一课。

## 投资对不同的人有不同的意味

那天富爸爸开始讲课时，再三强调了这个要点：投资对不同的人有不同的意味。下面是这重要一课中的一些重点。

## 不同的人投资不同的东西

富爸爸解释了不同的投资在价值上的区别。

1．一些人投资于大家庭。大家庭是赡养年迈父母的好方法。

2．一些人投资于良好的教育、工作安全和各种福利。他们这些人和他们可出卖的技能，都变成了他们的资产。

3．一些人投资于外部资产。在美国，约45%的人拥有各种股票。这个数字还在不断增长，因为人们意识到工作安全和终生雇用已经越来越没有保障。

## 存在许多不同的投资产品

这里有一些不同类型投资的实例：

1．股票、债券、共同基金、房地产、保险、商品、储蓄、收藏品、贵金属、对冲基金，等等。

2．上面提到的每一种投资还能进行细分。让我们以股票为例。

**股票投资可细分为：**

1．普通股；

2．优先股；

3．股票认购权证；

4．小盘股；

5．蓝筹股；

6．可兑换股；

7．科技股；

8．工业股；

9．其他。

**房地产投资可细分为：**

1．单户住宅；

2．商业办公地产；

3．商业零售地产；

4．多户住宅；

5．仓库；

6．工业地产；

7．生地（即未开发土地）；

8．场外交易的生地；

9．其他。

**共同基金投资可细分为：**

1．指数基金；

2．进取型成长基金；

3．产业基金；

4．收益型基金；

5．封闭式基金；

6．平衡基金；

7．市政债券基金；

8．国家基金；

9．其他。

**保险投资可细分为：**

1．终生、定期、变额人寿保险；

2．万能、变额万能保险；

3．混合保险（同一保单上的终生和定期保险）；

4．第一、第二、最后生命保险；

5．买卖合约保险；

6．主管人员奖金和延期报酬保险；

7．遗产税保险；

8．非限制性养老金保险；

9．其他。

有许多不同种类的投资产品，每一种都用来做不同的事情。这是投资令人困惑的另一个原因。

## 不同的投资程序

富爸爸用"程序"这个词来描述购买、出售、交易或者持有投资产品的技术、方法或公式。以下是一些不同类型的投资程序：

1．购买、持有并祈祷（长线）；

2．买和卖（交易）；

3．卖了再买（短线）；

4．买卖期权（交易）；

5．成本平均法（长线）；

6．经纪（不持有头寸的交易）；

7．储蓄。

根据投资程序、产品的不同，可将投资者分类。例如：

1．股票交易者；

2．房地产投机者；

3．稀有钱币收集者；

4．商品期货交易者；

5．当日交易者；

6. 储蓄者。

这些是不同类型的投资者、不同的产品种类和投资程序的实例。这些都增加了投资的迷惑性，因为在投资的旗号下，确实存在着下面这些人：

1．赌徒；

2．投机者；

3．交易者；

4．储蓄者；

5．梦想家；

6．失败者。

这些人都称自己为投资者，从技术上讲他们确实是，然而实际上不是，这就是投资令人困惑的原因。

## 没有人是全能专家

"投资对不同的人有不同的意味。"富爸爸又说，"没有一个人是所有投资类型的专家，因为存在着太多不同的投资产品和投资程序。"

## 每个人都有偏见

擅长股票投资的人会说："股票是最好的投资。"喜欢房地产的人会说："房地产是所有财富的基础。"而讨厌黄金的人会说："黄金是过时的商品。"

这样一来，你的偏见就会加深，真的对投资感到迷惑不解。一些人说"要多元化，不要把所有鸡蛋放在一个篮子里"。而另一些人，如美国最伟大的投资者沃伦·巴菲特又说："不要多元化，要把所有鸡蛋放在一个篮子里，然后密切关注这个篮子。"

投资专家的个人意见都大大加重了投资的迷雾。

## 相同的市场，不同的取向

增加困惑的因素还有：每个人对市场走向和世界未来发展方向的看法都有所不同。如果你收看财经新闻台，那里就有所谓的专家在说："股市过热，6 周后会崩溃。"10 分钟后，另一个专家又会说："股市将持续上扬，不会崩溃。"

## 高位买入

最近，我的一位朋友问我："每次我听说一只热门股就去买，但我刚买下，它就下跌。也就是说，我因为追捧一只热门股而在高位买入，但一天之后，这只股票就开始下跌。为什么我总是高位买入呢？"

我也经常听到另一些人抱怨："我在股价下跌时卖掉了股票，可第二天股价又上涨了。怎么会出现这种情况呢？"

我把这两类情况称为"高位买入"和"低位卖出"。投资出现这种问题，是因为这些投资在过去两年已经受到追捧，精明的投资者已经早已从中赚了钱。他们很早就进入，然后在高位时退出。对我而言，最让我沮丧的就是听到有人说："我以每股 2 美元买进，现在涨到每股 35 美元了。"这种故事和火暴消息不会让我激动，只会让我沮丧。这就是今天当我听到股市中暴富的传言时，只是走开、避而不听的原因，这样的故事并不是真正的投资。

## 这是投资让人困惑的原因

富爸爸常说："投资令人困惑是因为它是一个非常广泛的课题。如果环顾四周，你会发现人们投资许多不同的事物。看看你家里的电器，那些产品都来自人们投资的公司。你使用的电也来自人们投资的公共事业公司。一旦你理解了这些，就再看看你的汽车、汽油、轮胎、安全带、雨刷、发动机火花塞、公路、公路上的人行道、软饮料、房间里的家具、你最喜爱的商店所在的购物中心、办公大楼、银行、饭店、空中的飞机、机场的地毯，等等。这些东西存在于此，就是因为有人投资了生产它的企业或者它存身的建筑，这些企业给你提供了使你的生活更好的东西。这才是投资的真正含义。"

富爸爸经常以这句话结束他的投资课程："因为大多数人所谓的投资并不是真正的投资，所以投资常让他们困惑。"

在下一章中，富爸爸将引导我减少困惑，认识真正的投资。

## 意向测试

投资是一个有广阔内涵的课题，不同的人持有不同的观点。

1．你是否意识到投资对不同的人有不同的意味？

是＿＿＿＿＿否＿＿＿＿＿

2．你是否意识到没有任何人能通晓所有的投资？

是＿＿＿＿＿否＿＿＿＿＿

3．你是否意识到一个人可能会说某种投资很好，另一个人却说这种投资很糟糕，而这两种观点似乎都有确凿的证据？

是＿＿＿＿＿否＿＿＿＿＿

4．你愿意以开放的心态来学习投资、虚心听取有关投资的不同观点吗？

是_____否_____

5. 你是否意识到使用特定的投资产品或投资程序并不一定就是在投资？

是_____否_____

6. 你是否意识到对别人很好的某种投资产品对你可能不好？

是_____否_____

# 第6章
## 投资者第4课：投资是计划，不是产品或过程

经常有人这样问我："我有1万美元用来投资，你说我投资什么呢？"

我的标准回答是："你有一个计划吗？"

几个月前，我在旧金山一家电台做节目。这个节目是有关投资的，由一位在当地颇受欢迎的股票经纪人主持。一位想得到投资建议的听众打来电话说："我42岁，有一份好工作，但没有什么钱。我母亲有一套房子的大部分产权，那套房子大约值80万美元，现在她只欠10万美元就付清了。她说她愿意借给我一部分产权，这样我就能够开始投资了。你认为我应该投资什么，股票还是房地产？"

我的回答依然是："你有一个计划吗？"

"我不需要计划呀，"他回答，"我只希望你告诉我应该投资什么，我想知道你认为房地产市场和股票市场哪一个更好。"

"我知道那是你想知道的事情，但是你有一个计划吗？"我尽可能礼貌地再次问。

"我告诉过你我不需要计划。"对方说，"我告诉过你我母亲给了我一笔钱，所以我现在有钱，我不需要计划。我打算投资，我只想知道你认为股票市场和房地产市场哪一个更好。我也想知道我应该花我母亲多少钱来买我自己的房子。这里海湾地区的房地产价格

上涨很快，我不想再等了。"

我决定换一种方式，我问："既然你已经 42 岁了，又有一份好工作，那么你为什么会没有钱呢？如果你损失了你母亲抵押房产得来的钱，那么她还有能力承担增加的债务吗？如果你失业了或者市场暴跌，而你又不能以买价出售房子，那么你还有能力供新买的房子吗？"

当着大约 40 万听众，他回答："这些都不关你的事。我认为你是个投资家，你不必通过打听我的私生活给我投资建议。别老提我母亲，我想要的是投资建议，不是个人建议。"

## 投资建议是个人建议

我从富爸爸那里学到的最重要的一课是："投资是一种计划，而不是某种产品或某种程序。"他接着说："投资是一种非常个人的计划。"

有一次富爸爸给我上投资课时，他问："你知道为什么有那么多不同类型的小汽车和卡车吗？"

我思考了一会儿，然后回答："我想是因为人有不同类型，不同的人有不同的需求。单身汉可能不需要 9 座的大旅行车，但有 5 个小孩的家庭可能会很需要，而农夫宁愿要一辆运货卡车也不要两座的跑车。"

"正确。"富爸爸说，"那就是投资产品常被称为'投资交通工具'的原因。"

"投资产品被称为'投资交通工具'吗？"我问，"为什么是'投资交通工具'呢？"

"因为投资就像交通工具，"富爸爸说，"有许多不同的投资产品或投资工具，是因为存在着许多不同类型的人，他们有着许多不同的需求，就像一个有 5 个孩子的家庭与一个单身汉或者一个农夫的需求不同一样。"

"但为什么用'交通工具'这个词呢？"我再次问。

"因为交通工具的作用是把你从一个地方送到另一个地方。"富爸爸说，"投资项目或投资工具能够把你从现在的财务状况，送到未来你想达到的财务状况。"

"这就是投资是计划的原因。"我点着头轻声说。我已经开始理解了。

"投资就像计划一次旅行，例如从夏威夷到纽约。显然，你知道对这次旅行来说，自行车或汽车都无能为力，你得乘船或者乘飞机渡过太平洋。"富爸爸说。

"一旦到达陆地，你就能步行，骑车，乘小轿车、火车、公共汽车，或者坐飞机去纽约了。"我补充道，"这些都是不同的交通工具。"

富爸爸点点头："不能说哪一种交通工具一定比其他的好。如果你有充裕的时间，又想饱览乡村风光，那么步行或骑自行车是最好的选择。不仅如此，旅行后你的身体还会锻炼得更健康。但如果你需要明天按时赶到纽约，那显然乘飞机就是最好并且是唯一的选择了。"

"很多人都关注一种投资产品，例如股票，也有很多人关注一种程序，例如交易，但是他们没有一个真正的计划。这就是你想说的吧？"我问。

富爸爸点点头："大多数人试图通过投资（他们认为的）来赚钱，但交易不是投资。"

"如果交易不是投资，那是什么呢？"我问。

"是贸易。"富爸爸说，"交易是一种程序或者技术。做股票交易的人与买房子然后装修，再以更高价格出售以获取更高利润的人没有多大不同。一种人交易股票，另一种人交易房地产，但仍然是交易。在现实生活中，贸易有悠久的历史。从前人们用骆驼驮着外国商品，穿越沙漠运送给欧洲的消费者。因此从某种意义上讲，零售商也是贸易者。贸易是一种职业，但并不是我所说的投资。"

"对你来说，投资是一种计划，一种把你从现在的所在地送到你想到达的地点的计划。"我尽力去理解富爸爸的话。

富爸爸点点头，说："我知道这种说法有些像挑刺，而且看起来过于强调次要的细节。但是，我想尽力去减少围绕着投资的困惑。每天，我都会遇到那些自以为在投资的人，他们在财务上毫无进展，而就像是在推着手推车原地打转。"

## 不止一种交通工具

在前面的章节中，我列举了一些不同类型的投资产品和投资程序。每天都有更多的投资产品和投资程序被创造出来，因为世界上有如此多的人，有如此多的不同需求。当人们不清楚自己的财务计划时，所有的投资产品和投资程序就变得令人困惑，难以捉摸。

在描述众多投资者时，富爸爸用手推车来比喻他们选择的工具。太多所谓的投资者依附于某种投资产品和投资程序。比如，有人可能只投资股票或只投资房地产，他变得完全依附于股票或房地产等工具，而看不到其他可以运用的投资工具和投资程序。久而久之，这个人就变成推手推车的专家，推着它永远在原地打转。

一天，当富爸爸笑谈投资者和他们的手推车时，我请他作进一步阐释。他的回答是："有些人在一种产品和程序上成了专家，这就是我说他们变得依赖于手推车的意思。手推车工作着，拉着大量的现金打转，然而它依然只是手推车。真正的投资者不会依附于某种工具或程序。真正的投资者有一个计划，并且有多种投资工具和程序可以选择。真正投资者想做的事情，是在预定时间内安全地从 A 地到达 B 地。他不想拥有或者亲自去推手推车。"

我仍然有些疑惑，要富爸爸作更多的阐释。"你看，"他有一点挫败感，"如果我想从夏威夷去纽约，有多种交通工具可以选择。我并不想拥有它们，只想使用它们。当登上波音 747 客机时，我并不想驾驶它，也不会对它产生感情，我只想从夏威夷到纽约。当抵达肯尼迪机场时，我想叫一辆出租车，让它把我从机场送到饭店。一旦我到达饭店，门童就会用手推车把我的行李从门口送到我的房间。我不想拥有或亲自去推手推车。"

"那么区别在哪里呢？"我问。

"许多自认为是投资者的人完全依赖于投资工具。他们以为自己必须用股票或者房地产作为投资工具。因此他们苦苦寻找自己喜欢的投资，而忽略了制订投资计划。这些就是以打转代替旅行的投资者，他们从来不会从一种财务状况到达另一种财务状况。"

"所以你不必爱上你乘坐的波音 747 客机，就像你不必爱上你的股票、债券、共同基金或办公大楼一样。它们仅仅是工具，把你送到你想到达的地方而已。"我说。

富爸爸点点头："我感谢那些工具，我也相信人们会善待那些工具。我只是不想依附于工具，也不想一定要拥有或者花时间操作它们。"

"当人们依赖于投资工具时会怎么样？"我问。

"他们会认为自己的投资工具是唯一的工具，或者是最好的工具。我既认识只投资股票的人，也认识只投资共同基金或房地产的人，这就是我说的依附于投资工具的意思。这种思维方式不一定是错的，只是他们常常关注工具而不是计划。因此，即使他们可以挣到很多钱，去购买、持有、出售投资产品，但这些钱不能把他们带到目的地。"

"所以我需要一个计划。"我说，"这个计划会决定我需要不同类型的投资工具。"

富爸爸点头说："事实上，你应该先计划，再投资。千万记住投资是一种计划，而不是某种产品或程序，这是非常重要的一课。"

## 意向测试

人们修建房屋之前，通常会请建筑师设计一张图纸。你能想象有人没有房屋设计图就直接开始建房吗？唉，许多人修建自己的财务大厦就是这样的。

富爸爸指导我制订了一个财务计划。这可能不是一个简单的过程，也不会一开始就起作用，但过了一阵子，我就非常清楚自己当前的财务状况和对未来的期望。一旦明白了这一点，制订计划的过程就变得轻松起来。换句话说，在我看来，最困难的部分是找到自己的期望。

**所以意向测试为：**

1. 你是否愿意花时间了解你目前所处的财务阶段和你期望达到的财务目标？你是否愿意仔细考虑一下怎样计划才能实现目标？此外，一定要牢记，只有你写出了计划，并且将它展示给别人看时，计划才是真正意义上的计划。

是_____否_____

2. 你是否愿意与至少一位专业财务顾问会谈，以确定他怎样帮助你制订长期投资计划？

是_____否_____

你可以与两三位财务顾问会谈，找出他们在制订财务计划方面的不同之处。

# 第7章
## 投资者第5课：你计划变富还是变穷

"大多数人都在计划变穷。"富爸爸说。

"什么？"我感到难以置信，"为什么这样说？你怎么能这样说呢？"

"我只用听他们说什么就知道了，"富爸爸回答，"如果你想看清一个人的过去、现在和将来，只需要听听他说的话。"

## 语言的力量

富爸爸关于"语言的力量"这一课非常有说服力。他问我："你听人说过'赚钱要花钱'吗？"

我起身从冰箱里取出两罐饮料，回答："是啊，我经常听别人这样说，你为什么问这个？"

"因为只有花钱才能赚钱的观点，是最糟糕的观点之一，特别是对那些想得到更多钱的人来说。"富爸爸说。

递给富爸爸一罐饮料，我说："我不明白，你的意思是赚钱不用花钱吗？"

"不用。"富爸爸摇摇头，"赚钱不用花钱。只需要一些我们都能使用的东西，而且比钱的成本小多了。实际上，在很多时候，那甚至是免费的。"

这番话使我十分好奇，但是他没有告诉我那是什么。在投资课结束时，他给我布置了一项作业："在我们下次碰面以前，我希望你邀请你爸爸出去吃顿饭，时间要长一点。在吃饭时，我希望你留意他的习惯用语。听完他讲的话，然后注意他话语里传递的信息。"

此时，我已习惯了富爸爸布置给我的这些稀奇古怪的作业，这些作业看起来与我们讨论和研究的主题风马牛不相及。但他坚信实践经验在先，理论课程在后。于是我打电话请我爸爸在他喜欢的一家餐厅吃饭。

一周后，富爸爸与我又碰面了。"和你爸爸饭吃得怎么样？"他问。

"很有趣，"我回答，"我非常仔细地听他使用的词语，并揣测他话语中的含义以及背后隐藏的思维方式。"

"你听到了什么？"

"我听到了'我永远不会变富'。"我说，"那是我听过的最多的话，事实上，我经常听到爸爸对家里人说'从我决定当中学教师的那一刻起，我就知道自己永远不会富有了。'"

"你以前听过这些话吗？"富爸爸问。

我点头说："听过许多次。"

"你还经常听到他说哪些话？"富爸爸问。

"'你以为钱是树上长的吗？''你以为我是印钞票的吗？''富人可不会像我这样关心别人。''钱很难挣。''我宁愿快乐而不是富有。'"我回答。

"现在你理解我的意思了吗？我说过你能通过倾听别人的谈话，看到他们的过去、现在和将来。"富爸爸问。

我点头说："我还注意到其他一些事情。"

"是什么呢？"富爸爸问。

"你有商人和投资者的词汇，我爸爸有中学教师的词汇。你使用'资本化率'、'财务杠杆'、'息税前利润'、'生产价格指数'、'利润'和'现金流'等词语,而他使用的是'考试分数'、'补助金'、'语法'、'文学'、'政府拨款'、'长期聘用'等词语。"

富爸爸笑了:"赚钱不用花钱,但要花费语言。富人和穷人的区别就在于他们使用的词汇。一个想致富的人需要做的,就是增加财务词汇。而好消息是,大多数词语是免费的。"

20世纪80年代,我花了很多时间教授企业家精神和投资。在那期间,我敏锐地观察了人们所使用的词汇,以及这些词汇和他们的财务状况之间的关系。经过深入研究,我发现英语词汇大约有200万,普通人掌握的词汇约有5000个。如果人们想增加财务成功的机会,就应该从增加特定领域的词汇入手。例如,当我投资单户式出租住宅这种小型房地产时,我应该首先增加在该领域的词汇。当我转向投资私人公司时,我又不得不增加这方面的词汇。只有这样,我才会在投资这样的公司时感到得心应手。

在学校,律师学习法律词汇,医生学习医学词汇,教师学习教学词汇。如果一个人离开学校时没有学过投资、金融、金钱、会计、公司法、税收等方面的词汇,那么他作为一个投资者就会感到很困难。

我设计"现金流"游戏的一个原因,就是想让门外汉熟悉投资词汇。在我们所有的游戏中,玩家能很快熟悉会计、商业和投资词汇背后隐藏的各种关系。通过反复玩我们的游戏,玩家可以学会这些通常被错误使用的词语,如"资产"和"负债"的真正定义。

富爸爸常说:"不只是不懂得词语的定义,错误使用词语的定义也是引起长期财务困境的真正原因。要破坏一个人的财务稳定,再没有什么比把'负债'称做'资产'更厉害了。"所以富爸爸一直强调正确定义财务词语的重要性。他会说:"mortgage(抵押贷款)这个词源于一个法语单词mortir,意思是死亡,所以抵押贷款就是一种直到死都有效的契约。real estate(不动产)在英语中并不是real

（真正的）的意思，它实际上来自西班牙语，意思是王室的财产，这就是我们至今还没有自己的财产的原因。我们只是在技术上控制了不动产，却不真正拥有它。政府拥有我们的财产，并因我们使用它们而向我们征税！"

所以富爸爸常说："赚钱不用花钱。使用富人的词汇就能赚钱，而且更重要的是，还能留住钱。"

因此当你阅读本书时，请留意它使用的不同词语。千万记住富人和穷人的一个根本不同就是他们使用的词语，而词语是免费的。

## 计划变穷

在富爸爸的这堂课后，通过留意别人的语言，我开始觉察到大多数人都在无意识地"计划变穷"。今天我常听到人们说："我退休的时候，收入就会下降。"而事实果真如此。

他们还经常说："退休后，我的需求会降低，所以我只需要较少的收入。"但是他们通常没有认识到的是，当一些支出下降的时候，另一些支出却上升了。这些支出中，比如全日疗养院费用，当人们年迈时（如果他们能够幸运地活到老），这笔费用就会很大。一般老年人疗养院的费用是每月 5000 美元，那比如今许多人的月收入还高。

也有人说："我不需要计划。我从工作中已经得到了退休金和医疗计划。"这种思维方式的问题是，投资计划比单纯的投资和金钱复杂得多。在开始投资前，有一个财务计划非常重要，因为这个计划需要考虑多种不同的财务需求。这些需求包括大学教育、退休金、医疗费和长期保健。这些通常数额巨大并且很迫切的需求要通过投资来满足，不仅要投资股票、债券或房地产，还要投资保险产品和其他不同的投资工具。

# 未来

我写有关金钱的书是想帮助人们提高长期的财务健康水平。自从信息时代的退休金计划出现以来，例如美国的 401（k）退休金计划、澳大利亚的退休金计划和加拿大的注册退休储蓄计划，我越来越担心那些还没有为信息时代做好准备的人们。在工业时代，人们退休以后，至少公司和政府会为他们提供一些财务援助。但今天，当 401（k）退休金计划或者"现金余额退休金计划"（不是传统的养老金）耗尽时，这将成为个人的问题，而不是公司的问题。

我们的学校对年轻人进行长期财务健康教育和财商教育已势在必行。如果不这样做，我们手中就将握着一枚巨大的社会经济定时炸弹。

我经常在我的培训班上说："要保证有一个计划。首先，问你自己是计划变富还是计划变穷。如果你计划变穷，那么年纪越大，你的财务状况就会越困难。"富爸爸多年前就对我说过："年轻时你不知道年老的感觉。如果你知道年老是什么感觉，你就会用完全不同的方式来计划你的财务生活。"

# 老年计划

在生活中，尽早计划非常重要。当我在培训班上讲这句话时，大多数学员都表示同意。没有一个人不同意计划的重要性，但问题是，只有极少数人真正这样去做。

当我意识到大多数人明白自己需要制订一个财务计划，但只有极少数人花时间去实施时，我决定帮他们一把。在一次培训课上，午饭前一个小时，我找了一些棉质晾衣绳，把它们剪成不同长度的小段。我让学员先拿一截绳子，用绳子的两头各拴住自己的左右脚踝，两脚与肩同宽。然后给他们另一截绳子，让他们用这截绳子的一头拴住自己的脖子，另一头拴住自己的脚踝。最终结果是：他们被拴住了脚踝，不能直立，只能以45度角弯腰站着。

一位学员问这是不是刑讯拷问的新方式。"不是，"我回答，"我只是把你们每个人带到未来，如果你们足够幸运可以活到那个时候。现在这些绳子就代表着你们年老时的感觉。"

一阵阵缓慢的呻吟声从课堂中传出来，一些人开始进入角色。饭店服务员接着把午餐放在了长桌上。午餐有三明治、色拉、饮料。问题是，这些冷冻食品只是堆放在一起，面包没有切开，色拉也没有做好，饮料是半成品，还没有兑水。这些人俯着身子，像年迈的老人，不得不自己准备午餐。在接下来的两个小时里，他们挣扎着切面包，做三明治、色拉，冲饮料，坐下吃饭，然后清洗餐具。当然在这两个小时里许多人也需要去洗手间。

两个小时结束时，我问他们是否愿意花一点时间为他们的一生制订一个书面的财务计划，他们热切地回答"是"。随后他们解开了绳子，我充满兴致地观察他们带着浓厚的兴趣开始为自己制订计划。一旦人生观发生变化，他们对制订计划的兴趣就急剧增长。

正如富爸爸所说的："年轻时你不知道年老的感觉。如果你知道年老的感觉，你就会用完全不同的方式来计划你的财务生活。"他还说："许多人出现的问题是，他们仅仅计划到退休，这远远不够，你需要计划到退休以后。事实上，如果你富有，就至少应该计划到三代以后。如果你不这样做，钱就会随着你的去世而很快散去。而且，如果你在离开这个世界之前还没有安排好你的钱，那么政府将替你安排。"

## 意向测试

很多时候，我们并没有注意自己沉默的、看起来不太重要的思想。富爸爸说："不是我们大声说出的话决定了我们的生活，而是我们轻声对自己说的话更有影响力。"

**所以意向测试为：**

1. 你计划变富还是变穷？

富_____穷_____

2. 你愿意更多地关注自己深层、内在的思想吗？

愿意_____不愿意_____

3. 你愿意花一些时间去增加你的财务词汇吗？

一星期学习一个财务新词语是可能的。只用找到一个词语，在字典里查出这个词语的至少一种定义。在一周内，使用这个词语造句，并做心得笔记。

愿意_____不愿意_____

富爸爸认为词语很重要。他常说："词语形成思想，思想形成现实，现实成为生活。富人和穷人之间的最主要区别，就是他们使用的词语不同。如果你想改变一个人的外在现实，就要首先改变他的内在现实，这又需要首先改变、提高或更新他使用的词语。如果你想改变人们的生活，首先要改变他们的词语。而好消息是，词语是免费的。"

# 第8章
## 投资者第6课：计划使你致富

如果你有一个好的计划并坚持不懈地实施，致富就会水到渠成。

我的朋友汤姆是一位优秀的股票经纪人，他常说："令人遗憾的是9/10的投资者都不赚钱。"汤姆接着解释说："这9/10的投资者虽然没有赔钱，但也没能赚钱。"

富爸爸向我讲述了一件类似的事情："大多数自认为是投资者的人，在某一天赚了钱，又会在一周之后赔进去。因此他们没有赔钱，只是没有赚钱。但他们仍然认为自己是投资者。"

多年前，富爸爸就给我解释，人们想得很多的投资实际上是好莱坞影片中的投资。普通人常常想象：场内交易人在交易日开盘时大声发出买进卖出指令，或者某位大亨在一场交易中就赚到数百万美元，或者股票价格暴跌后，投资者跳楼自杀。对富爸爸而言，这些都不是投资。

记得我曾看过一个采访沃伦·巴菲特的专题节目。采访中，巴菲特这样说："我去市场的唯一目的，是看看有没有人做蠢事。"巴菲特继续解释说，他从不依据电视上专家的点评，或股价的涨跌来获得投资建议。实际上，他的投资远离股市推手，以及从所谓投资消息中赚钱的人制造的噪音。

## 投资并非大多数人想象的那样

多年前，富爸爸解释说，投资并不是大多数人想象的那样。他说："许多人以为，投资是一个充满戏剧性、激动人心的过程。还有人认为，投资包含许多风险、运气、时机和秘诀。有些人自知对投资这个神秘课题知之甚少，因此，他们把资金连同信赖一并交给别人，希望别人比他们懂得多一些。另外一些所谓的投资者要显示他们比其他人懂得多，因此他们进行投资，希望证明自己智胜一筹。尽管许多人认为这就是投资，但我认为的投资不是这样。对我来说，投资通常是一个枯燥乏味的计划，是一个近乎机械化的致富过程。"

我听到富爸爸的这一席话，并对着他复述了几遍。"投资通常是一个枯燥乏味的计划，是一个近乎机械化的致富过程？"我问，"枯燥乏味的计划、近乎机械化的致富过程是什么意思呢？"

"这就是我所说的要点。"富爸爸说，"投资仅仅是一个由固定程序和策略组成的计划，是一套致富的系统——这一切几乎能保证你致富。"

"一个能保证你致富的计划？"我问。

"是几乎能保证，"富爸爸补充道，"风险总会存在。"

"你是说投资并不一定冒险、危机重重或刺激万分？"我迟疑地问。

"对。"富爸爸回答，"当然，除非你想要投资是那样，或者你认为投资必须是那样。不过对我而言，投资就像按照食谱烤面包一样简单乏味。我个人讨厌冒险，只想致富。因此我简单地按照计划、食谱或公式去做。这就是我对投资的看法。"

"既然投资就像按照食谱烤面包那样简单，那为什么有如此多的人不能遵循这个简单的公式呢？"我问。

"我不知道。"富爸爸说，"我也时常问自己这个问题。我也想知道为什么每 100 个美国人中只有 3 个人是富翁。为什么在这样一个致富机会人人平等的国度里，只有极少数人成为富翁？我想致富，可是没钱。因此对我而言，找到一个致富计划或者方法并认真执行，是一个常识。当别人已经为你指引一条光明大道时，你为什么还要走老路呢？"

"我不知道。"我说，"大概我没意识到那是一条成功之路吧。"

富爸爸继续说："现在我知道了，为什么对大多数人而言，遵循一个简单的计划如此困难。"

"为什么呢？"我问。

"因为遵循一个简单的致富计划是一件乏味的事情。"富爸爸说，"人们总是很快厌倦，然后想要找一些更刺激、更有趣的事情做。这就是 100 个人中只有 3 个人致富的原因。他们按照计划开始，不久就感到厌倦。于是他们抛开计划，寻找一种能快速致富的魔法。他们一生都在重复乏味、有趣、再乏味的过程。这就是他们没有致富的原因。他们不能忍受遵循一个简单的致富计划的无趣。许多人认为，投资致富的过程很神奇。或者他们认为，如果不够复杂，就不是个好计划。相信我，涉及投资时，简单好于复杂。"

"你在哪里找到你的公式？"我问。

"在'大富翁'游戏里找到的。"富爸爸说，"我们大多数人小时候都玩过这个游戏。但不同的是，从小到大，我从没间断过玩这个游戏。还记不记得许多年前，我花了很多时间同你和迈克一起玩这个游戏？"

我点了点头。

"还记不记得，这个简单游戏教给我们一个获取巨大财富的公式？"

我再次点了点头。

"这个简单的公式或策略是什么？"富爸爸问。

"买 4 幢绿房子，然后用它们换一家红酒店。"我轻声说着，童年的记忆涌上心头，"你告诉过我们很多次，那时你很穷，在现实生活中你的'大富翁'游戏才刚刚开始。"

"是的，"富爸爸说，"你还记得我带你们去看现实中的绿房子和红酒店吗？"

"记得，"我回答，"我还记得看到你在现实生活中玩这个游戏时，我是多么惊奇。那时我才 12 岁，但我知道对你而言，这不仅仅是一个游戏，只是我没认识到这个简单的游戏竟然教会了你一种致富的策略、方法或公式。我没有看到这一点。"

"一旦我学会了这个公式，这个购买 4 幢绿房子交换一家红酒店的程序，我就自动开始运用了。甚至在睡梦中，我都会使用这个公式，并且很多时候，这就像是现实一样。不用思索，我自然而然地就会用到它了。我只是按照这个计划做了 10 年，有一天醒来，我发现自己富了。"

"它是你计划中的唯一部分吗？"我问。

"不，不是。这种策略只是我遵循的众多简单公式里的一个。对我而言，如果公式太复杂，就不值得遵循。如果你学完之后不能自如地运用，就应该放弃。如果你有一个简明的策略，并认真执行，投资和致富就会水到渠成。"

## 一本给认为投资很困难的人的好书

在我的投资课上，一直有人对"投资是执行计划的单调乏味的过程"这一观点心存疑虑或讽刺。这种人总想从聪明人那里获取更多的事实、数据和证明。由于我不是投资技术专家，我无法提供他们要求的理论证据，直到有一天我看到了一本关于投资的好书。

詹姆斯·P.奥肖内西的这本完美的书是为那些认为投资必须冒

险、复杂和危机重重的人而写。同时也是那些自认为智胜一筹的人的最佳读物。这本书有理论和数字依据：在大多数情况下，被动、机械的投资系统会打败由人组成的投资系统——即使是像基金管理人那样的专业投资者也不例外。这本书还解释了9/10的投资者赚不到钱的原因。

奥肖内西的这本畅销书名为《华尔街股市投资经典》，书中描述了两种不同类型的决策方法：

1. 经验型的分析方法或称直觉式分析方法。这种方法基于知识、经验和常识。

2. 定量分析法或称精算法。这种方法仅以大量数据为基础，推论出各种关系。

奥肖内西发现，大多数投资者在投资决策中，偏爱直觉式分析方法。多数情况下，使用直觉分析法的投资者常常作出错误的决定，会败给几乎是纯机械的方法。奥肖内西引用《科学推理的局限性》一书的作者戴维·福斯特的一句话："人类的判断力远远小于我们的想象。"

奥肖内西还写道："他们（包括资金管理人）所有人都认为自己有超凡的洞察力、智商和能力去选择有利可图的股票，然而，80%的有利可图的股票是通过标准普尔500指数选择出来的。"也就是说，纯机械化的股票选择方式，胜过80%的专业选股人。这就意味着，即使你对选股一无所知，但只要你采用纯机械的、非直觉的投资分析方式，就可以打败大多数所谓的受过良好训练和教育的专业人士。这确实就像富爸爸所说的："投资是机械化的自然过程。"或者，你想得越少，风险就越小，就越是高枕无忧，赚的钱却越多。

奥肖内西在书中还提到了一些颇有趣味的观点：

1．大多数投资者注重个人经验，而不是基础事实或基本利率。也就是说，他们重直觉而轻事实。

2．大多数投资者偏爱复杂公式，而轻视简单公式。他们似乎有这样一种观念：不复杂不困难的公式不是好公式。

3．简单化是投资的最佳原则。他认为，我们不是将投资简单化，而是"使投资变得复杂，跟风，热衷于股市小道消息，让冲动主宰我们的决定。凭直觉和股市热点买进和卖出，在缺乏基本的一致性或投资策略的情况下，进行着一笔笔失败的投资"。

4．他还指出，专业的机构投资者会和普通投资者犯一样的错误。奥肖内西写道："机构投资者说他们客观、理性地作出决定，但他们不是。"《财运和愚蠢》一书中有这样一句话："虽然机构投资者的办公桌上堆满了深度分析报告，但大多数退休金管理机构还是依靠直觉挑选高级经理，并让持续表现不佳的经理人留任，仅仅因为他们之间有着良好的个人关系。"

5．"投资成功的必由之路是：用心研究投资的远期结果，努力找到一种或一组有实际意义的投资策略。然后坚持这条道路。"他还指出："我们必须观察策略如何运行，而不能只关注投资本身。"

6．历史会重演。人们总愿意相信今时不同往日。他写道："人们相信现在不同于过去。现在，市场在计算机化，大额交易商主宰着市场，个体投资者被他们的资金管理人取代，这些资金管理人控制着大量的共同基金。一些人认为，这些资金管理人有高超的决策方式，还认为，20世纪五六十年代表现完美的投资策略在未来已经没有多少价值了。"

然而，自从艾萨克·牛顿爵士这位伟大人物在"1720年南洋贸易公司泡沫"中损失惨重后，投资策略就没有太多的改变了。牛顿面对失败，只能哀叹："我能计算出天体的运行，却无法算出人们的疯狂。"

7. 奥肖内西并不是说一定要投资标准普尔500。他只是举这个例子作为直觉投资者和机械投资公式之间的比较。他继续说，投资标准普尔500不一定是最好的公式，尽管它的确是一个好的选择。他解释说，在过去的5～10年中，大盘股表现最好。然而过去46年的数据显示，是小盘股，即那些资本总额不足2500万美元的公司发行的股票，让投资者赚得最多。

由此我们总结出一个经验，你统计的数据时间越长，你的判断就越准确。你可以发现在过去久远年代中表现最好的投资方法。

富爸爸有相似的观点，因此他的公式是：创建自己的企业，通过企业购买房地产和有价证券。这个公式在过去至少200年中都是一个获取财富的制胜公式。富爸爸说："我教你的和我使用的这个公式，在过去相当长的时间里，已造就了不少超级富翁。"

许多人认为，印第安人做过一次亏本买卖，仅仅为了价值24美元的珠子和饰物，就把曼哈顿岛，也就是现在的纽约市卖给了西印度公司的彼得·米纽伊特。然而，如果印第安人按8%的年收益率把钱投资出去，那么今天，24美元就值27兆美元了。这笔钱用来买回曼哈顿岛还绰绰有余。所以问题不在于钱的多少，而在于没有投资计划。

8."我们想的和实际做的，总是有着天壤之别。"


## 找一个可行的公式并照着去做


富爸爸多年前对我说："找一个可以让你致富的公式，然后照着去做。"每次人们过来告诉我，他们用5美元买进的股票涨到了30美元，然后他们卖掉了它时，我常常很疑惑，因为这种做法打乱了他们的计划、违背了他们的成功程序。

这些追求热门投资和迅速致富的故事，常常让我想起富爸爸告诉过我的另一个故事。富爸爸说："许多投资者，就像在野外开车兜风的一家人。几头长着大角的野鹿突然出现在前方。司机，通常是这家的男主人就会大喊'快看大雄鹿'。由于受到惊吓，鹿群本能地朝路旁的农田逃窜。司机改变方向，离开原路，开始追逐鹿群。小车驶过农田、进入丛林。路面高低起伏、崎岖不平。家人惊恐地叫司机停下来。可是太迟了，小车冲到河边，刹车不及，坠入水中。这个故事的寓意是，当你背离了简单的计划，改变方向去追逐眼前的诱惑时，灾难就要发生了。"

## 意向测试

无论何时有人说"赚钱要花钱"，我都不敢苟同。因为富爸爸说过："你不必靠成为火箭专家致富。赚钱不一定需要大学教育、高薪工作或者本钱。你只要知道你的目标，然后制订一个计划并坚持执行。"换句话说，赚钱需要的是一点纪律。然而问题是，当涉及金钱时，纪律通常是稀有商品。

奥肖内西引用了一句我最喜欢的话，这句话出自著名卡通人物波戈之口："我们的敌人就是我们自己。"对我而言，确实如此。如果当初我听富爸爸的话，遵循简单的投资公式，我现在会更加富有。

**所以意向测试为：**

你是否准备好找到一个简单的公式作为你计划的一部分，然后坚持实施，直到你实现财务目标？

是＿＿＿＿＿＿否＿＿＿＿＿＿

# 第9章
## 投资者第7课：你怎样找到适合你的计划

"我怎样找到适合我的计划？"经常有人这样问我。

我的标准答案是：分步进行。

1．付出时间。花时间静静思考你的人生，默默地思考几天，如有必要就花几个星期。

2．在静思的过程中问自己："我想从生活的馈赠中得到什么？"

3．在确定自己想要得到什么之前，暂时保持沉默。很多时候，出于无心或专横，人们总是把他们的意志强加在你的头上。你深藏于心的梦想，总是在亲友的好言相劝中毁于一旦："噢，别傻了"或者"你做不到"或者"我怎么办呢？"

记住，比尔·盖茨20多岁时靠着5万美元起家，成为拥有900亿美元资产的世界首富，他并没有向太多的人询问自己该干什么。

4．征求财务顾问的意见。所有的投资计划都从财务计划开始。如果你不喜欢这个财务顾问的建议，那就另换一个。为解决医疗问题，你会请教一个又一个专家，那为什么不为财务挑战多寻求一些建议呢？财务顾问来自多种渠道，稍后本章将会提供一张参考目录。选择一位适合的顾问帮助你制订财务计划。

不同的财务顾问提供不同的投资产品，例如保险。保险非常重要，它应该被认真考虑，成为你财务计划的一部分，尤其是在你刚刚起步时。例如，如果你没钱，但有 3 个孩子，万一你去世，受伤或因为其他原因无法实现你的投资计划，这时保险就变得非常重要。保险是一张安全网，或者说是防止你陷入负债和财务困境的有效手段。并且，当你变富时，保险在你财务计划中的角色和类型，会随着你经济状况和需求的改变而改变。因此，要及时更新你的一部分计划——保险。

两年前，我公寓楼的一名房客没有关圣诞树上的彩灯就出去了一整天，结果酿成一场火灾。消防队员迅速赶到，扑灭大火，我感激万分。随后，我的保险代理人和他的助手赶到现场。那天，他们是除了消防队员外最让我感激的人。

富爸爸总是说："在任何人的人生规划中，保险都占有举足轻重的地位。保险最大的麻烦是，当你需要它时，你买不到它。因此，你必须预测自己需要什么，然后买一份相应的保险，当然，你希望这份保险永远不要生效。保险就是保内心的宁静。"

**重要提示：** 有的财务顾问专门服务于不同经济状况的人。换句话说就是，一些顾问只为富人工作。不管你有没有钱，找一个你喜欢的、愿意帮助你的财务顾问。如果你的顾问干得好，你会发现自己很快超过了顾问。我和妻子经常更换专业顾问，包括医生、律师和会计师等。如果你的顾问很专业，他会理解你的做法。但即使更换了顾问，你也要坚持自己的计划。

## 怎样制订你的计划

我有一个目标：30 岁之前成为百万富翁。这是我计划的最终结果。但问题是，我实现这个目标后又迅速损失掉了所有的钱。所以当我找到计划中的缺陷时，并没有改变整体计划。在实现目标又失败后，我只需要在总结经验教训的基础上，对计划加以改进。然后我重新设定了目标：实现财务自由，45 岁时成为百万富翁。47 岁时，我实现了这个目标。

这里的关键在于，我的计划并没有改变，它只是随着我经验的增加而日趋完善。

那么，你怎样制订自己的计划呢？答案就是：找一个财务顾问。验证一下顾问的资格证书，并多找几个财务顾问作比较。如果你从没有过一个财务计划，那么对于大多数人来讲，这都是一个很有启发性的经验。

设定的目标要符合实际。我计划在 5 年内成为千万富翁，因为对我来说，这是符合实际的。富爸爸一直在指导我，因此这个目标切合实际。不过，即使有他的指导，我还是免不了犯错，并且犯了很多错，这些错误导致我顷刻间一无所有。正如我说过的，如果当初我遵循富爸爸的计划，生活会顺利得多。但是，由于年少无知，我还是坚持按自己的方式走了自己的路。

因此，首先设定切合实际的目标，然后随着知识和经验的积累，改进或提高你的目标。要记住，在马拉松比赛的开始阶段，最好采用慢跑。

通过实际行动，你才能制订出自己的计划。先征求顾问的意见，再确定切合实际的目标，并且要知道目标会随着你的改变而改变，但请坚持你的计划。对大多数人而言，最终的目标是实现财务自由，从日复一日繁重乏味的工作中解脱出来，不再为钱工作。

第二步，要明白投资是一种团队活动。在本书中我将详尽阐述财务团队的重要性。我注意到，很多人认为做事要全靠自己。对，有些事情确实要靠自己独立完成，但有时，你需要一个团队。财商会告诉你什么时候该依靠自己，什么时候该寻求别人的帮助。

涉及金钱，许多人总是独自默默承受着痛苦。巧合的是，他们的父母也做着同样的事情。正如你计划中所写的，你要结识新的团队成员，他们将助你一臂之力，使你梦想成真。你的财务团队成员可以包括：

1. 财务规划师；
2. 银行经理；
3. 会计师；
4. 律师；
5. 经纪人；
6. 簿记员；
7. 保险代理人；
8. 成功的顾问。

与以上这些人定期共进午餐，进行会谈。富爸爸就是这样做的，正是在这些会谈中，我学到了大多数关于企业、投资和如何致富的知识。

记住，寻找团队成员就如同寻找商业伙伴，因为在很多方面，团队成员就是发挥着那样的作用。他们是你的同道中人，共同关注你人生中最重要的事业。请牢记富爸爸的话："不管你为自己，还是为别人工作，如果你想致富，就要关注你自己的事业。"在关注个人事业时，最有利于你的计划就会逐渐显现。因此不要吝惜时间，保持每天进步一点，日积月累，你就会获得实现梦想的机会。

## 意向测试

我的计划没有真正改变，但在很多方面，它又变化巨大。没有改变的是我的起点和最终目标。通过多次犯错，从成功和失败、高潮和低谷的经验中学习，我日渐成熟，获得了知识和智慧。因此，我不断修正自己的计划，因为我自己也在不断地改变。

有人说过："生活是一位残酷的老师。它先给你惩罚，再给你上课。"然而不管你喜欢与否，这才是真正的学习过程。我们大多数人都说过："早知今日，何必当初？"对于我来说，这句话是至理名言。我的计划基本上是一样的，但它又会因我的改变而改变。现在，我再也不会做20年前的傻事了。不过，如果20年前我没有做过那些傻事，我也不会有今天的知识和地位。比如，我不会再用20年前的方式来管理企业了。然而，正是第一家企业的失败，以及我从废墟中重新站起来的努力，才让我成为一个更加出色的企业家。因此，虽然在30岁时，我实现了成为百万富翁的梦想，但顷刻间失去所有资产的经历又使我成长为今天的百万富翁，这一切都归功于计划，只是走向成功的过程比我预想的要长一些。

论及投资时，我从失败的投资中学到的东西，远多于从成功的投资中学到的东西。富爸爸说，如果我有10项投资，那么可能只有3项运作良好，成为财富的主要来源。有5项可能形同虚设，另外两项就成为灾难。然而，我从这两场财务灾难中学到的东西，会远多于从那3项成功的投资中学到的东西——实际上，这两场灾难将使我在下一次投资中稳操胜券。这就是计划的全部要义。

所以意向测试为：

你是否愿意从制订一个简单的计划开始，不让它变得复杂，在计划执行过程中，发现自己需要学习时，就不断学习并改进你的计划？换句话说，计划并没有真的改变，但你愿意让计划改变你吗？

愿意_____不愿意_____

# 第 10 章
# 投资者第 8 课：现在就决定长大后你想要什么

投资者第 1 课讲述的是选择的重要性，其中提到了财务核心价值的 3 种选择，它们是：

1. 安全；
2. 舒适；
3. 富有。

这些都是非常重要的个人选择，不能轻视。

1973 年，我从越南战场回来时，就面临着这些选择。当富爸爸谈到我去航空公司做飞行员的选择时，他说："航空公司的工作可能也不那么安全。我估计在今后几年，航空公司会不大景气。当然，如果你真的喜欢那份工作，而且能保持良好的飞行记录，那么在那里你可能也会获得工作安全。"

然后他问我想不想回到加利福尼亚标准石油公司工作，那份工作我只干了 5 个月就去了海军陆战队飞行学院。"你没收到一封信吗？那封信上说一旦你服役期满，标准石油公司会重新聘用你。"

"他们说了欢迎我回去。"我回答，"但他们没有保证。"

"为那样的公司工作不好吗？工资不高吗？"富爸爸问。

"非常好，"我说，"那是一家很好的公司，但我不想回去，我想继续前进。"

"你最想要什么？"富爸爸指着这 3 种选择问，"是安全、舒适，还是富有？"

说心里话，答案肯定是"富有"。虽然在我的家庭里从不提倡这种欲望和核心价值观，但在我心中，这种想法多年未变。我成长在这样的家庭，它把工作和财务安全作为最优先的选择，认为富人邪恶、贪婪，没有教养。我们在饭桌上从不谈论金钱，因为那是一个肮脏的话题，不值得动脑筋去讨论。但现在我已 25 岁，应该有自己的主见了。我知道我的核心价值观是"富有"，而不是"安全"和"舒适"。

然后，富爸爸让我列出我的顺序：

1. 富有；
2. 舒适；
3. 安全。

富爸爸看了看我的列表说："好，第一步是写出一个实现财务安全的计划。"

"什么？"我问，"我的优先选择是想富有，为什么还要费工夫去制订一个计划呢？"

富爸爸笑了。"跟我想的一样，"他说，"世界上满是像你这样只想致富的人。问题是，大多数像你这样的人都没能成功，因为他们不懂到底什么是财务安全或财务舒适。一部分像你这样的人勇往直前地去做了，但现实是，财富之路上满是失败，像你这样冲动、鲁莽的人的失败。"

我坐在那里真想大叫。在我以前的生活中，一直和穷爸爸在一起，他总是把安全放在第一位。现在，我终于长大了，可以抛弃穷爸爸的价值观了，但富爸爸又对我说相同的事情。我真想大叫，我要的是富有，不是安全。

3个星期后，我又和富爸爸谈了一次话。我很难受。我努力想摆脱的一切，他又当着我的面拉了回来。最后，我冷静下来，打电话给他，开始了另外一课。

"你准备好了吗？"我们再次碰面时，富爸爸问。

我点头说："我准备好了，但实在有点不情愿。"

"第一步，"富爸爸开始了，"给我的财务顾问打个电话，说'我想制订一个实现终生财务安全的计划。'"

"好的。"我说。

"第二步，"富爸爸说，"你写完基本财务计划后，打电话给我，我们讨论一下。就这样吧，再见。"

一个月后，我打电话给他。我把计划拿给他看，他说："很好，你会按计划去做吗？"

"我想不会，"我说，"太枯燥、太机械了。"

"本来就是这样的。"富爸爸说，"计划本来就是机械、呆板和枯燥的。虽然我可以命令你按计划去做，但我不想强迫你。"

我逐渐平静下来，说："现在我该做什么？"

"现在你去找你自己的顾问，写一份实现财务舒适的计划。"富爸爸说。

"你是说一个长期的、更大胆的财务计划吗？"我问。

"对。"富爸爸说。

"这有趣多了，"我说，"我能做到。"

"好，"富爸爸说，"你准备好之后，再给我打电话。"

4个月后，我又和富爸爸见面了。制订这个计划不那么容易了，至少不像我想象的那么容易。计划制订过程中，我时不时地给富爸爸打电话，但花费的时间还是比我想象的要长。不过，这个过程非常有价值，因为在和不同顾问的交谈中，我学到了很多东西。我逐渐对富爸爸试图教给我的概念有了更深的理解。我学到的经验就是：除非我自己很清楚，否则顾问也很难弄清楚并给我提供帮助。

终于，我可以和富爸爸见面并把计划拿给他看了。富爸爸只说了句"很好"。他坐在那里看着计划，问："现在你对自己的了解有多少？"

"我发现，我真的很难说明白我想从生活中得到什么，因为现在我们有那么多的选择——并且其中的很多选择都令人激动。"

"很好，"他说，"这就是为什么今天那么多人从这家企业到那家企业，换了一个又一个工作，但从来没有真正实现他们的财务目标。所以他们经常花费最宝贵的资产和时间，在生活中徘徊。他们可能很满意他们正在做的事，但不知道他们正在失去什么。"

"的确如此，"我表示同意，"这次，我没有只考虑安全，我必须思考在生活中我真正想做什么——令人意想不到的是，我不得不探究那些以前我从来没有思考过的理念。"

"比如什么？"富爸爸问。

"嗯，如果我真的想过舒适的生活，就必须思考在生活中我想拥有什么，比如去长途旅行、豪华汽车、昂贵的假期、高档服装、宽敞的房子，等等。我不得不把思维拓展到未来，以发现我真正想要的东西。"

"那你发现了什么？"富爸爸问。

"我发现安全是如此容易，因为我的计划中只有安全。我不知道舒适的真正含义。所以安全很容易，定义舒适就困难一些。现在，我迫不及待地想知道富有的含义以及怎样制订获取财富的计划。"

"好，非常好。"富爸爸接着说，"很多人都已习惯于量入为出和未雨绸缪，从来不知道生活还有其他可能。所以他们肆意挥霍，负债度年假或购买豪华轿车，然后又充满负罪感。他们从来不想如果有一个好的财务计划，财务状况会有什么样的可能，也从未想过他们这样花费是一种浪费。"

"事情确实如此，"我说，"通过和顾问一起谈论可能的财务状况，我学到了很多。我认识到我确实低估自己了。事实上，我感觉我就像在低矮的房子里徘徊了多年，尽量节俭，储蓄，寻求安全，过着量入为出的生活。现在，我已有了一个实现舒适的计划，就更迫不及待地想知道富有的含义。"

"很好，"富爸爸笑着说，"保持年轻的关键，就是在成长时决定你想要什么，然后不断地成长。最可悲的事，莫过于看到人们低估自己在生活中的可能性。他们过着俭朴的生活，精打细算，拼命储蓄，并认为这样才叫有经济头脑。其实，这是财务节制，随着年龄的增长，这会在他们脸上和生活态度上表现出来。大多数人一生都生活在财务无知的精神牢笼，他们就像动物园中关在笼子里的野狮子一样，来回踱着步子，困惑于曾经熟悉的生活发生了变故。花时间去学习怎样制订计划，人们就会发现自己找到了生活中可能有的多种财务状况——这是无价的。

"接下来的计划制订过程也让我保持年轻。经常有人问我为什么要花时间去建立更多的企业、去更多地投资、去赚更多的钱。我的回答是'做这些事情使我感觉很好'。虽然我挣了很多钱，但我做这些事情的真正原因是，挣钱能使我保持年轻、充满活力。你不会要求一位伟大的画家在成功后，马上停止绘画吧？所以我为什么要停止建立企业、投资、赚钱呢？这就是我要做的，就像绘画使画家保持年轻的心态，让他们充满活力一样，尽管他们的实际年龄已经很大了。"

"你叫我花时间去制订不同层次的计划，目的就是让我找到我生活中可能的财务状况，对吗？"我问。

"是的，"富爸爸说，"这就是你必须制订计划的原因。我们从生活这个绝妙的礼物中发现的可能性越多，就越能保持年轻的心态。那些只为安全作计划的人，或者认为'我退休后收入就会减少'的人，只是在计划着过一种拮据的生活，而不是在计划着过一种富足的生活。既然造物主为我们创造了无限丰富的生活，我们为什么还要计划过拮据的生活呢？"

"可能他们接受的教育就是这样的。"我说。

"这是个悲剧，"富爸爸回答，"非常可悲。"

当富爸爸和我坐在那里的时候，我的脑海中浮现出了穷爸爸的身影。我知道他现在处于人生低谷，正在努力重新开始。很多次和他坐在一起时，我都试图向他解释一些我所了解的有关金钱的理念，但谈话经常演化为争论。我觉得这就像持有不同核心价值观的两个党派进行谈判，一方坚持安全，而另一方坚持富有，最后谈判破裂。虽然我很爱我的爸爸，但金钱、财富和富有不是我们交流的话题。最后，我决定还是让他过他喜欢的生活，我则一心一意过我自己的生活。如果他想了解关于金钱的知识，我会随时回答他的问题，但如果他没有叫我帮助他，我不会强迫他接受我的帮助。然而他从来没有提出这方面的问题。于是我决定不再试图在财务问题上帮助他，我只会去爱他，欣赏他的优点，不再去触碰我认识到的他的弱点。毕竟，爱和尊敬远比金钱重要。

## 意向测试

回想起来，穷爸爸只有一个通过稳定的工作实现财务安全的计划。问题是，当他与他的上司竞争职位时，他的计划失败了。但他没有适时地调整计划，而是继续只为实现安全的计划。幸运的是，他的确从教师退休金、社会保险和医疗保险中获得了财务安全。如果没有那些安全网，他的财务状况将会非常糟糕。现实是，他为一个匮乏的世界而计划，为最低生存保障而计划，最后他得到了那些。与此相反的是，富爸爸为一个财务富足的世界而计划，最后他也得到了他想要的。

这两种生活方式都需要计划。遗憾的是，大多数人都只为一个匮乏的世界计划，虽然另一个富足的世界也可能存在。它需要的只是一个计划。

所以意向测试为：

你是否有一个实现下列目标的财务计划：

1．安全？　是＿＿＿＿＿否＿＿＿＿＿

2．舒适？　是＿＿＿＿＿否＿＿＿＿＿

3．富有？　是＿＿＿＿＿否＿＿＿＿＿

请记住富爸爸的教导，所有 3 种计划都很重要。即使富有是你的第一选择，安全与舒适仍然要在富有之前予以考虑。关键在于，如果你想富有，就需要所有这 3 种计划。为了舒适，你只需要两种计划。而为了安全，你只需要一种计划。请牢记：每 100 个美国人只有 3 个是富人。大多数人都只有一种计划，甚至许多人连一种计划都没有。

# 第11章
## 投资者第9课：每一种计划都有代价

"致富的计划和其他两种核心价值观的计划有什么区别？"我问。

富爸爸拿出他的黄色便笺纸，写下以下几个词语：

1. 安全；

2. 舒适；

3. 富有。

"你是指富有、安全和舒适有什么区别吗？"

"这正是我想问的。"我回答。

"区别是代价，"富爸爸说，"致富的财务计划与其他两种财务计划在代价上有巨大的差异。"

"你的意思是致富的财务计划要投入更多的金钱？"我问。

"好吧，对大多数人来说，代价是用金钱来衡量的。但如果你仔细观察，就会发现代价不是用金钱，而是用时间来衡量的。而且在时间和金钱这两项资产中，时间是最宝贵的。"

我皱了皱眉头，尽力去理解富爸爸的话："代价用时间来衡量是什么意思？能给我举一个例子吗？"

"当然可以，"富爸爸说，"如果我从洛杉矶到纽约，一张汽车票是多少钱？”

"我不知道，但我估计不到 100 美元吧，"我回答，"我从没买过从洛杉矶到纽约的汽车票。"

"我也没买过，"富爸爸说，"现在，告诉我一张从洛杉矶到纽约的波音 747 客机的机票价格是多少？"

"我也不知道，但我猜大概要 500 美元吧。"我回答。

"很接近，"富爸爸说，"现在我问你，为什么这两种票的价格不同？都是从洛杉矶到纽约，为什么机票的价格要高得多呢？"

"哦，我明白了，"我开始理解富爸爸的暗示了，"我花更多的钱买机票是因为能节省时间。"

"与其说是节省时间，不如说是花钱买时间。从你认识到时间的宝贵以及时间也有价格的那一刻开始，你将变得更富有。"

我安静地坐着，思考着。我真的没有想过富爸爸所讲的观念，但我知道这对他很重要。我想说点什么，又不知道该说什么。我的确明白时间是宝贵的，却从未想过它也有价格。"买时间，而不是节约时间"这个观念对富爸爸很重要，但对我来说却从未如此重要过。

最后，富爸爸感觉到了我的思想斗争，打破了沉默："我猜你家里人会经常说'节约'或'储蓄'这一类词，你妈妈会经常说她去购物时尽量地节约，你爸爸一定把存款看得很重要。"

"是的，他们的确是那样的，"我回答，"那你怎么看他们呢？"

"他们可能在努力节省，但浪费了很多时间。我在百货商店见过很多购物的人，他们花了很多小时仅仅为了节约几美元。"富爸爸说，"他们可能节约了一点钱，却浪费了很多时间。"

"但是，难道节俭不重要吗？"我问，"难道不能通过节俭致富吗？"

"我不是说节俭不重要，"富爸爸继续说，"你可以通过节俭来致富。但我想说的是，真正的代价是用时间来衡量的。"

我再次皱紧眉头，努力思索着富爸爸说的话。

"看，"富爸爸说，"能够通过节俭来变富，也可以通过吝啬来致富，但这要花费很长时间，就像你坐汽车从洛杉矶去纽约可以省钱一样。然而，你真正的代价是用时间来衡量的。换句话说，花500美元坐飞机用了5个小时，或者花100美元坐汽车用了5天。穷人用金钱来衡量，而富人用时间来衡量。这就是有更多的穷人选择乘公共汽车的原因。"

"是因为他们没有钱，而有时间，对吗？"我问，"这就是他们乘公共汽车的原因吗？"

"说对了一部分。"富爸爸说，但又摇了摇头，看来他并不满意我的回答。

"因为他们认为金钱比时间更宝贵？"我盲目地猜测。

"更接近了，"富爸爸说，"我注意到，一个人钱越少，就把钱捏得越紧，我碰到过很多有钱的穷人。"

"有钱的穷人？"我问。

"是的，"富爸爸说，"他们有钱，是因为他们把钱看得太重而紧抓不放，就像金钱有什么魔力一样。所以他们虽然有很多钱，但还是像没钱时一样穷。"

"所以穷人比富人更依附于金钱，是吗？"我问。

"我仅仅把金钱看做一种交换的媒介。事实上，金钱本身没有多大价值。所以我一有钱，就想用它去交换有价值的东西。可笑的是，把钱看得越重的人，花钱买的东西就越没有价值。这就是他们很穷的原因。他们说着'钱放在银行里很安全'一类的话，并且，当他们花掉自己的血汗钱时，其实是在糟蹋他们的钱。"

"所以他们比你更加看重金钱，对吗？"我说。

"是的，"富爸爸说，"在很多情况下，穷人和中产阶级为生活苦苦挣扎，就是因为他们把金钱看得太重了。他们紧紧握住手中的金钱，为钱努力工作，勤俭节约，购买打折商品，尽最大的努力省钱。很多这样的人想通过吝啬致富。虽然最终有一天，他们可能会有很多钱，但他们依然很吝啬。"

"我不明白，"我回答，"你所说的正是我爸爸和妈妈给我们灌输的价值观，你所说的正是我目前的思维方式。我在海军陆战队服役，他们给我的工资并不高，所以我觉得我那样想很自然。"

"我明白，"富爸爸回答，"勤俭和节约有它们的意义。但今天我们讨论的是富有的计划与其他两种计划的区别。"

"区别是代价。"我重复了一遍。

"是的，"富爸爸说，"而且大多数人认为代价是用金钱来衡量的。"

"而你认为代价是用时间来衡量的。"我补充说，开始理解富爸爸的意思了，"因为时间比金钱更重要。"

富爸爸点了点头，说："很多人都想致富或去做富人的投资，但他们大多数人都不愿意投入时间。这就是为什么100个美国人中只有3个富人的原因，而且这3个人中还有1个人是因为继承遗产而富有的。"

富爸爸又一次拿出黄色便笺纸，写下我们一直讨论的3种基本价值观：

1. 安全；
2. 舒适；
3. 富有。

"你可以用一套自动的投资系统或计划来实现安全和舒适。实际上，这也是我给大多数人的建议。他们只需要工作，然后把钱交给专业经纪人或机构代他们进行长期投资。以这种方式投资的人，可能要比自认为是华尔街高手的人强。遵循一个稳定的计划有步骤地进行投资，是大多数人最好的投资方式。"

"但如果我想致富，就必须投资于比金钱更有价值的东西，那就是时间。这是你在这一课里想告诉我的吗？"

"我想确认你理解了这堂课。"富爸爸说，"你看，大多数人都想致富，但不愿意首先投入时间。他们宁愿去经营一些热门投资项目或热衷于迅速致富的计划。或者，当他们想创办企业时，就匆忙地创办一家企业，而又没有任何基本的企业管理技巧。然后，你就不会奇怪为什么95%的小企业会在5～10年之内失败了。"

"他们匆匆忙忙地去挣钱，最终却失去了金钱和时间，"我补充说，"他们只想靠自己去干一番事业，而不想投入一点精力去学习。"

"或者遵循一个简单的长期计划，"富爸爸重复道，"你看，如果一个人能简单地遵循一个长期计划，几乎都能容易地成为百万富翁。但是，大多数人还是不愿投入时间，他们只想很快速地致富。"

"相反，他们会说'投资是冒险'，或者'赚钱要花钱'，或者'我没时间去学投资，我太忙了，我还要付账单'。"我开始明白富爸爸的观点，补充说了一句。

富爸爸点了点头，说："这些常见的观点或借口，就是只有极少数人能抵达金钱富足世界的原因。这些观念或词语，也可以用来解释为什么90%的人都有钱太少的问题，而不是钱太多的问题。正是这些关于金钱和投资的观念，催生了他们的财务问题。他们要做的就是改变一些词语、改变一些观念，这样他们的财务世界就会发生魔法般的变化。但大多数人都太忙了，没有这个时间。他们经常说'我对学习投资不感兴趣，这个题目也不吸引我'。但他们没有看到，由于这样说，他们就变成了金钱的奴隶，为金钱工作，让金钱控制着他们的生活。他们勤俭节约，过着量入为出的生活。他们宁愿这样做，也不愿投入一点时间，制订一个计划，让钱为他们工作。"

"所以时间比金钱更重要。"我说。

"对我来说是这样的。"富爸爸说，"所以，如果你想进入富有的投资阶层，就必须比在另外两个层次投入更多的时间。大多数人不能超越安全和舒适这两个层次，就是因为他们不愿投入时间。然而，这是我们都必须作出的个人决定。一个人至少应该有一个实现安全或舒适的财务计划。一个人没有这两个基本计划，而只关注于致富，是最危险的。虽然有极少数人会成功，但大多数人不会。你可以看到他们到了晚年，穷困潦倒，谈论着曾经几乎就要成功的交易或拥有的金钱。他们在人生结束时，既没有时间也没有金钱。"

"我想，现在是我开始投入更多时间的时候了，特别是如果我想在富有的层次上投资的话。"我说。一想到我将来也可能变成一个贫困潦倒的老人，喝着廉价的啤酒，回想着差点就要成功的交易，我就不寒而栗。我已经见过和听说过这样的投资者。看到一个人年纪老大却既没有时间也没有金钱，我的心里真不是滋味。

## 意向测试

投资安全和舒适这两个层次，应该尽可能地机械化或程式化，应该是不需要思考就能做到的。你所要做的就是把你的钱交给确信有良好声誉的管理人，然后他们所要做的就是遵循你的计划。如果你早早开始或运气好，那么雨过天晴，你将会大有收获。但要记住，在这两种基本的层次上，投资能够并且应该简单。

不过有个警告。在生活中没有事情是没有一点风险的，只是有些事风险低，投资也是如此。所以，如果你对未来的财务形势不确定，对别人或行业不信任，你就应该多做调查。你的情感和直觉很重要，但不要让它们主宰你的全部生活。所以，如果你不能摆脱这些担忧，那还是小心为好。但请永远记住代价，一项投资越安全，为了赚钱需要花的时间也越多，如果这项投资还能赚钱的话。所以代价总是要付出的，正如人们所说的："没有免费的午餐。"每件事物都有其代价，在投资领域，代价用时间和金钱来衡量。

一旦你为了实现财务安全或财务舒适的投资计划产生作用，进入正常轨道，你就能更好地估测从朋友那里听到的热门股票消息了。在金融产品世界，估测非常有趣，但也必须是负责任的。在金融市场中，有很多所谓的投资者，其实是赌徒。

每当人们问我这样的问题，比如"你选择哪些股票来投资"时，我不得不回答："我不选股票，有专业资金管理人为我选。"

然后他们经常会说："我觉得你是一个专业的投资者。"

我回答："是的。但我不按大多数人的投资方式去投资。我按富爸爸教我的方式去投资。"

我个人积极地在富有的层次投资，只有极少数人能在这个层次投资或玩金钱游戏。本书以下部分将主要讲述富爸爸教给我的这个投资层次。这个方法不是对每个人都适用，特别是当你在安全和舒适这两个层次里还没有进入正轨时。

**所以意向测试为：**

1. 你愿意制订一个适当的投资计划，满足你对财务安全和财务舒适的需要吗？

愿意_____不愿意_____

2. 你愿意投入时间去跟富爸爸学习在富有的层次投资吗？

愿意_____不愿意_____

如果你不能确定你该怎样回答，并且想知道学习富爸爸的投资需要努力到什么程度，本书的余下部分将给你一些启示，告诉你在富有的层次投资需要些什么。

# 第12章
## 投资者第10课：为什么投资不是冒险

人们常说："投资是冒险。"主要有 3 个原因：

1. 他们没有接受过"如何成为投资者"的训练。如果你看过《富爸爸财务自由之路》，你或许会记得学校教育将大多数人训练成左侧象限的人，而不是右侧象限的人。

2. 其次，多数投资者缺乏甚至没有控制力。富爸爸举了这样一个例子，他说："开车有风险，不过，真正危险的是开车时手离开方向盘。"他接着说："投资时，大多数人就像开车时不握住方向盘一样。"本书第一部分讲述的是投资前的自我控制。如果你没有计划，没有纪律，也没有决断力，那么其他的投资者控制就没有多大意义。本书余下部分将继续讲述富爸爸的十大投资者控制。

3. 再次，人们认为投资是冒险的第 3 个原因是，大多数人是从外部投资，而不是从内部投资。我们大部分人凭直觉都知道，如果你想做成一笔真正的交易，你必须是在内部。我们常听到这样的话："在那家企业我有个朋友。"其实哪种交易并不重要，可以是买一辆小车、一张体育比赛门票或者一套新衣服，重要的是我们要从这些交易的内部去了解。投资的世界也是一样。正如迈克尔·道格拉斯在电影《华尔街》中扮演的反面人物戈登·盖克所说的："你要么在局内，要么在局外。"

稍后，我们将回顾在外部和在内部之间的关系。现在我们最应该注意的是：象限左侧的人通常从外部投资，而象限右侧的人既能从外部投资，也能从内部投资。

## 一个重要的注释

在本书的讲述过程中，有许多摇钱树都可能被人们忽视，内部投资就是其中之一。在现实世界中，有合法的内部投资与非法的内部投资。这是一种重要的区分。非法的内部人投资常常见诸报端；然而在现实中，合法的内部人投资更多，只不过这些没有成为新闻，我所谈的是后一种。

在许多方面，出租车司机口中的热点新闻通常就是内部消息。内部人投资的真正问题是："你对内情究竟了解多少?"

## 富爸爸的计划

当富爸爸列出以下 3 种核心财务价值观时：

1. 安全；

2. 舒适；

3. 富有。

他说："当你在安全和舒适的投资水平上进行投资的时候，外部投资发挥着完美的作用。这就是你把钱交给一位专业人士的原因，你希望他比你更接近内部。但如果你想致富，你就必须比那些受人之托的投资专家们更加接近内部。"

以上就是富爸爸致富计划的核心内容。他就是那样做的，他也因此变得很富有。为了遵循他的计划，我需要基于象限右侧而不是象限左侧的教育和经验。为了做到这一点，我需要比普通投资者投入更多的时间，本书的余下部分就是讲述这些内容的。本书讲述的是，在从外部转向内部的过程中，你应该做些什么。

## 在你决定之前

我意识到许多人不想在投资上花费太多的时间，他们只想进入内部。但在你决定之前，在你学习富爸爸的计划的具体内容之前，我想应该先给你简单介绍一下投资的概念。希望你在看完下面几章后，能学到一些减少投资风险的新方法，成为一个更加成功的投资者，即使你不想成为内部投资者。正如我前面所说的，投资是一个非常个人化的主题，我完全尊重这个事实。我知道很多人不愿意像富爸爸和我那样，把时间花在投资上。

在进入富爸爸指导我成为一个富有投资者的教育计划之前，以下几章将对富爸爸的投资计划进行概述。

## 意向测试

投资和职业运动有许多相似之处。我们以职业橄榄球运动为例。在大型赛事超级碗期间，整个世界都在关注比赛。球员、观众、拉拉队员、小商贩和体育评论员在现场，其他的球迷则在电视机前。

今天，对许多投资者来说，投资的世界就像是一场职业橄榄球比赛。你会有类似观看橄榄球赛的体验。你也有电视评论员在详细点评场上实力雄厚的蓝筹股公司的动向。狂热的股民就像追逐球票一样追逐股票，为他们喜欢的公司呐喊。同样也有股市拉拉队，他们告诉你为什么股票价格上涨；如果股市下跌，他们就说不久之后价格会反弹，以此给你新的希望，使你重新振作起来。还有赌注登记经纪人，在这里叫做股票经纪人，他们通过电话给你报价，并且记下你的赌注。像球迷阅读报纸的体育版一样，你阅读财经版。甚至，这里也有"票贩子"，只不过在金融界，他们不卖高价票给迟到者，而是把高价财经内幕消息卖给那些想更靠近金钱游戏圈内的人。然后，有既卖热狗又卖胃药的小贩，也有交易日结束时清扫垃圾的人。当然，我们还有在家的无数观众。

在体育世界和投资世界的竞技场上，我们大多数人看不到的是，这些场面背后正在进行的事，那就是游戏背后的企业。也许你偶尔会看到球队的老板，就像你可能看到公司的首席执行官（CEO）或总裁一样，但这些傀儡并不是真正的企业。正如富爸爸所说的："游戏背后的企业才是真正的游戏。不论谁赢谁输、市场是涨是跌，是游戏背后的企业在真正赚钱。这些企业卖出游戏的门票，而不是购买门票。"这就是富爸爸教我的投资游戏，也是本书余下部分要讲述的内容，是投资游戏造就了世界上最富有的人。

**所以意向测试为：**

1. 你愿意从现在开始自我控制吗？

愿意＿＿＿＿＿＿不愿意＿＿＿＿＿＿

2. 基于目前所知，你愿意投入时间去获得教育和经验，成为一个成功的内部投资者吗？

愿意＿＿＿＿＿＿不愿意＿＿＿＿＿＿

# 第 13 章
# 投资者第 11 课：你想坐在桌子的哪一边

## 为什么投资不是冒险

穷爸爸总是说："要努力工作，积极储蓄。"

而富爸爸说："如果你想要安全和舒适，努力工作和储蓄就很重要。但如果你想富有，努力工作和储蓄或许就不能让你达到目标了。而且，努力工作和储蓄的人通常也是说'投资很冒险'的人。"

基于诸多原因，富爸爸一再告诫我和迈克，努力工作和储蓄不是他致富的方式。他很清楚，努力工作和储蓄只适合普通人，但不适合想致富的人。

他建议我们制订一个不同于常规的致富计划，主要有以下 3 种原因：

1. 他说："努力工作和储蓄的人要致富很难，因为他们的税负过重。当人们取得收入时，储蓄时，消费时，甚至死亡时，政府都要对他们征税。所以，如果你想致富，就不仅需要努力工作和储蓄，还需要更多的理财智慧。"

富爸爸进一步解释说："当你存入1000美元时，政府已经征过税了。所以，要储蓄1000美元，你或许得挣1300美元或更多才行。然后，那1000美元还会被通货膨胀蚕食，价值逐年降低。你的那点微薄利息也会被通货膨胀和税收吞噬。所以，假设银行付给你5%的利息，通货膨胀率为4%，利息税为30%，你的最后结果就是损失惨重。"因此，富爸爸认为靠努力工作和储蓄致富很难。

2. 第二个原因是，努力工作和储蓄的人通常认为投资很冒险。这种人常常逃避学习新东西。

3. 第三个原因是，坚信努力工作和储蓄，并坚信投资有风险的人，很难看到硬币的另一面。

本章将提供一些解释：为什么投资不一定是冒险？怎样投资才不冒险？

当富爸爸谈论一些非常复杂的话题时，他总能把这些问题简单化，使几乎每个人都能明白他讲的基本意思。比如在《富爸爸穷爸爸》一书中，他用损益表和资产负债表的简单图式教给我基本的会计和财务知识。在《富爸爸财务自由之路》一书中，他也用图式说明4个象限的人具有不同的情感认识和教育经历。对我来说，要懂得投资，首先必须完全理解这两本书介绍的内容。

在我12岁到15岁期间，富爸爸对应聘者进行面试时，有时会叫我坐在他旁边。他的招聘面试时间都是在下午4点半，我就会挨着富爸爸，坐在一张棕色的大木桌的后面。桌子对面是一把应聘者的椅子。秘书安排应聘者依次进入，让他们坐在那把椅子上。

面试中，我看到许多成年人是为了每小时1美元的薪水和微薄的福利而来的。虽然当时我只是个少年，但我知道靠每天8美元的薪水，很难养活一个家庭，更别提致富了。我亲眼目睹了许多大学生，甚至博士生来应聘管理或技术职位，而这些职位的月薪还不足500美元。

一段时间后，挨着富爸爸坐在桌子后面的新鲜感逐渐消退了。无论是面试前、面试中或面试后，富爸爸什么也没有对我说过。终于，15岁时，我厌倦了这种坐在桌子后面的生活。我问他："你为什么让我坐在这儿看着人们求职？在这里我什么也学不到，也没有什么意思。而且，看到那些成年人这么渴求一份工作和薪水，我的心里很难受。有些求职者真的很绝望。他们不能放弃目前的工作，除非你雇用他们。我怀疑他们中的一些人如果没有薪水，连维持3个月的生活都困难。有些人的年纪比你还大，但明显没有钱。怎么会这样呢？为什么你要我看这些？我每看一次，心里就难过一次。看到他们来求职还没有什么，但他们眼中对金钱的绝望真的让我很难受。"

富爸爸仍然坐在桌子边，整理着思绪，片刻后，他说："我一直在等你问这个问题。我一样感到痛心，所以我才让你在长大以前目睹这一切。"富爸爸说着，掏出了他的便笺本，画了一张现金流象限图。

"你现在刚上高中，过不了多久，你就要做一个非常重要的决定，长大后你要做什么，如果你还没有决定的话。我知道你爸爸鼓励你上大学，以便找到一份高薪工作。如果你听从他的建议，你在图中的方向就是这样的。"然后，富爸爸画了一个指向象限左侧的箭头。

"如果你听从我的建议，你将学会成为象限右侧的人。"说着，他又画了一个指向象限右侧的箭头。

"这张图你都画过无数遍了，这些话你也说过无数遍了。"我小声回答，"你怎么又来了。"

"因为如果你听从你父亲的意见，将来你就会发现自己坐在桌子那一边的求职椅上。如果你听从我的建议，你就会坐在我这边的椅子上。你是高中生了，不管是否有意去做，你都得作出决定。我让你和我坐在一起，是因为我想让你知道有不同的观点。我并不是说桌子的这一边一定比另一边好。每一边都有它的优势和劣势。我只想让你现在就开始选择你要坐在哪一边，因为今天你所学的，将决定你最终坐在桌子的哪一边。你最终将坐在象限的左边呢，还是象限的右边？"

## 10 年后充满关爱的提示

1973 年，富爸爸提醒我在我 15 岁时我们的那次谈话。"你记不记得我问过你想坐在桌子的哪一边？"他问。

我点头说："那时谁能想到，我一直推崇工作安全和终生保障的父亲，在 50 岁时，又坐到了桌子的另一边。他 40 岁时功成名就，仅仅 10 年后，这些又成为过眼云烟。"

"其实你父亲是一个非常勇敢的人。可惜的是，他没有为这种情况作好打算，现在，他在工作和财务上都遇到了麻烦。如果他不能迅速做出改变，他的情况会更糟。如果他继续抱定找一份稳定工作的老观念，恐怕他以后的日子都会浪费了。我现在帮不了他，但我能帮助你，给你指导。"富爸爸说。

"所以你说选择坐在桌子的哪一边，对吗？"我回答，"你的意思是选择做航空公司的飞行员，或者走我自己的路？"

"不全对，"富爸爸说，"在这一课里我只想给你指出一些事情。"

"指出什么？"我问。

富爸爸再次画出现金流象限图：

然后他说："太多的年轻人只把目光集中在象限的一侧。大多数人小时候都会被问'你长大了想干什么呀？'如果留心的话，你会发现大多数孩子的回答是消防员、芭蕾舞演员、医生或老师之类的职业。"

"因此大多数孩子选择了左侧的 E 象限和 S 象限。"我补充说。

"对。"富爸爸说，"而 I 象限，即投资者象限，只是之后的想法，如果他们能想得到的话。在许多家庭中，所有关于 I 象限的想法就是父母们说的'要找一份福利好、有完善的退休计划的工作'。换句话说，这种观念就是让公司为你的长期投资需要负责。但就在我们谈话间，那些都在飞速地变化。"

"你为什么说这个呢？"我问，"你为什么说情况在变化呢？"

"我们正进入经济全球化时代。"富爸爸说，"参与全球竞争的公司，需要降低成本。而它们的主要成本之一，就是员工工资和退休基金。你记住我的话，几年之内，企业将把退休金投资的责任转移给员工。"

"你的意思是，人们将不能再依赖雇主或政府，而只能自己准备退休金了？"我问。

"是的。对穷人而言，这个问题最为严重，我尤其为他们担心。"富爸爸说，"因此，我才提醒你坐在桌子对面的人，工作是他们唯一的财务支柱。当你到了我这个年纪，如何安顿那些上了年纪又没有经济和医疗保障的人，将是一个严峻的问题。你们这一代婴儿潮出生的人，将承担解决这个问题的责任。到2010年左右，这个问题将变得非常突出。"

"那我应该怎么做呢？"我问。

"让I象限成为最重要的象限。长大后，选择做投资者。让钱为你工作，只有这样，当你不想或不能工作的时候，你才可以不去工作。你应该不想在50岁时像你爸爸现在这样吧？一切从头再来，试图弄明白他在哪个象限能挣最多的钱，意识到自己被困在E象限。"富爸爸说。

"你要学会如何在所有的象限运作。能坐在桌子的两边将使你看到硬币的两面。"富爸爸用"双面硬币"的故事，对这个问题作了总结。


## 最重要的象限

富爸爸向我解释了富人和穷人之间的一个区别，那就是他们的家庭教育。他说："迈克 15 岁的时候，就已经有了一个超过 20 万美元的个人投资组合，而你什么都没有。你有的只是上学、找份好工作的观念。这就是你爸爸认为最重要的东西。"

富爸爸提醒我他儿子迈克在高中毕业前就已经知道如何做一名投资者了。"在他的职业选择上，我从来没有试图影响他，"富爸爸说，"我希望他能根据自己的兴趣作出选择，即使这意味着他不继承我的企业。但无论他选择做警察、政治家或者诗人，我都希望他首先成为一个投资者。不管你从事什么职业，如果你学习成为一个投资者，你将会越来越富有。"

多年后，当我结识到越来越多来自富有家庭的人时，他们许多人都说过同样的话。我的很多富有的朋友都谈到，他们很小的时候，在决定将来从事什么职业之前，他们的家庭就让他们开始经营一个投资组合，引导他们学习成为一个投资者。

## 意向测试

在工业时代，雇用原则是：公司将终生雇用你，并为你退休后的生活进行投资。1980 年时，男性退休后的平均生活年限只有 1 年，女人为 2 年。换句话说，你只需专心在 E 象限做雇员，你的雇主会负责 I 象限里的事情。这听起来让人非常舒心，特别是对我父母那一代人，因为他们经历了残酷的世界大战，以及大萧条。这些事件对他们的思想和财务选择，有着巨大的影响。许多人至今仍然抱着那样的财务观念，并将那种观念传给他们的孩子。还有许多人继续相信，他们的房子是一项资产，也是他们最重要的投资。但那种观念是工业时代的思考方式。在工业时代，关于理财，人们只需要知道那些，因为公司或者工会和政府会照管其他的一切。

但规则已经改变。在信息时代的今天，我们大多数人需要更多的理财智慧。我们需要知道资产和负债之间的区别。我们的寿命更长，因此，为了退休生活我们需要在财务上更稳定。如果你的房子是你最大的投资，那你很可能会陷入财务困境。你的理财组合需要比你的房子大得多的投资。

好消息是，I象限是一个伟大的象限，在那里你可以学会为自己负责，因为自由来自I象限。

**所以意向测试为：**

1. 你首先会选择哪个象限（哪个象限对你最重要）？

E_____    S_____    B_____    I_____

2. 你最终计划坐在桌子的哪一边？

关于第2个问题，我没有列出选项。是因为有这种现象，你也许注意到：当一家大公司宣布裁员数千时，它的股价通常会上涨。这就是一个桌子两边境况截然不同的例子。当一个人从桌子的一边坐到另一边时，他的世界观也随之改变。同样，当一个人转换他所处的象限时，如果只从精神和情感来看，那么忠诚通常会改变。我相信时代的变迁会使工业时代的思维向信息时代的思维转变，在未来它会给企业和企业领导者带来一些最大的挑战。正如企业家们所说的："规则已经开始改变。"

# 第14章
## 投资者第12课：投资的基本原则

一天，我对我的财务进展感到沮丧。还有4个月我就要结束军旅生涯，重新进入现实世界了，并且我已经放弃了进入航空公司的努力。1974年6月，我决定进军商业领域，看看自己能否跨入B象限。在富爸爸的指导下，作出这样的决定并不难，但获得财务成功的压力出现了。我感觉我在财力上是如此落后，尤其是与迈克相比，我更加相形见绌。

一次在与富爸爸会面时，我沮丧地说出了我的想法。我说："我制订了两个计划，第一个计划是保证自己基本的财务安全；第二个计划更有进取心，是一个实现财务舒适的投资计划。但按照这些计划成功的速度来看，如果它们成功的话，我也不会像你和迈克那样富有。"

听到这些话，富爸爸笑了，他说："投资不是赛跑。你并不是在与别人竞争，竞争者的财务生活一般是大起大落，所以你不要一心想着拿第一。在赚钱方面，你只需努力做一个更好的投资者。如果你作为一个投资者，专注于提升自己的经验和教育，你就会获得巨大的财富。如果你只想着快速致富或要比迈克更加富有的话，你很有可能会一败涂地。适度的比较和竞争是有益的，但你在这个过程中真正的目标是成为一个更优秀、更精通财务知识的投资者。除此之外的一切想法都是愚蠢和冒险的。"

我坐在那里点了点头，心里略微好受了些。那时，我明白了与其想挣更多的钱，冒更大的险，不如更努力地学习。这对我更有意义，这样做风险小了，而且不需要花很多钱，那时我也没有多少钱。

谈到一开始就让迈克选择 I 象限而不是 B 或 E 象限的原因时，富爸爸解释说："富人的目标就是让钱为他工作，而他自己不必工作。为什么不一开始就瞄准这样的目标呢？"他进而解释了为什么在我和迈克 10 岁时，他就鼓励我们打高尔夫球。他说："你可以一辈子都打高尔夫球，但橄榄球只能打几年，既然如此，为什么不在一开始，就选择与你相伴一生的游戏呢？"

当时，我没有听进去。迈克一直在打高尔夫球，而我，棒球、足球、橄榄球都玩过。我并不擅长其中的任何一项，但我喜爱这些运动，我很高兴我曾经有过这些运动。

但 15 年的打球和投资经验，把迈克变成了一个出色的高尔夫球手，有了一个数额可观的投资组合，有着比我更丰富的投资经验。而我在 25 岁时，才刚刚开始学习高尔夫和投资游戏的基本规则。

我讲这些是为了说明，不管你的年龄有多小或有多大，学习任何事情的原则和基础，特别是游戏，都非常重要。大部分人在打高尔夫球之前，总要上一些高尔夫训练课以学会一些基本技巧，但遗憾的是，在拿血汗钱进行投资之前，很少有人愿意学习投资的基本原则。

## 投资的基本原则

"现在，你已经制订出两个计划，一个是实现安全的计划，一个是实现舒适的计划，那我就给你讲讲投资的基本原则吧。"富爸爸说。他接着解释说，有太多的人在开始投资时，没有这两个计划，这样是很危险的。他说："当你制订好这样两个计划之后，就可以利用各种投资工具去实践，并不断学习更多的技能。就是出于这个原因，在继续以下的课程之前，我等着你花些时间制订出这两个自动的或机械的投资计划。"

## 基本原则之一

"投资的第一条基本原则是要弄清你在为哪种收入工作。"富爸爸说。

多年来，富爸爸一直告诉我和迈克，收入有 3 种类型：

1. **劳动收入**：工作带来的或因付出某种劳动而获得的收入称为"劳动收入"。它的最普通的形式是工资，这也是纳税比例最高的收入。因此，要靠劳动收入来积累财富是最困难的。当你对孩子说"找份好工作"时，就是在建议他为劳动收入而工作。

2. **证券收入**：从股票、债券、共同基金等有价证券中获得的收入称为"证券收入"。它是最受欢迎的投资收入形式，因为有价证券比其他资产更容易管理和保存。

3. **被动收入**：通常把从房地产中获得的收入称为"被动收入"。被动收入的来源还包括专利使用费或许可证费用。不过在大约 80%的情况下，被动收入是来自于房地产。房地产收入能享受很多税收优惠。

两位爸爸争论的长期焦点之一是如何教育孩子。穷爸爸总是对我说："努力学习，拿高分，这样你才能找到好工作，才能成为一个勤奋的好人。"当我和迈克上高中时，富爸爸会拿这些话开玩笑。他常说："你爸爸是个勤奋的好人，但如果他一直是这样的思维方式，他就永远别指望成为富人。如果你们听我的，如果你们想致富，你们就要努力获得证券收入和被动收入。"

回想起来，我当时并没有透彻地理解他们的话，没有理解他们的话在人生哲理上有着什么样的区别。直到 25 岁时，我才逐渐明白过来。我父亲在 52 岁时从头开始，他一生关注于劳动收入，他认为那是正确的选择。与之相反，富爸爸很有钱，会享受生活，这是因为他拥有 3 种源源不断的收入。我现在知道要为哪种类型的收入努力工作了，它绝不是劳动收入。

## 基本原则之二

"投资的第二个基本原则是要尽可能有效地把你的劳动收入转化为证券收入或被动收入。"富爸爸说着，在他的黄色便笺本上画了一幅图：

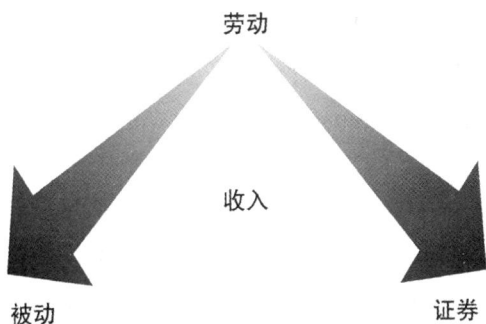

"简而言之，这就是一个投资者要做的，"富爸爸微笑着总结，"这是最基本的。"

"但我该怎么做呢？"我问，"要是我没有钱，怎样才能赚到钱呢？万一赔了钱，我该怎么办？"我连续追问。

"怎么办？怎么办？怎么办？你就像一部老电影里的印第安酋长一样。"富爸爸说。

"可那些问题确实存在呀。"我不服气地说。

"我知道那些是现实问题，但现在我只想让你明白基本原则，以后我会回答那些问题，可以吗？要小心那些消极的思想。你看，投资和生活一样，总免不了有风险，太消极和逃避风险的人会失去大部分机会，就是因为他们太消极和害怕风险，明白吗？"

我点点头："明白了，要从最基本的做起。"

## 基本原则之三

富爸爸同意我上边的回答，他点头说："投资的第三个基本原则就是通过购买证券将劳动收入转化为被动收入或证券收入，以保证劳动收入的安全。"

"通过证券保证安全？"我问，"我不太明白，那资产和负债又是怎么回事？"

"问得好！"富爸爸说，"现在我要扩展你的词汇。是到了超越对资产和负债的简单理解的时候了，我要给你一种大多数人都无法达到的理解程度。但在这里我想指出的是，并不像人们所想的那样，所有的证券都是资产。"

"你的意思是股票或房地产都是一种证券，但不一定是资产？"我问。

"是这样的。但是，许多普通投资者分不清证券和资产，甚至很多专家也弄不清两者的区别。许多人认为所有的证券都是资产。"

"那区别是什么呢？"我问。

"证券是你希望能留住金钱的东西，一般说来，证券与政府的规章制度紧密联系在一起。正因为如此，我们才把监管投资领域的组织叫做证券交易委员会，而不是叫做'资产交易委员会'。"

"那么，政府知道证券不一定是资产了。"我说。

富爸爸点头说："也没人把它叫做'证券保证委员会'，政府明白它所能做的就是制定一套严格的规则并通过执行规则来维持秩序。政府不能保证拥有证券的每个人都能赚钱。因此，不能把证券叫做资产。你还记不记得资产和负债的基本定义？资产是往你的口袋里放钱，那体现在你的收入栏；负债是让你往外掏钱，那体现在你的支出栏。这是最基础的财务知识。"

我点点头，说："所以，投资者要分清哪些证券是资产，哪些证券是负债。"我开始明白富爸爸这番话的用意了。

"不错，"富爸爸说，又掏出了他的便笺本，画出图：

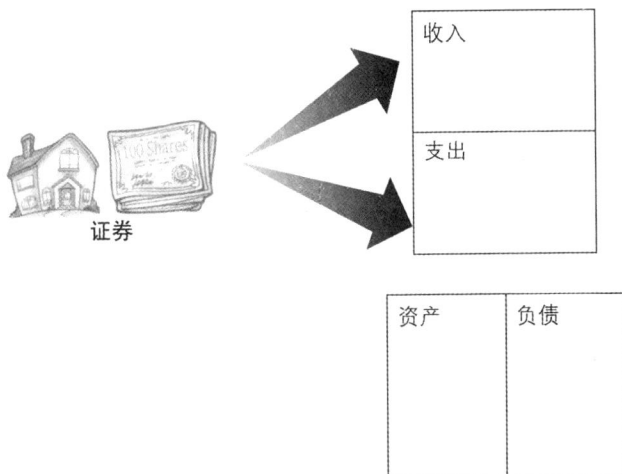

"大多数投资者常常被告知证券是资产，这时误解就产生了。普通投资者在投资时很紧张，因为他们知道，仅仅因为购买证券，不一定能赚钱。购买证券也可能赔钱。"富爸爸说。

"所以如果证券赚钱了，那么就像你画的图所示，它会放钱到财务报表的收入栏，这时证券就是资产。但如果它赔钱了，这就会反映在财务报表的支出栏，此时证券就是负债。实际上，同一种证券可以在资产和负债间相互转化。比如，12月我以每股20美元的价格买进 ABC 公司 100 股股票，到次年 1 月，我以每股 30 美元的价格卖出10股，于是这10股就成了资产，因为它们为我产生了收入。但到了3月份，我仅以每股10美元的价格卖出了10股，这10股变成了负债，因为它使我产生亏损（支出）。"

富爸爸清了清嗓子，说："所以，我只把证券看做投资工具，作为一个投资者，由我来决定一种证券是资产还是负债。"

"风险正是源于这里，"我说，"正是由于投资者分不清资产和负债，才导致了投资风险。"

## 基本原则之四

"投资的第四条原则就是投资者本身才是真正的资产或者负债。"富爸爸说。

"什么？"我问，"投资者是资产或负债，投资项目或证券不是资产或负债吗？"

富爸爸点点头："你常常听到人们说'投资有风险'，实际上，有风险的是投资者。归根结底，投资者才是资产或负债。我看到过许多所谓的投资者，在别人赚钱时，他们却在赔钱。我也卖过企业给那些所谓的商人，企业在他们手上不久就破产。我还见过人们买了一块非常好的房地产，那块房地产正在赢利，然而几年之后，那块相同的地产就出现巨额亏损，最后一败涂地。因此每当我听到人们说投资有风险时，我知道真正有风险的是投资者，而不是投资项目。事实上，投资高手喜欢关注有风险的投资者的举动，因为那里会出现真正的投资机会。"

"怪不得你喜欢听那些投资者抱怨投资损失，"我说，"你是想知道他们错在哪里，看看能否找到一个好机会。"

"看来你明白了，"富爸爸说，"我总是在寻找'泰坦尼克'号船长。"

"所以你对人们从股票市场或房地产市场中赚到大钱的故事不感兴趣。你讨厌有人告诉你，他花5美元买的股票已经涨到25美元。"

"你对我观察入微呀。"富爸爸说，"只有傻瓜才会迷恋那些快速赚钱、瞬间拥有财富的童话，这种故事只能吸引失败者。如果一只股票为众人熟知或者已经赚了很多钱，这时通常盛宴已经结束或者马上就要结束了。我情愿听一些不幸的投资故事，因为那里才有不错的投资机会。作为 B 象限和 I 象限的人，我希望能找到还是负债的证券，然后把它们转变为资产，或是持有它们并等待其他人将它们转变为资产。"

"如此说来，你是一个逆向投资者了。"我试探着说，"就是那种与市场流行观点背道而驰的投资者。"

"这是一种外行的说法。大多数人仅仅认为，逆向投资者与社会格格不入，不喜欢从众，这是错误的。作为象限右侧的人，我把自己视为一个修理工。我要看那些'投资残骸'能否重新修理。如果能修理好，而且其他的投资者也期望它能修理好的话，那么它仍然是一个好的投资项目。如果修不好，或者即使修好了也没人要，那我也不会要它。所以，真正的投资者也必须想大众之所想，这就是我不是一个纯粹的逆向投资者的原因。别人不想要的东西，我也不会买。"

"那有第五个投资基本原则吗？"我问。

## 基本原则之五

"是的，有，"富爸爸说，"投资的第五个基本原则是，真正的投资者总是能为任何情况做好准备，而非投资者总想猜测将来会发生什么、什么时间发生。"

"什么意思？"我问。

"你听说过这样的话吗，'20年前我本可以买下那块地，当时才12美分每平方米，可现在呢？有人在这块地旁边建了一家购物中心，地价一下子涨到每平方米125美元了'。"

"听过很多次了。"

"我们都听过这样的话，"富爸爸说，"这就是对未来发生的事不做准备的例子。在贸易领域，大部分能使你致富的投资项目都稍纵即逝。在房地产市场，机会可能会持续几年。但不管机会之窗打开的时间有多长，如果你不事先准备好知识和经验，或者充足的现金的话，就只能与好机会擦肩而过了。"

"那要如何准备呢？"

"你要关注其他人正在寻找什么。如果你想买股票，那就参加教你如何选股的培训班。投资房地产也是一样。都要从训练你的大脑知道要寻找什么，以及为瞬间出现的投资项目提前做好准备开始。这很像足球运动，你踢着踢着，突然，决定胜负的射门机会出现了。面对这一机会，你要么有所准备，要么措手不及。要么早已就位，准备射门，要么还没有就位。不过，即使你错过这次射门或投资机会，还会有下一次千载难逢的好机会等着你。好消息是，每天都有无数的机会，但你首先要选择好游戏并学会如何玩游戏。"

"难怪当别人抱怨错过一笔好买卖，或是告诉你要投资这个、投资那个时，你总是暗自发笑。"

"对极了。在很多人的思想中，这个世界是贫乏的而不是富足的。他们经常为错失良机而捶胸顿足，或死命抓住一笔买卖不放，因为在他们看来，那是唯一的机会。如果你是右侧象限的人，你就会有更多的时间和商机，你会信心十足，因为你知道，你能抓住大多数人放弃的坏交易，并把它转化为一个好交易。这就是我所说的要投入时间去做好准备。如果你做好准备的话，好机会就会出现在你一生中的每一天。"

"这就是你能找到那一大块未开发土地的方法，你仅仅是沿着大街行走。"我回忆起富爸爸是如何找到那块他最好的地产的，"你看到地上被踩坏的写着'出售'的牌子，别人都没注意到，所以没人知道那块地要出售。你打电话给那块地的主人，给了一个低廉而公平的报价。他接受了，因为两年多来，没有人给他报价。你说的就是这个意思，对吗？"

"对，是这个意思，而且那块地比我其他的投资都好。这就是我说的要做好准备。我知道那块地的价值，也知道几个月后，地的周围会发生什么样的变化，所以在这里风险就极低，而且价格还非常便宜。现在，我还想在那块地附近再找10块地呢。"

"那么，'不要猜测'又是什么意思？"我问。

"人们常说'如果市场崩溃了，我的投资会怎样呢？这就是我不投资的原因。我要再等等，看看情况'。你听过这样的话吗？"

"听过很多次。"我说。

"我常看到很多人，当投资良机出现时，他们却退缩了。因为他们内心的恐惧开始预测，灾难将要发生。出于这种消极情绪，他们从不投资，或者在不该卖出的时候卖出，不该买入的时候买入，完全基于他们乐观或者悲观的感性猜测。"

"如果他们有一点点投资知识和经验，并且做好准备的话，这些问题都能迎刃而解了。"我说。

"对呀，"富爸爸说，"除此之外，成为投资高手的另一个基本要求是无论市场上涨还是下跌，都应该随时准备获利。实际上，最好的投资者在市场下跌时反倒能赚更多的钱，因为市场下跌的速度比上涨的速度快。正如投资高手所言，牛市缓缓来临，而熊市瞬间光顾。如果你无法把握住市场的每一种情况，作为投资者，你就太冒险了，而不是投资本身。"

"这就是说，许多人都认为他们没成为富有的投资者是对的。"

富爸爸点点头："许多人常常说'我不买房地产，因为我讨厌半夜三更被电话吵醒让我去修厕所'。我也不想这样，所以我聘请了物业经理。但我的确喜欢房地产税收优惠政策带来的现金流，这种优惠，股票是没有的。"

"因此人们常常预测失去机会是正确的，而不是去做好准备。"我附和道，开始明白为什么做好准备是如此重要，"我要怎样学习做好准备呢？"

"我会教你一些基本的交易技巧，这些技巧是所有的专业投资者必备的，比如卖空、买方期权、卖方期权、双向期权，等等。这些以后再讲。现在，你只要知道做好准备比所谓的预测更重要，就足够了。"

"不过，关于准备，我还有一个问题。"

"什么问题？"富爸爸问。

"要是我找到一笔买卖，可是没钱怎么办？"我问。

## 基本原则之六

"这就是投资基本原则之六，"富爸爸说，"如果你准备好了，也就是说，你有了教育和经验，并且找到了一笔好买卖，这时，钱就会自动找上门来，或者，你就会找到钱。好买卖总是会激发人们内心的欲望。我的意思不是指欲望的消极方面，我所说的欲望，是整个人类共有的一种心理特征。因此，当人们发现一笔好买卖时，这笔买卖就会引来资金。如果这笔买卖不佳，要筹钱就的确不容易了。"

"你见过好买卖筹不到钱的情况吗？"我问。

"见得多了，但那不是买卖本身筹不到钱，而是人们控制不当造成的。换句话说，如果控制不当者让位的话，这就会是笔好买卖。这个道理，就和平庸的司机驾驶超级赛车是一样的。无论车有多好，但如果驾驶员技艺平平，就没人会把注下在他的车上。提到房地产，人们总认为，成功的关键在于房地产的地理位置，除了位置还是位置。我不这么认为。实际上，在投资领域，不管是房地产、企业或者是证券，成功的关键永远是人，人，人。我曾见过占尽天时地利的房地产赔钱的例子，就是因为由不合适的人在管理它。"

"那么，还是，如果我一切准备就绪，学习了财务知识，有了一些经验和记录，并找到好的投资项目，那么筹钱就不是一件非常困难的事。"

"那是我的经验。遗憾的是，很多时候，一些不成熟的投资者把资金投在像我这样的投资者已经否定的项目上，结果赔了钱。"

"所以才有了SEC，"我说，"它的职责是从坏交易中保护普通投资者的利益。"

"是的。"富爸爸说，"投资者的首要任务是确保他们的钱安全。然后才是尽力把钱转化为现金流或资本收益。这时你才能发现，你或者你委托的经纪人是将证券转化为资产，还是转化为负债。再说一次，不是投资安全或有风险，而是投资者安全或有风险。"

"这是投资的最后一条基本原则吗？"我问。

"不，绝对不是。"富爸爸说，"投资这个课题，可以供你研究一辈子。好消息是，你的投资基础知识学得越好，赚的钱就越多，风险也会越小。我还有一条基本原则要告诉你，这就是投资基本原则之七。"

## 基本原则之七

"那是什么？"

"对风险和回报的评估能力。"富爸爸说。

"给我举个例子吧。"我要求道。

"就以你的两个基本投资计划为例吧。假设你的应急资金十分充足，还有额外的 2.5 万美元进行投机性投资。"

"我真希望我现在有 2.5 万美元啊，"我一本正经地说，"还是告诉我该怎么样评估风险和回报吧。"

"这 2.5 万美元，你或多或少还赔得起吧。即使全赔了，你可能有点伤心，但照样可以有吃有穿有车开，以后还可以再存 2.5 万美元。然后，你开始评估投机性投资项目的风险和回报。"

"我该怎么做呢？"

"假设你有一个侄子想开一家卖汉堡包的小摊。他需要 2.5 万美元的启动资金。这是一项好的投资吗？"

"从感情上来讲，这可能是一笔好的投资，但从财务上看，这不是。"我回答。

"为什么不是？"富爸爸问。

"风险太高而回报太小了。"我说，"除此之外，你的本钱收得回来吗？在这里，最重要的不是投资回报，而是收回投资。正如你所说的，资本的安全很重要。"

"很好，"富爸爸说，"但如果我告诉你你侄子已在一家大型汉堡包连锁店工作了 15 年，已经对这一行的各个系统的操作了如指掌，现在他打算自己开一家全球汉堡包连锁公司，你又认为怎样呢？如果仅用这 2.5 万美元，你就能买下整个公司 5% 的股份，你会怎么做呢？你会对这项投资感兴趣吗？"

"会，"我说，"肯定会，因为相同的风险，可以得到更多的回报。不过，这仍然是一个高风险的项目。"

"对。"富爸爸说，"这是一个投资基本原则的例子，这个基本原则就是评估风险和回报。"

"那人们如何评估这种投机性投资呢？"我问。

"问得好，"富爸爸说，"这就是富人的投资层次，紧跟在安全和舒适的投资计划之后。你现在谈论的是获取进行富人的投资的技巧。"

"所以还是，投资本身并不冒险，是没有足够技巧的投资者导致了投资的高风险。"

# 3个E

"是的，"富爸爸说，"要达到富人的投资水平，投资者应具备以下3个E：1. 教育；2. 经验；3. 充足的现金。"

"充足的现金？"我问，"不仅仅是额外的现金吗？"

"不是，我用充足的现金这个词是因为投资于富人的投资项目需要大量的现金，这意味着你确实能承担损失，并从中获利。"

"从中获利？"我问，"这是什么意思？"

"我们分析一下，"富爸爸说，"在富人的投资层次，你会发现情况有所不同。在这一层次，损失、债务和支出都有好坏之分。并且在这个层次，你的教育和经验需要迅速增长。如果不是，你在这个层次也不会长久。明白吗？"

"明白了。"我回答。

富爸爸继续解释说，如果投资不遵循"KISS"（Keep It Simple，Silly，即傻瓜财务原则）公式，风险可能会很高。他说："如果某人不能在两分钟内给你解释清楚一项投资，那么不是你不明白，就是他不明白，或者你们都不明白。无论什么情况，你最好放弃这项投资。"

他又说："很多时候，人们试图使投资听起来复杂，因此他们使用一些听起来很聪明的行话。如果碰到这种情况，你应该请他们用简明的语言。要是他们对一项投资解释不清，无法让至少10岁的小孩能明白大概情形，那么存在的可能就是他们自己也不明白。比如，市盈率就是表示股票有多贵。又如资本化率这个用于房地产的名词，是用来衡量房地产放入或者没有放入你口袋的钱的数额。"

"所以如果一项投资无法化繁为简的话，就不要去做它吗？"我问。

"不，不是那个意思，"富爸爸说，"很多时候，那些对投资不感兴趣，或者担心失败的人会说'人嘛，要知难而退，这叫识时务者为俊杰'。我经常对这类人说'当你一生下来，父母就不得不努力工作并无微不至地照顾你，培养你。甚至于上厕所这种小事，开头都是很困难的。现在，你应该学会自己照顾自己了，自理是人的基本能力'。"

## 意向测试

我常发现，太多的人在还没有雄厚的资金做后盾时，就急于进行富人的投资了。许多时候，人们想在富人的层次投资，是因为他们受尽拮据之苦而渴望金钱。显然，我不赞成这种做法，除非你已经很有钱了。富爸爸也不赞成。

另有一些人则相对幸运，他们实现"舒适"的财务计划为他们创造了充足的现金，让他们觉得自己很富有。但除非他们以富人的思维方式进行思考，否则，他们仍然是穷人，是有钱的穷人。

所以意向测试为：

如果你打算或者将要进行富人的投资，你愿意获得富爸爸所说的 3 个 E 吗？它们是：

1. 教育；
2. 经验；
3. 充足的现金。

愿意_____不愿意_____

如果你的答案是"不愿意"，那么本书下面的部分对你可能就没有太多的价值，我下面将要推荐的每项投资，即富人的投资，可能也没有多大意义。

如果你对能指引你获取充足现金的教育和经验还不确定或有所好奇的话，就请继续往下读。如果你还没有 3 个 E 的话，那么读完本书后，你就能决定是否要选择这 3 个 E 了。

沿着这条道路，你会发现，你实现财务安全和财务舒适的计划，会使你逐渐上升到更高的层次。就好像一个跳高运动员或者一个撑杆跳运动员，每跳过一个高度，就会增加横杆的高度一样，你在财务安全和财务舒适上，也能逐步获得成功。这时，你也能上调"横杆"——你的目标更关注如何致富。

正如富爸爸所言："你可以用一生的时间学习投资基础知识。"他的意思是："投资一开始听起来很复杂，但之后会变得简单。投资越简单化，或者你学的基础知识越多，你就会越富有，同时风险会越小。不过，对大多数人而言，最大的问题还是投入时间。"

# 第15章
# 投资者第13课：用财务知识降低风险

那是 1974 年的初春时节，还有几个月的时间，我就要退役了。我仍然不知道离开军营后自己能做些什么。当时，美国前总统尼克松正处于"水门事件"的困扰中，并即将接受审判。同他相比，我的担心和焦虑就算不了什么。众所周知，越南战争结束了，美国以失败告终。我仍然留着士兵的短发，并故意拖延退伍时间，外面的世界充满着嬉皮士和长发。我开始想象我留着披肩长发的样子。自从 1965 年进入军校起，我就留着士兵发型。但是在 1973 年，短发已不合时宜。

在最近 4 天里，股市不断下跌，人们都忐忑不安。甚至在基地的飞行员待命室，一些买了股票的飞行员也都心神不宁。其中一人抛出了他所持的股票，揣着现金退出了股市。那时，我还没有投资股市，所以，我可以理性地观察市场涨跌对人们的影响。

我和富爸爸在他最喜欢的海滨饭店共进午餐。他快乐如昔。股市下跌，他却赚了更多的钱。人人都紧张、焦虑，连电台的评论员也不例外，只有他依旧心平气和、谈笑风生，我感到很奇怪。

"我身边的股民们个个忧心忡忡，你却满面春风，这是怎么回事？"

"这个问题我们早就谈过了，"富爸爸说，"我说过投资的基本原则之一，是要为任何可能做好准备，而不是试图预测可能会发生什么。虽然很多人声称他们能够预测市场变化，但我很怀疑这一点。对市场变化，预测正确一次两次是可能的，但我从未见过有人连续3次作出正确的预测。如果有这种人的话，那他一定有一个魔法水晶球。"

"可是，投资真的不危险吗？"

"不危险。"富爸爸说。

"我和很多人谈过，都认为投资有风险，所以他们要么把钱存入银行，要么购买货币市场基金，要么购买定期存单。"

"他们是会这样做，"富爸爸顿了顿，继续说，"对大多数人而言，投资有风险，但要记住，投资本身不一定很冒险，冒险的是投资者。许多自认为是投资者的人其实并不是真正的投资者。实际上，他们是投机者、商人，或者更糟，是赌徒。这些人与真正的投资者相比，有着明显的区别。但你不要误解我的意思，确实也有财务上实力雄厚的投机者、商人和赌徒。但他们都不是我说的投资者。"

"那么，一个投资者怎样才能减少风险呢？"我问。

"问得好！"富爸爸说，"不过，像这样问会更好：如何才能成为一个既能赚大钱，又没有多少风险的投资者？而且能留住赚到的钱？"

"对，这么问的确更恰当。"我说。

"我的答案和前面一样。那就是让事情简单化，懂得做事的基本原则。首先制订你的安全和舒适的投资计划，然后把这些计划交给称职的人，让他们照现成的程序去做。最后，你就得付出代价，从而成为一个赚钱多而风险少的投资者。"

"什么代价？"我问。

"时间，"富爸爸说，"时间是你最重要的资产。如果你不愿意付出时间，那么就把你的资本交给能够按你的投资计划行事的人。许多人梦想致富，但大多数人不愿意付出时间。"

我知道富爸爸又在为我的新的一课作思想铺垫了，但现在我已经准备好了。我真想马上按照他的投资公式来学习如何投资。然而他还在考验我，看我有没有投入时间和努力去学习投资的决心。因此，我提高了声调让旁桌的人都能听清我的话："我想学习，我愿意付出时间，我会学习。我不会中途放弃，你也不会浪费时间。请告诉我，成为一名低风险的成功投资者的基本要素是什么。"

"好极了。"富爸爸说，"我一直在等着你展现激情。今天早晨，看到你因为市场下跌而愁眉不展，我还替你担心呢。如果你让股市涨跌左右你的生活，你就不是一个投资者。作为一个投资者，你首要的控制是自我控制。如果你不能自我控制，股市的变化就会驾驭你，总有一天你会在股市的起伏里迷失方向。人们做不好投资者，首要原因就是缺乏对自我和感情的控制。安全和舒适的欲望控制了他们的大脑、他们的灵魂、他们的思想、他们的世界观，以及他们的行动。我说过，一个真正的投资者并不在乎市场的走向，真正的投资者在股市上涨下跌时都能赚钱。所以自我控制是首要和最重要的控制，明白吗？"

"明白了。"我向后靠了靠。我是有点无能而且过于焦虑。然而，我已跟随富爸爸学习多年，我知道他的强烈期望，我明白我的投资课才刚刚开始。

富爸爸滔滔不绝地说着："如果你想低风险高收益地投资，你就必须付出代价。这种代价就是学习，大量的学习。你需要学习商业基础知识。此外，要成为富有的投资者，你还必须成为一个好的企业主，或者知道企业主知道的知识。在股市中，投资者都希望投资于成功的公司。如果你具备企业主的素质，就可以创建自己的公司，或者像我一样，能够分析其他公司的投资潜力。但问题在于，学校把多数人培养成了雇员或自由职业者，那他们就很少具备企业主的素质和能力。正因为如此，非常富有的投资者才屈指可数。"

"这也是有这么多人认为投资有风险的原因。"

"完全正确，"富爸爸边说边掏出便笺本，"这是最基本的投资模式，我和许多超级富有的投资者都遵循它。"

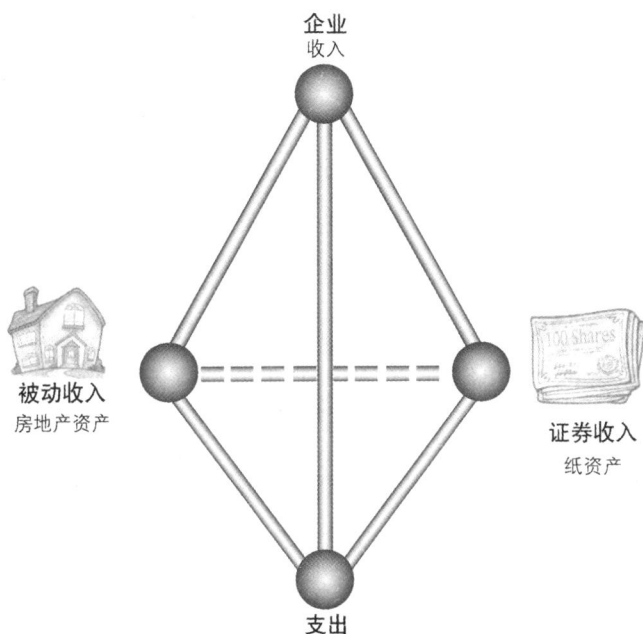

"在投资领域，你可以投资 3 种基本的资产类型，即我们已经学过的劳动收入、被动收入和证券收入。然而，真正的富人和一般富人之间有巨大的差异，可以从这个四面体中看出来。"

"你的意思是说创建企业也是一种投资吗？"我问。

"如果你想成为一个富有的投资者，那么这可能是所有投资形式中最好的一种。约有 80% 的超级富翁是通过创建企业致富的。大多数人都在为创建企业或投资于企业的人打工，然后他们又惊异于雇主的巨额财富。究其原因，那就是企业的创立者把钱变成了资产。"

"你是说，在企业创立者或所有者眼中，资产比金钱更有价值吗？"我问。

"那是这幅图所表示的一个意思，因为投资者所要做的，就是把时间、知识、技能或者金钱投资在可变为资产的证券上。就好像你投资一处房地产，比如租赁房产，或者购买股份、股票一样，企业主通过雇用员工，来建立企业资产。穷人和中产阶级为了生计苦苦挣扎的主要原因之一，就在于他们认为金钱比资产更有价值。"

"所以穷人和中产阶级看重金钱，但富人更看重资产，是这样吗？"

"不完全是，"富爸爸说，"要记住格雷欣定律。"

"格雷欣定律？"我回答，"我从没听说过格雷欣定律，那是什么？"

"格雷欣定律是一条经济法则，也称劣币驱逐良币法则。"

"劣币、良币？"我不解地问。

"让我解释一下，"富爸爸说，"自从人类开始赋予金钱价值以来，格雷欣定律就起作用了。追溯到古罗马时代，人们就习惯从金银钱币上切下一角，这意味着货币在充当买卖媒介时，价值就减小了。古罗马人不是傻瓜，他们很快就觉察到货币越变越轻。当他们知道货币减轻的真相时，就把足值的金银货币积存起来，只使用那些不足值的货币。这个例子说明：劣币把良币从流通领域中排挤出去了。

"为控制这一现象的蔓延，政府发行了带锯齿的货币，足值货币的边缘都有细小的沟槽。如果货币边缘的沟槽被挫平，人们就知道这枚货币被动过手脚。具有讽刺意味的是，正是政府在货币价值上动了最大的手脚。"

"但那是古罗马时代的事情，这个定律在今天还有什么用呢？"

"1965年，距离今天不到10年的时间，当美国政府不再发行银币时，格雷欣定律开始产生作用了。换句话说，政府开始发行劣币，或者没有真实价值的货币。人们立刻开始收藏银币，并只使用贬值的货币或者劣币。"

"也就是说，人们凭直觉知道政府发行的货币价值降低了。"我说。

"看起来是这样的，"富爸爸说，"我想这可能就是人们存钱少，反而花钱多的原因。遗憾的是，穷人和中产阶级总是买一些比金钱还没有价值的东西，白白糟蹋了钱。与此同时，富人用钱购买企业、股票和房地产。他们总在货币价值降低时，寻找更为安全的保障。所以我一直对你和迈克说，'富人不为钱工作'。如果你想致富，就必须知道良币与劣币、资产和负债之间的区别。"

"还有好的证券和坏的证券。"我补充说。

富爸爸点点头："所以我总是对你说'富人不为钱工作'，那是因为富人很聪明，他们知道货币的价值在不断降低。如果你为劣币拼命工作，而且不知道资产与负债、好证券与坏证券之间的区别，那么你就会一辈子都在财务上苦苦挣扎。在货币持续贬值中，那些工作最卖命、得到却最少、受害却最严重的人，真的令人感到遗憾。正是由于格雷欣定律的影响，那些工作最辛苦的人才会遭遇最困难的时候。由于货币在不断贬值，所以每一个有经济头脑的人都必须不断寻找具有真正价值的、能带来更多钱的东西。如果你不这样做，就永远会在经济上处于落后地位，而不是走在前面。"

然后，富爸爸指着本子上画出的草图说：

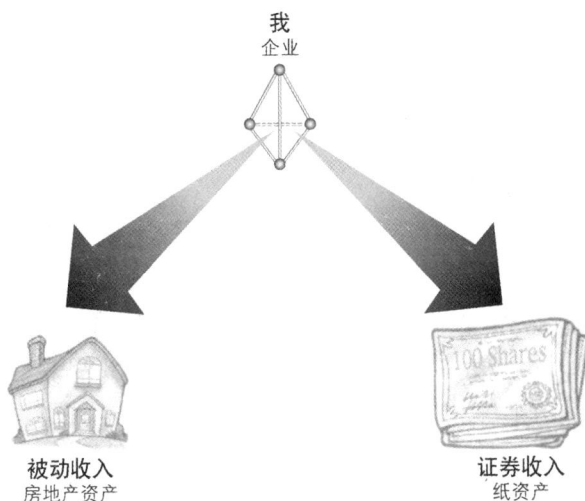

我
企业

被动收入　　　　　　　　　　　证券收入
房地产资产　　　　　　　　　　　纸资产

"现在，我的财务状况比你爸爸的财务状况更安全，因为我一直在努力获取这 3 种基本的资产或保障。而你爸爸只是为工作安全而努力。他辛苦工作的目标就是这样的。"

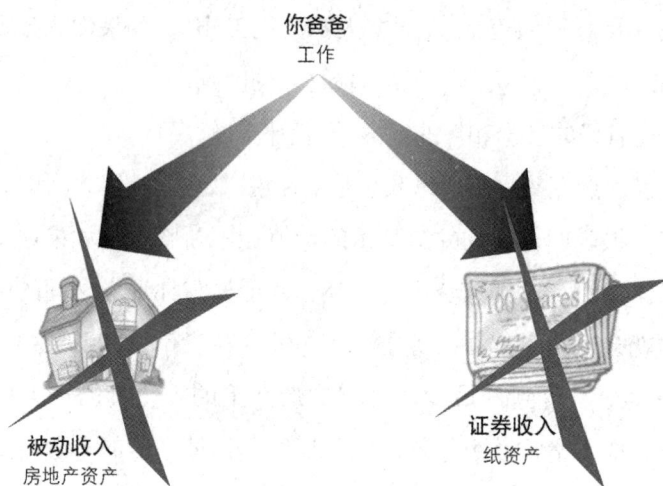

你爸爸
工作

被动收入
房地产资产

证券收入
纸资产

接着富爸爸划掉了工作安全：

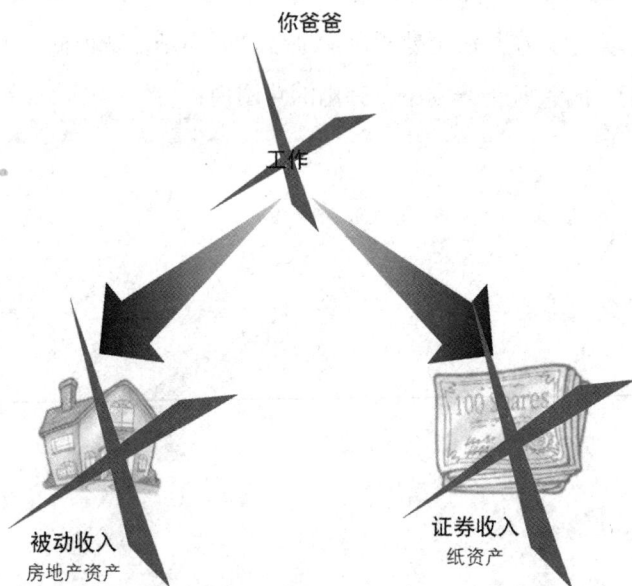

你爸爸

工作

被动收入
房地产资产

证券收入
纸资产

"因此当他失业时，他发现辛勤工作换来的竟是一无所有。而最糟糕的是，他曾经获得了成功。他努力工作一直升到了州教育系统的权力巅峰，又从巅峰上跌落下来，离他而去的还有州政府提供的职业保障。我跟你一样同情你爸爸。但对一个固守自己价值观并不愿改变的人来说，你讲什么，他都听不进去。他又忙着去找另一份工作了，而不是反思一下，工作能带给他想要的东西吗？"

"所以他一直依赖着工作安全和虚假的资产。而且，他始终没能把劳动收入转化为真正的资产，以获得那些富人的收入，即被动收入或证券收入。"我说，"他应该在工作时，把工资转化为真正的保障。"

"你爸爸很勇敢，又受过高等教育，但他不懂财务知识，所以才会落到今天这个地步。如果他很富有，就可以用竞选募捐来影响教育系统。但他又没有钱，所以他唯一能做的就是抗议和挑战政府。挑战很有效，但也会招致政府中守旧派的不满。你只要看看有多少人反对越战就明白了。"

"具有讽刺意味的是，他反对富人通过竞选募捐来影响政府。"我说，"他看到了有钱人左右政治的能量以及他们得到的各种好处，他也知道法律是为维护富人的利益而制定的。我爸爸看到金钱侵入政治中，所以去竞选副州长，试图制止这种不正之风，却付出了失去工作的代价。他知道法律是有利于富人的。"

"这是关于金钱的另外一个话题，不是我们今天要谈的了。"富爸爸说。

## 为什么投资不是冒险

"我已经决定了，"我说，"我不去当飞行员了。我要像你建议的那样，先找一家能为我提供销售培训的公司，我必须战胜担心被别人拒绝的恐惧，并且学会销售或者沟通。"

"好样的！"富爸爸说，"IBM 和施乐公司都有非常好的销售培训计划。如果你想成为 B 象限的人，就必须在了解市场的同时懂得如何销售。你还必须有'厚脸皮'，不介意别人对你说'不'。而且你要能够用恰当的方法尽力改变他们的想法。对于想致富的人，尤其是想进入 B 象限和 I 象限的人来说，销售是一种必要的、基本的技能。"

"但我还有一个关键问题。"我说。

"说吧。"富爸爸说。

"当别人都说投资很冒险的时候，你怎么能说投资不是冒险呢？"

"很简单，"富爸爸说，"我能读懂财务报表而大多数人读不懂。你记不记得多年前我对你说过，你爸爸有文化却不懂财务知识？"

我点点头，说："你经常这样说。"

"如果你想成为安全的投资者、内部投资者和富有的投资者，财务知识是最重要的投资基本技能之一。那些不懂财务知识的人无法看到投资项目的真实情况。就像医生能用 X 射线看到你的骨骼组织一样，通过财务报表，你能看到投资项目内部的真相，从中辨别假象，你就可以看到机会，评估风险。阅读企业或个人财务报表，就像阅读传记或自传体小说一样。"

"那么许多人认为投资是在冒险的原因之一，就是他们看不懂财务报表吗？"我惊奇地问，"在我和迈克 9 岁时你就开始教我们阅读财务报表就是出于这个原因吗？"

"你记不记得，你在 9 岁时就曾告诉我，你想富有。当我听到你的话时，就告诉你一些基本原则，包括不要为钱工作，学会发现投资机会而不是去找一份工作，学会阅读财务报表。大多数人毕业了就去找工作，而不是寻找机会；他们被教导为劳动收入努力工作，而不是为被动收入或证券收入；他们大多数人连记账都不会，更别提读写财务报表了。所以他们认为投资是冒险也就不奇怪了。"

富爸爸又掏出他的本子，画出以下图表：

| 你 | |
|---|---|
| 收入 | |
| 支出 | |

| 资产 | 负债 |
|---|---|
| | |

| 你的企业 | |
|---|---|
| 收入 | |
| 支出 | |

| 资产 | 负债 |
|---|---|
| | |

| 房地产 | |
|---|---|
| 收入 | |
| 支出 | |

| 资产 | 负债 |
|---|---|
| | |

| 股票 | |
|---|---|
| 收入 | |
| 支出 | |

| 资产 | 负债 |
|---|---|
| | |

"每家企业都有它的财务报表，股票是财务报表的反映，每一处房地产也有它的财务报表，就连我们每个人也都有一份个人财务报表。"富爸爸说。

"每一种证券、每一个人都有财务报表？"我问，"也包括我爸妈吗？"

"当然，"富爸爸说，"所有的一切，公司也好，房地产也好，人也好，只要涉及金钱交易，就会有损益表和资产负债表，无论他们有没有意识到。不重视财务报表作用的人往往钱很少，而财务问题很大。"

"你是说像我爸爸现在那样吗？"我问。

"很遗憾，是的。"富爸爸说，"不知道资产与负债之间、劳动收入与被动收入和证券收入之间的区别，也不知道这些收入怎样体现在财务报表上，对你爸爸来说，是一种代价高昂的疏忽。"

"因此，当分析一家公司的情况时，不应只看当日该公司的股票价格，而应看它的财务报表，对吗？"我问，尽量避开谈论我爸爸。

"对，"富爸爸说，"这被称为基础投资。财务知识是基础投资的基础。当我看到公司的财务报表时，就等于看到了它的内部情况。通过财务报表，我能判断公司的基本面是好还是坏，它是会发展还是会衰落；我还能说出它的管理是否有效，是不是在浪费投资者的钱。对于住宅建筑或办公楼项目，以上方法同样适用。"

"所以，通过财务报表，你能告诉自己投资是安全的还是冒险的。"我加了一句。

"是的，"富爸爸说，"个人、企业或房地产的财务报表告诉你的不仅仅是这些。不过，读财务报表还要做好3件事。"

"哪3件？"

"首先，财务知识会告诉我们哪些是重要的。我会认真阅读每一行，并考虑哪些是没做好的，或者还能做点什么，以此来完善公司业务，使情况好转。大多数投资者是看股票价格和市盈率。股票的市盈率是外部投资者的指标，内部投资者需要其他的指标，这是我将要教你的。那些指标是确保企业整体运转良好的重要部分。如果你不懂财务知识，就无法辨别这些不同。当然，你就会觉得投资是在冒险。"

"第二件事是什么？"我问。

"第二件事就是，当我看一项投资时，我会把它放在我的个人财务报表上，看看在哪里合适。我说过，投资是一个计划。我需要了解企业、股票、共同基金、债券或者房地产的财务报表会给我的个人财务报表带来什么样的影响。我想知道这项投资能否让我得到我想要的。我还能分析自己怎样承担这项投资。通过各种数据，我能推测出如果我借钱投资会发生什么样的事情，以及债务对收支平衡的长期影响。"

"那么第三件事呢？"

"我想知道这项投资是否安全，会不会为我赚钱。我能在短时间内迅速判断这项投资是赚钱还是亏本。要是它不能为我赚钱，或者我找不到让它为我赚钱的方法，那我为什么要投资它呢？那样做就会很冒险。"

"那么，如果你赚不了钱，就不投资吗？"我问。

"多数情况下是这样的，"富爸爸说，"然而，即使听起来这么简单，当我看到那些自认为是投资者的人亏本或无法赚钱时，我总是会很吃惊。许多投资房地产的人每个月都要亏本，然后他们说'政府会对我的损失予以税收减免'，那就像在说，'如果你损失了 1 美元，政府会给你 30 美分'。极少数成熟的商界人士和投资者知道如何利用政策为自己谋利，但真正做到的人，却寥寥无几。为什么不在赚 1 美元的同时，从政府那儿再得到 30 美分的额外奖金呢？这才是真正的投资者要做的事情。"

"人们真是那样的吗？他们真是亏了本还认为自己是在投资吗？"

"此外，他们还认为为了税收优惠而赔钱是个好主意。你知道找一个让人赔钱的投资项目有多容易吗？"富爸爸问。

"我想应该很容易吧，"我说，"世界上满是赚不了钱的股票、共同基金、房地产和企业。"

"所以真正的投资者首先想的就是赚钱，在赚钱后，他们会想要从政府那里得到额外的利益。因此，真正的投资者既要 1 美元，也要政府给的 30 美分。不成熟的投资者会损失 1 美元，然后为从税收减免中得到的 30 美分而兴奋不已。"

"这仅仅是因为他们不会阅读财务报表吗？"我问。

"阅读财务报表是基本原则之一。在富人的投资层次，财务知识绝对是一条重要的投资者基本原则。另一条原则是投资一定要赚钱。千万不能带着赔钱却享受税收减免的思想进行投资。你投资只为一个目的，那就是赚钱。如果投资是为了赔钱的话，那么风险就太大了。"

## 你的成绩单

当我们即将结束一天的课程时，富爸爸说："现在，你明白我为什么经常让你做个人财务报表了吧？"

我点头说："还明白了为什么要分析企业和房地产投资的财务报表。你总是说希望我能深入思考财务报表。现在，我明白为什么了。"

"你上学时，每个季度都有一张成绩单。毕业后，财务报表就是你的成绩单。问题是，由于大部分人不知道如何阅读财务报表，或者不知道如何编制个人财务报表，所以一旦离开学校，他们就不知道该怎么做了。许多人在自己的个人财务报表上有着糟糕的记录，却自我感觉良好，因为他们有一份高薪工作和一个温馨的家。遗憾的是，如果由我来打分，那些 45 岁还没有实现财务独立的人只能是不及格。我不是有意让他们难过，只是想唤醒他们，使他们在耗尽最重要的资产——时间之前，快去做一些不同的事。"

"所以你通过阅读财务报表达到降低风险的目的，"我说，"而且在投资前，一个人应该掌握自己的个人财务报表。"

"肯定，"富爸爸说，"我一直强调的自我控制的过程，也意味着对你的财务报表的控制。很多人想投资，是因为他们负债累累。怀着赚钱付账单、买大房子或新车的希望去投资，是傻瓜的投资计划。你投资只为一个原因，就是得到一项资产，并用它将劳动收入转化为被动收入或证券收入。这种收入形式的转化是一个真正投资者的首要目标。要达到这个目标，不仅要会平衡支票簿，还需要更高的财务知识水平。"

"所以你不关心股票或房地产的价格，更关注运作的基本原则，这些基本原则你能在财务报表中看到，对吗？"我问。

"对，"富爸爸说，"所以看到你为股市下跌而焦虑时，我很担心。虽然价格很重要，但它远不是基础投资中最重要的。价格与技术投资的联系更紧密，不过技术投资是另外一课的内容。现在你明白我为什么让你编制这么多个人财务报表，并且分析企业和房地产投资的原因了吧。"

我点了点头："以前我讨厌这么做，但现在我要感谢你。现在我明白了，我有多少次使用我的财务报表来思考和分析事物，以及我怎样用钱来影响我的财务报表。我没有想到大多数人都不使用这种思考工具。"

## 魔毯

"你已经在游戏中崭露头角了，"富爸爸说，"这是一场致富的游戏。损益表和资产负债表是首要的两张财务报表，我把这两张财务报表叫做魔毯。"

"为什么你把它们叫做魔毯呢？"我问。

"因为这两张财务报表能神奇地让你看到世界上任何一家企业、任何一项房地产和任何一个国家表面现象背后的东西。就好像潜水时戴上潜水面罩，你就能看清潜藏于水面下的东西一样。财务报表就像潜水面罩，有了它，你就能洞悉表面现象掩盖下的真实状况。或者说，财务报表就像超人的 X 光眼，一个有理财知识的人借助它能透过建筑物的混凝土墙，直接看到它的内部结构，而不用进到内部。我称这两张报表为魔毯的另一个原因是，在许多方面，它们能让你随心所欲地看到并做到很多事情，而且在做这些事时，你甚至都不用离开办公桌。具备了这样的知识和洞察力，对世界上许多地方，即使是自家的后院，你都可以进行投资。不断增加财务知识最终能降低投资风险并增加投资回报。通过财务报表，我能看到普通投资者看不到的东西，同时，我还能掌控自己的经济状况，实现我的人生目标。掌握财务报表还能让我在不在公司的时间里，继续掌握各项业务的运转。真正理解财务报表，是一个 S 象限的人进入 B 象限的必要环节之一。正因为如此，我才把财务报表称为魔毯。"

## 意向测试

如果我们要买一辆二手车，我们会请机械师和电机师仔细检查以确定是否值这个要价。如果买房子的话，在付款前，我们会让房屋检验师列一张检查清单，检查一下基础设施状况、管道、水电、屋顶，等等。如果论及婚嫁，我们都要看看对方漂亮面孔下的真性情，以此来决定对方是不是那个能与你共度一生的人。

但是，在投资时，大多数人从不研究投资对象的财务报表。大部分投资者都是盲目依据市场势头，投资于一个热点或者低价或者高价。尽管大多数人每年都要对自己的汽车进行检修或保养，但很少有人分析自己的财务报表，从中找到财务上的不足或潜在的问题。究其原因，就是人们从学校毕业后，根本没有意识到财务报表的重要性，更别提掌控它了。怪不得有那么多人感叹投资有风险。其实投资本身是没有风险的。但如果没有财务知识，那就另当别论了。

## 如何瞄准投资机会

如果你打算通过投资致富的话，那么我可以告诉你，熟悉财务报表是最低要求。这不仅可以提高你自身的安全系数，还可以使你在更短的时间内赚到更多的钱。我这样说是因为，分析财务报表能使你看到投资机会，而这些机会恰恰是普通投资者错过的。普通投资者首先把价格看做买卖的机会。而成熟投资者会训练大脑对价格以外的商机作出更敏锐的反应。因为他们知道，不经训练的眼睛，是无法捕捉到最好的投资机会的。

富爸爸教导我，作为一个投资者，如果你想赚更多的钱，就必须熟悉财务知识，同时要洞察投资内部的优势和劣势。他说："绝佳的投资机会来自对会计、税法、商法和公司法的认识和理解，正是在这些无形的领域中，真正的投资者猎取到最大的投资项目。所以，我把损益表和资产负债表称为魔毯。"

**所以意向测试为：**

如果你想通过投资致富，并且以富人的水准进行投资，那么你愿意拥有最新的个人财务报表吗？你愿意经常练习分析其他的财务报表吗？

愿意_____不愿意_____

# 第16章
## 投资者第14课：财务知识使事情简单化

富爸爸常对我说："你父亲会陷入经济困境是因为他虽然有文化知识，但缺乏财务知识。如果他肯花点时间学习怎么读数字和金钱词汇，他的生活就会发生巨大的变化。"

财务知识是《富爸爸穷爸爸》一书所介绍的6节课之一。对富爸爸而言，财务知识对于那些真心想成为企业主和专业投资者的人来说至关重要。在本书后面的章节里，我和莎伦将会对财务知识在企业运作和投资中发挥的重要作用，作更为深入细致的介绍。我们将会教你如何发现普通投资者错过的投资机会。但现在，我们最好对财务知识先作一番快速回顾，看看如何使它更加浅显易懂。

## 基本原则

成熟投资者应能看懂多种不同类型的财务文件。而所有财务文件的核心就是损益表和资产负债表。

我不是会计师，但我上过几堂会计课程。在这些课程中，我惊讶地发现，老师们往往只是专注于某一种报表而不是两种报表之间的联系。也就是说，老师们从不解释为什么一种报表对另一种报表是重要的。

| 损益表 | 收入 |
|---|---|
| | 支出 |

| 资产负债表 | 资产 | 负债 |
|---|---|---|

富爸爸则认为，弄清损益表和资产负债表之间的关系至关重要。他说："没有另外一张报表，你怎能理解这一张？"或者："没有收入栏和支出栏，你怎么能辨别什么是资产、什么是负债？一种东西仅仅因为它列在资产栏，并不能断定它就是资产。"我认为富爸爸这一见解极为精辟。他接着说："很多人在财务上痛苦挣扎，原因就在于他们购买负债，并把负债列于资产栏中。也是因为这个原因，很多人把他们的房子看做资产，而实际上房子在很多时候是一种负债。"如果你对格雷欣定律有所了解，你就会明白为什么看起来如此微小的疏忽，会导致你一生的财务困窘而不能获得财务自由。他还说："如果你想让你的财富能够延续几代，那么你和你爱的人就必须明白资产和负债之间的区别。你必须清楚哪些是有价值的东西，哪些是没有价值的东西。"

《富爸爸穷爸爸》一书出版后，很多读者问："作者是在叫我们不要买房子吗？"答案是："不，他不是说不要买房子。"富爸爸强调的是财务知识的重要性。他说："不要把负债当做资产，即使是你的房子。"读者们下一个问题是："如果我已偿还了购房贷款，房子是不是就成为资产了？"在多数情况下，对这个问题的答案依旧是否定的，仅仅因为你在房子上不再负债，并不意味着它就一定是资产，你可以在"现金流"这个概念中找到原因。对于多数私人住宅来说，即使已没有负债，但它们还有支出和财产税。事实上，你从来没有真正拥有你的房地产，因为房地产永远属于政府。所以"real"（西班牙语里是"王室的"意思）不是"物质的"或"有形"资产的含义。过去，财产属于王室，现在属于政府。如果你对此有所怀疑，不妨停止缴纳财产税，不管你抵押了或没抵押，到时候你就会看到谁拥有你的财产了。税务扣押证书就源于此。在《富爸爸穷爸爸》一书中，我提到过投资者从税务扣押里获取高额利润。税务扣押按政府的说法就是："你可以支配你的房地产，但政府永远拥有它。"

富爸爸非常赞成拥有一所房子，他认为房子是金钱投资的好去处，但它不见得是资产。事实上，一旦获得了足够的房地产，他就住进了一所大豪宅。正是那些房地产带来了现金流，允许他去买大豪宅。他指出，一个人不应该把负债看做资产，或者去购买他们认为是资产的负债。他认为人们可能会犯下这个普遍性的大错误。他说，如果什么东西是负债，你最好就叫它负债，并且看紧它。

## 现金流——一个神奇的词语

对富爸爸而言，在商业和投资中最重要的一个词语就是"现金流"。他认为，对于投资者和商业人士来说，必须密切关注现金流的微妙走向，就像一个渔夫必须关注潮涨潮落一样。人们和企业陷入财务困境，就是因为他们对现金流没有控制。

## 儿童也需要财务知识

富爸爸或许没有接受多少正规的教育，但他知道如何把复杂的事物简单化，简单到足以使一个 9 岁的孩子能明白。因为我在那个年纪的时候，他就开始向我讲解复杂的财务知识了。我得承认当时对于富爸爸给我画的简易图，也只是一知半解而已，但他浅显易懂的讲解却使我对钱以及钱的流动有了更深的了解，并指导我走向一种财务安全的生活。

今天，我的会计师们辛勤工作着，我继续使用富爸爸画的浅显易懂的图表作为我的指导。所以，如果你能看懂下面的图表，你就会有更好的机会获得更多的财富。把技术性的会计工作留给受过这方面培训的会计师，你的工作是掌控你的财务数据，并引导它们为你增加财富。

## 富爸爸的基础财务知识

**财务知识第 1 课：**一种东西到底是资产还是负债，是由当时的现金流决定的。换句话说，仅仅因为你的房地产经纪人说你的房子是资产，并不意味着它就一定是资产。

下面是资产的现金流图。富爸爸是这样定义资产的：能把钱放进你口袋里的东西就是资产。

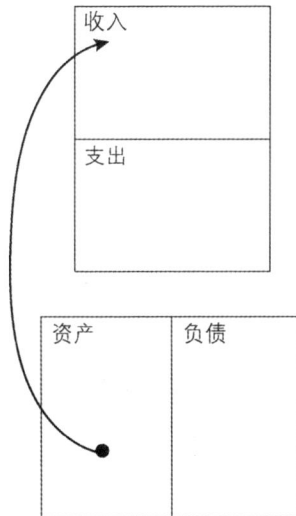

下面则是负债的现金流图。富爸爸同样给负债下了一个定义：把钱从你口袋里取走的东西就是负债。

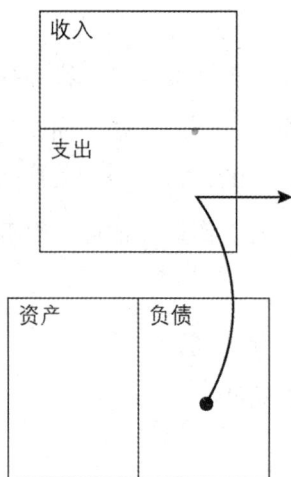

## 一个疑点

富爸爸曾对我说："人们会产生疑惑，是因为当前通行的会计方法允许我们把资产和负债都列入资产栏。"然后，他画了一张图对这句话作了解释，接着说："这就是人们产生疑惑的原因。"

他说："在这幅图中，我们可以看到，某人要购置一处价值10万美元的房地产，预付2万美元现金，申请到8万美元的抵押贷款。你如何判定这栋房子是资产还是负债？仅仅因为它被列于资产栏中就可以把它叫做资产吗？"

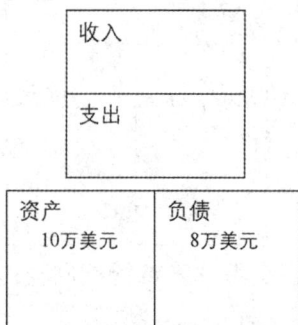

答案当然是否定的。如果你想得到真正的答案，就要求助于损

益表。

接着，富爸爸又画了一幅图，说："通过这幅图，我们可以判定这所房子是负债，因为它只有支出，没有收入。"

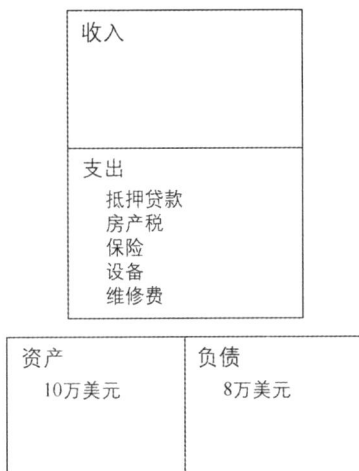

```
┌─────────────────────────────┐
│ 收入                        │
│                             │
│                             │
│                             │
├─────────────────────────────┤
│ 支出                        │
│   抵押贷款                   │
│   房产税                     │
│   保险                       │
│   设备                       │
│   维修费                     │
└─────────────────────────────┘
```

| 资产 | 负债 |
|------|------|
| 10万美元 | 8万美元 |

## 把负债转化为资产

接着富爸爸在图上加了一行字："租金收入和净租金收入之间，关键区别就在'净'字上。财务报表上这样一个变动就把房子由负债转化成了资产。"

明白了这一概念之后，富爸爸又增加了一些数据，以使我理解得更透彻："假设和房子有关的所有支出，包括抵押贷款、房产税、保险费、水电费以及维修费总计为1000美元，你的房客每月给你1200美元的房租，那么你现在每月就有200美元的净租金收入。这时房子就是资产，因为它在往你的口袋里放钱。如果你的支出保持不变，月租金只收到800元，你就会损失200美元，这时，即使你每月有800美元的租金收入，房子也变成了负债。因此，即使你有租金收入，房子也仍然是负债而不是资产。也许有人会问，如果我把这所房子高于买价出售，它是否会成为资产。这种情况可能会出

| 收入 |
|---|
| 　　租金收入 |
| 支出 |
| 　　抵押贷款<br>　　房产税<br>　　保险<br>　　设备维修费 |

净租金收入

| 资产 | 负债 |
|---|---|
| 10万美元 | 8万美元 |
|  |  |

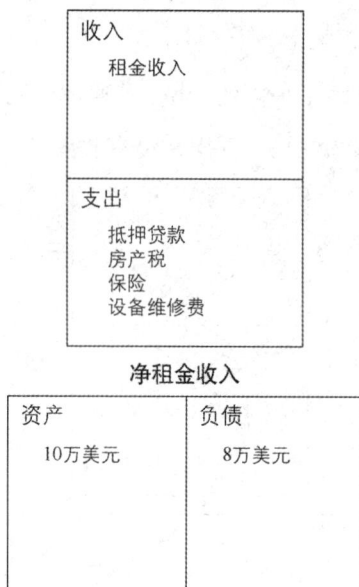

现，但也只是在将来发生的时候。与人们普遍认为的相反，房价偶尔会下跌。有句话说得好，'小鸡没有孵出之前不能算数'，这才是理财智慧。"

## 政府修改法规

毫不夸张地说，自从 1986 年《税制改革法案》出台以来，房地产行业已经损失了数十亿。如此多的投机者损失惨重，是因为他们愿意出高价购买房地产，并且错误地认为房价会一直上涨；即使房价不涨，政府也会对他们被动的房地产损失进行税收减免。换句话说，他们认为，政府会补贴他们出租房产收入和支出之间的差额。然而事实正像他们所看到的那样，有人把法规给修改了。税法修改后，股市崩溃，储贷机构破产。1987 年到 1995 年期间，财富发生了巨大的转移。财富从位于 S 象限的人群，即高收入专业人士，如医生、律师、会计师、工程师以及建筑师等流向了 I 象限的投资者。只是一次税法的修改，就造成数百万人被迫离开房地产市场，转而进入股票市场等证券市场。财富从一个象限到另一个象限的转移会很快再次发生吗？这一次，会是证券资产代替房地产吗？只有时间才能告诉你答案，而且历史会重演。当历史重演的时候，一些人会遭受损失，另一些人则会从中受益。

今天，在澳大利亚，政府法律仍然允许投资者"消极地"投资房地产。也就是说，你被鼓励在租赁房产上损失，以获得政府的税收减免。美国直到1986年也一直实行着这样的税收政策。在澳大利亚作关于投资的演讲的时候，我提醒听众政府有可能会修改法律，就像美国政府所做的那样，当时反对这个观点的声音不绝于耳。每当听到一些诸如"政府不会修改法律"的观点，我只能摇头。他们只是没看到法律更改后，美国数百万投资者的痛苦。我有几个朋友当时不得不申请破产，他们辛苦奋斗了几年甚至几十年才获得的财富，全都付诸东流。

我想问：为什么要让自己去冒这个险？为什么不去寻找一个能为自己赚钱的投资项目？任何人都可以找到赔钱的房地产或投资项目，要找到这样的投资不必花费太大的力气，也不必动脑筋，更不需要财务知识。我和富爸爸担心人们这种"为了获得税收减免而甘愿亏损"的观念会导致他们草率行事。甚至在美国，我常听到有人说："赔钱没什么，政府会给我的损失以税收减免！"那意味着你每损失1美元，政府会给你大概30美分的补助（依据你的税级）。但对我而言，这种逻辑会让你有某种程度的损失。为什么不让投资为自己赚取所有呢？包括安全、收入、增值以及税收减免？

投资的目的是赚钱而不是亏损。假如你是一位成熟的投资者，你同样可以既赚钱又享受税收减免。我的朋友迈克尔·泰拉里可是悉尼的一位房地产经纪人，他说："每天都有人跑到我的办公室对我说'我的会计师叫我来找一个消极投资项目，也就是说，他叫我来买那种能使我亏损的投资项目！'"迈克尔就对他说："如果你要找一个使你亏损的项目，你不需要我的帮助，因为你身边就有很多这样的项目。我能帮你找到的是那种既能为你赚钱，又能使你享受税收减免的项目。"可回答往往是："不，我要的是可以使我亏损的项目。"1986年以前，美国也是这样。

从这个例子中，我们可以吸取几个重要的教训：

1. 为了获得税收减免而甘愿亏损的意识，导致人们在选择投资时很草率。

2. 有这种意识的人不会努力寻找真正的投资，在分析投资时，也不会仔细研究财务报表。

3. 亏损会使你的经济状况不稳定。换句话说，投资本身就有了足够的风险，为什么还要冒更多的风险呢？你可以多花一点时间，去寻找一些可靠的投资项目。如果能看懂财务数据，你就能找到它们。

4. 政府一定会修改法规。

5. 今天是资产，明天就有可能变成负债。

6. 1986年在数以百万计的人亏损的同时，也有其他一些投资者为这种变化做好了准备。他们从那些没有准备的投资者手中赚取了巨额利润。

## 最大的风险

富爸爸说："最冒险的投资者是那些对自己的财务报表没有控制的人，是那些自认为拥有资产其实却是负债的人，是取得收入时支出更多的人，以及经济来源主要靠劳力的人。说他们冒险是因为他们通常是不顾后果、孤注一掷的投资者。"

在我的投资课上，仍然有人坚持说他们的房子是资产，并就这一问题和我争论。最近，一个人说："我买房子时用了50万美元，现在房子值 75 万美元。"我问他："你怎么知道的？"他的回答是："我的房地产经纪人说的。"

我又问："你的房地产经纪人能就这个价格向你保证 20 年吗？"

"为什么不能？"他说，"他说这个价格是目前这个街区房子的可比平均价。"

这精确地解释了富爸爸说普通投资者不会赚大钱的原因。富爸爸说："普通投资者将还没有孵出的小鸡也计算在内。他们买入让他们每月花钱的东西，然后主观上认为它们是资产，指望他们的房子将来能升值，或者觉得他们的房子一定能按房地产经纪人所说的价格迅速售出。你曾经以低于经纪人告诉你的价格或者以低于银行的估价出售过房屋吗？我有过这样的经历。把财务决策建立在主观臆断或期望之上，必然导致人们对自己的个人财务失去控制。我认为这样做太冒险了。如果你想富有，那么你必须控制你的教育和现金流。只要你现在能够很好地控制你的财务状况，那么期望你的某种东西将来会升值也无可厚非。"他还说："如果你如此确信房价会上涨，那为什么不买 10 幢这样的房子呢？"

这种心理对这样一些人也同样适用，他们说："现在我的退休金账户已有 100 万美元，当我退休时会值 300 万美元。"再一次，我会问他们："你是怎么知道的？"我从富爸爸那里学到，普通投资者常常喜欢打如意算盘，或者行事孤注一掷，总是期待好事自来。当然，如意算盘也有成功的时候，一夜暴富的人还是存在。然而，专业投资者并不想这样撞大运。成熟投资者懂得，财商教育会使你把握住今天，如果你不断学习，还将有助于你更好地把握明天。成熟投资者知道，如意算盘有落空的时候，有时，人们等来的航船会是"泰坦尼克"号。

我碰到过很多初涉投资领域的投资者。他们从事投资的时间不到 20 年。他们大多数还从未经历过市场崩溃，从未遇到过某处房地产的价格跌破买价，他们每个月还要为该房产支付按揭。这些投资新手滔滔不绝地大讲道琼斯工业指数，诸如"自 1974 年以来市场平均上涨"或"房地产在过去的 20 年里，平均每年增长超过 4%"。

正如富爸爸所说："指数是对普通投资者而言的。一个专业投资者需要的是控制，这种控制从你自身和你的财务知识、信息资源及现金流开始。"所以富爸爸告诫普通投资者："不要太普通。"对他而言，做一个普通投资者等同于做一个冒险的投资者。

## 人们为何不能控制自己的财务状况

人们从学校毕业后，甚至不清楚如何平衡自己的收支，更不用说如何编制一份财务报表了。他们从未学习过如何控制自己的财务状况。你如果想知道人们能否自我控制，只需看看他们的财务报表。仅仅拥有高收入的工作、豪宅和漂亮的汽车不能说明他们能够很好地控制自己的财务。如果人们懂得一份财务报表是如何发挥作用的，那么他们将有更多的财务知识，更善于掌控自己的金钱。通过对财务报表的理解，人们能更清楚地看到他们的现金是怎样流动的。

例如，下面是开出一张支票的现金流图：

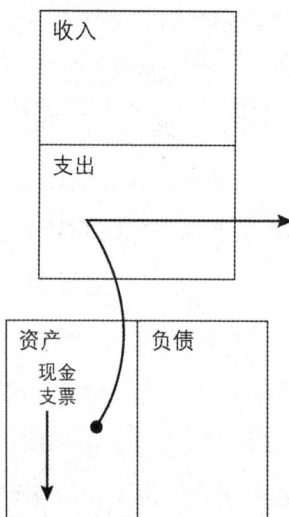

以下是使用一张信用卡的现金流图：

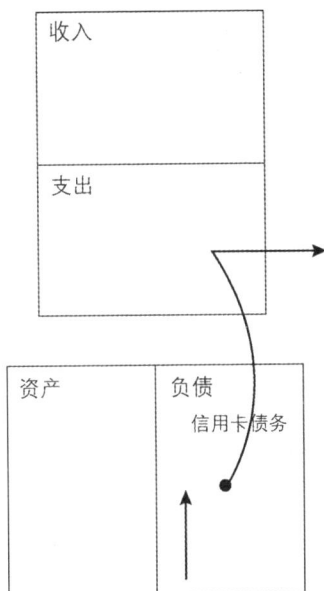

当人们开出支票时，他们是在减少自己的资产。在使用信用卡时，他们在增加自己的负债。换句话说，信用卡使你更容易地深陷债务。多数人并不明白这是怎么回事，因为他们没有接受过如何填写或分析个人财务报表的训练。

今天，许多人的个人财务报表如下图所示：

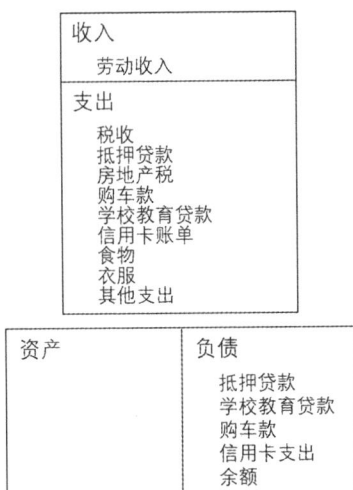

除非这个人改变了观念，否则他将一生为金钱所累。为什么这样说呢？因为这个人的每一项开支，都在使另一个富人更富。

作者提示：很多人问我："获得财务自由的第一步是什么？"我的回答是："控制你的财务报表。"我叫我的税务顾问兼会计师戴安娜·肯尼迪把磁带和笔记作了整理，目的是要你：

1. 学习个人财务报表的运作原理；

2. 控制你自己的财务报表；

3. 走上财务自由之路；

4. 学习如何像富人一样，通过降低税费来理财。

戴安娜和我制作的这些磁带，有助于你们摆脱债务。然而更重要的是，你将从中学到如何像富人一样理财。这极为重要，因为大多数人认为挣更多钱就可以解决他们的财务问题。但在大多数时候，情况并非这样。学习像富人那样理财，不仅是看你如何解决你的短期财务问题，而且为你提供了获得财务自由的机会。磁带和笔记都收集在"财务自由入门"这一套带子中。其中包含的知识浅显易懂，对于如何着手创建一个坚实的财务基础来说必不可少。

## 你在使谁致富

**财务知识第2课**：要想了解全部情况，至少需要两张财务报表。

富爸爸说："成熟投资者要想了解真实情况，他必须至少同时阅读两张财务报表。"

在一次课上，富爸爸画了下面这张图：

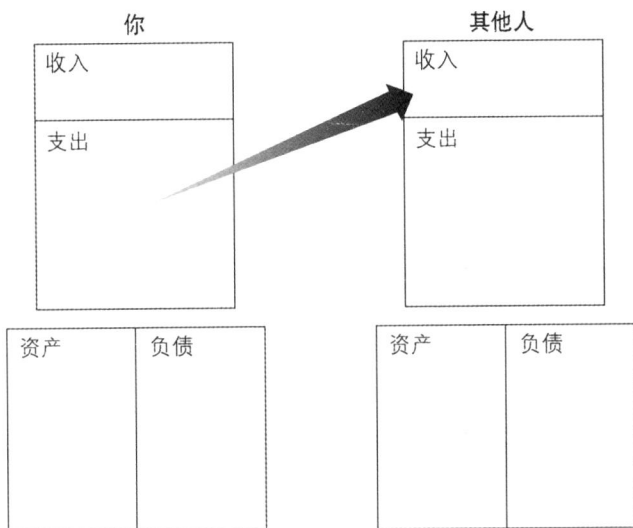

|  你 |  | 其他人 |  |
|---|---|---|---|
| 收入 |  | 收入 |  |
| 支出 |  | 支出 |  |

| 资产 | 负债 | 资产 | 负债 |
|---|---|---|---|
|  |  |  |  |

"你要永远记住，你的支出就是别人的收入。无法控制自己现金流的人，使那些能够控制自己现金流的人致富。"

## 一个投资者要做些什么

富爸爸画了这张表，说："以一个房主和银行家为例，我可以给你说明一个投资者应该做些什么。"

我坐在那里盯着报表看了一会儿，说："这个人的抵押贷款在两张财务报表上都有，只是同一项抵押贷款出现在不同的两栏：资产栏和负债栏。"

富爸爸点头说："现在你开始真正看懂财务报表了。"

"这就是你说至少要两张不同的财务报表，才能看到整体财务状况的原因，"我说，"你的每一项支出都是别人的收入，你的每一项负债都是别人的资产。"

富爸爸点头说："这就是没有受过从财务报表角度思考训练的人，毕业后成为受过这种训练的人的牺牲品的原因，也是人们每次使用信用卡，实际上是在增加自己的负债，同时增加银行资产的原因。"

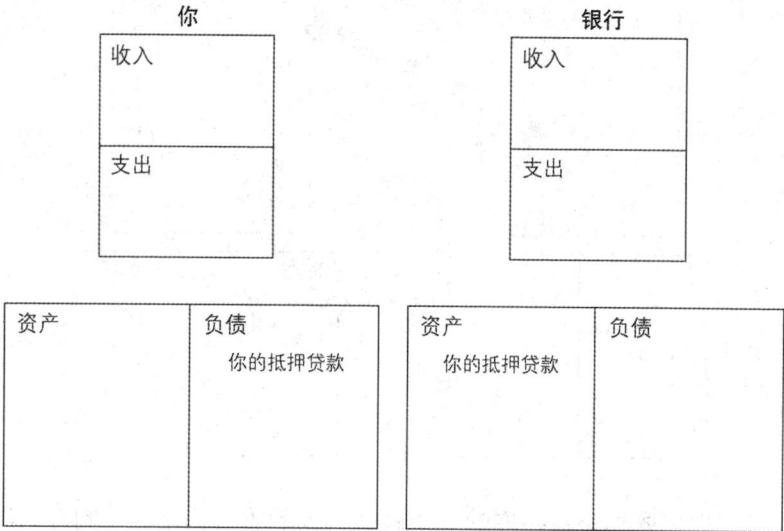

"当一个银行家对你说'你的房子是资产'时，他确实没有对你撒谎，只是他并没有说明这项资产真正属于谁。你的抵押贷款是银行的资产却是你的负债。"我说，开始更深地理解财务报表的重要性，也更明白为什么至少要两张财务报表才能获得更准确的信息。

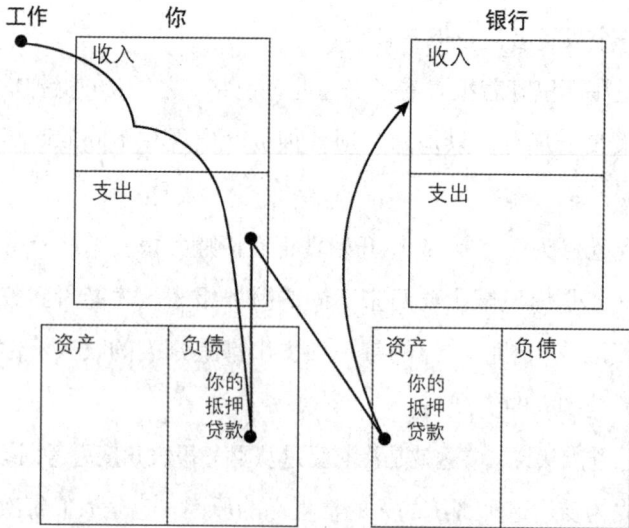

富爸爸点了点头，说："现在我把现金流加到图里，让我们看看一项资产到底是如何运行的，在这个例子中是抵押贷款。"

"在这个例子中，抵押贷款把钱从你的口袋里掏出来，然后放进了银行的口袋。所以抵押贷款是你的负债，却是银行的资产。我要说的是，同一项目对不同主体会产生不同的效果。"

"所以，银行创造了一项对你而言是负债的资产。"我补充道，"而一个投资者应该做的是获得别人为你支付的资产。这就是投资者拥有出租公寓的原因。每个月都有现金流从房客流入投资者的收入栏，就像他们的抵押贷款流入银行的收入栏一样。"

富爸爸笑着点点头说："你已经开始入门了。我肯定你想在等式中这一边，而不是另一边，但这是双向的。"他边说边画了下面这张图：

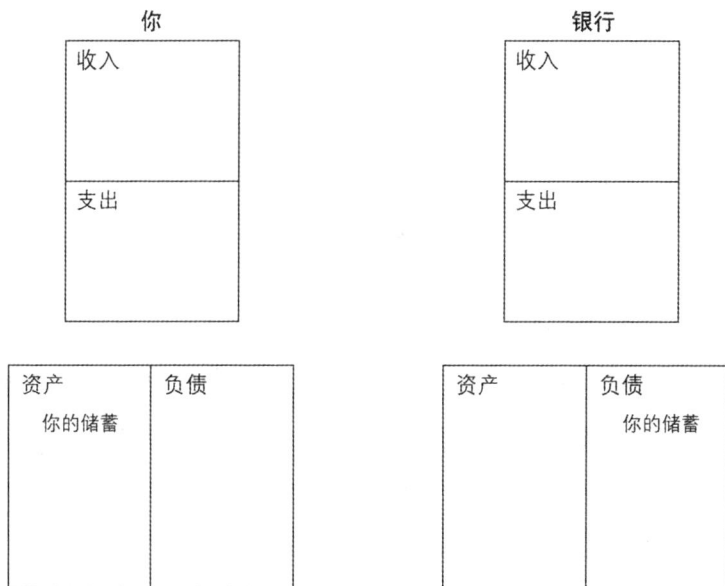

| 你 | | 银行 | |
|---|---|---|---|
| 收入 | | 收入 | |
| 支出 | | 支出 | |

| 资产 | 负债 | 资产 | 负债 |
|---|---|---|---|
| 你的储蓄 | | | 你的储蓄 |

"噢，我的储蓄是我的资产，同时也是银行的负债。这也是至少需要两张财务报表才能看清楚的。"我说。

"对，"富爸爸说，"从图中你还看到了什么？"

我盯着图看了一会儿，又仔细看了看抵押贷款和储蓄，慢慢地说："没有了，我只看到你画的这些。"

富爸爸笑着说："所以说你需要练习阅读财务报表。就像你读书或听人说话，读过或听过两三遍才会更熟悉一样，你对财务知识练习得越多，掌握的东西才会越多，这样你才能注意到你的眼睛看不见的东西。"

"那么，我漏了什么？什么我没有看到？"我问。

"从图中看不到的是，政府通过税收刺激你去负债，这就是给你税收减免让你去买房子的原因。"

"我把这点忘了。"我说。

"同时，政府还要对你的储蓄征税。"富爸爸说。

"这么说，政府因为我们负债而减免我们的税收，因为我们拥有资产而向我们征税？"我问。

富爸爸点点头，说："现在你可以想象一下，这一点对一个人的思想和财务未来会产生多么重要的影响。普通投资者为负债兴奋不已，获取资产时却没有感觉。"

"人们为了获得税收减免而宁愿负债？他们为什么要这么做？"我不解地问。

富爸爸轻声笑了笑，然后说："正如我说过的，专业投资者必须超越投资对象价格的涨落。成熟投资者会通过研究数据来了解真实信息，看到普通投资者看不到的情况。他们必须看到政府规定、税法、公司法、商法和会计法的影响。想获取全面投资信息，不但要具备财务知识，还需要会计师和律师的帮助。换句话说，你需要两名不同的专业人员才能获得真实信息。好消息是，如果你肯投入时间和精力研究现象背后的细节，那么你会找到投资机遇，从而获得只有极少数人才能发现的巨额财富。你也会明白为什么富人越来越富，而穷人和中产阶级终日劳作，却要承担更重的税负并深陷债务。一旦明白了真相，你就能决定你想属于象限的哪一边。这并不困难，只需要投入一些别人用来追寻热门投资的时间。"

我已没有必要再考虑到底要在象限的哪一边了，我只知道我想做的是合法地从内部投资，而不是游离于圈外。不管我会不会富有，我只想知道真相，我要知道富人如何致富，以及他们致富的原因。

## 财务教育的必要性

20 世纪 80 年代早期，出于个人爱好，我开始向人们讲授企业家精神和投资知识。在授课过程中，我很快发现了一个问题，大多数人信心十足地开始创业和投资，却缺乏基本的财务知识。我认为，10 家新成立企业中有 9 家会在头 5 年内失败，多数投资者认为投资有风险，他们赚不到或留不住钱，其根本原因就在于他们缺乏财务教育。

当我建议他们在创业或投资之前参加一些会计、财务和投资课程时，大部分人叫苦不迭，丝毫不愿重返课堂。于是我开始寻求一种既简易又充满乐趣的教学模式，使人们能学到基本的财务知识。1996 年，我设计的"现金流"游戏问世，这是一种介绍财务、会计和投资基础知识的游戏。

## 教与学

"现金流"是一种桌面游戏，因为投资和财务分析不是仅仅通过阅读就能掌握的学科。身为教师的穷爸爸常说："一个老师必须知道教与学之间的区别，明白哪些能教，哪些要学生亲身实践才能掌握。"他接着说："你可以教一个小孩记住'自行车'这个单词，但你教不了他如何骑自行车，这要他自己通过实践才能学会。"

在过去的 3 年中，我已看到成千上万的人通过玩"现金流"游戏学习做一个投资者。通过玩游戏，他们学到了我在课堂上通过讲解所不能传授的实践知识，就像我教不了你如何骑车一样。在短短几个小时之内，这种游戏就把富爸爸花了 30 年指导我掌握的知识传授给了游戏玩家。富爸爸确实曾用这种方式指导我掌握财务知识。他认为这是一个行之有效的好方法。他无法教会我投资和会计这两门课程，我必须自己有学习的愿望。你们也一样。

## 提高你的成绩

你阅读的财务报表、年度报告和招股说明书越多，你的理财智慧、财务眼光就会更胜一筹，你就会逐渐发现那些普通投资者难以发现的信息。

我们都知道"温故而知新"。最近，我在听彼得·林奇的访谈录音，在这之前我已经听过 12 遍了，但每次听的时候都会找到新的感觉。30 多年以来，富爸爸一直叫我反复检查财务报表。今天，我很自然地就会从财务报表出发进行思考。这也是为什么在我的书中对那些我认为重要的内容会一再重复的原因，学习的过程本来就是不断重复。

当我们学骑自行车的时候，我们必须用心去想怎样骑车。一旦我们学会了，就不必刻意去想或回忆怎样骑车。学开车也是同样的道理。当学会以后，潜意识就会帮助我们，所以你可以一边开车，一边和别人说话、吃汉堡包、考虑工作中的问题或听广播和录音。开车让潜意识自动处理就好了。阅读财务报表也是这个道理。

为寻找一项有价值的投资，需要投入最多时间的是分析财务数据。尤其是对于一个初学者而言，学习阅读财务报表是一个冗长乏味的过程。好消息是，只要你坚持不懈地练习，这个过程会越来越简单，你的进步会越来越快。到一定时候，你不用刻意去想，就会自动发现更多的投资机会，就像骑自行车和开车一样。

## 意向测试

人类在许多情况下，是凭潜意识学会做事情的。如果你确实想成为一名成功的投资者，使自己多挣钱而少担风险，那么我建议你学着训练自己大脑对财务报表的分析能力。分析财务报表，是像沃伦·巴菲特那样的世上最成功投资者的基本能力。

这通过"交易流"来实现。每个专业投资者手中都有很多需要资本投入的有潜力的商业和房地产投资项目。不论我们是否感兴趣，富爸爸要求我和迈克不断地阅读、研究和分析这些投资项目。尽管一开始感觉缓慢而痛苦，但多年下来，这个过程变得更快、更容易、更有趣，也更有激情。正是这个不断重复的过程让我能够提早退休，获得了财务自由，并引导我创造更大的财富。

**所以意向测试为：**

你是否愿意练习编制自己的财务报表并及时更新，同时研究其他企业或房地产投资的财务报表？

愿意_____不愿意_____

你会发现这个问题同第 15 章末尾的一个问题很相似。它再次强调了财务知识的重要性。对这个问题的回答极为重要，因为要想成为一个富有的投资者，或者进行富人的投资，就必须要付出这样的代价：投入时间持续提升你的财务知识水平。如果你对这个问题的回答是"愿意"，那么大多数富人的投资项目对你而言就不再危险。如果你拥有丰富的财务知识，你就已做好准备来发现世界上最好的投资项目。

# 第 17 章
# 投资者第 15 课：错误的魔力

我的亲爸爸属于学术界，在那个圈子里人们认为犯错是糟糕的，必须避免。如果一个人犯了太多的错误，那么他有可能被认为智商不高。

出身贫寒的富爸爸却不这么看。对他而言，错误为他提供了获取新知识的机会。他认为，一个人错误犯得越多，他从错误中学到的东西也就越多。他常说："在每一种错误背后，都隐藏着一股神奇的力量。所以，我犯的错误越多，就会花越多的时间从错误中学习，我的生活就会有更多的魔力。"

富爸爸经常用学骑自行车的例子，强化我对隐藏在错误背后的那股神奇力量的理解。他说："记住你在学骑车的过程中遇到的挫折感。你的朋友们都已经学会骑车上路了，而你还是一次又一次地骑上又倒下，你不断地犯着错误……忽然有一天，你不再摔跤了，你可以慢慢地骑着走了，车轮开始转动起来。就像有一股神奇的力量助了你一臂之力，你眼前豁然开朗。这就是错误中的魔力。"

## 沃伦·巴菲特的错误

沃伦·巴菲特是全美国最富有的投资家，他因为拥有一家名叫伯克希尔·哈撒韦的公司而广受尊敬。今天，伯克希尔·哈撒韦公司已经成为全世界股票价格最高的公司之一。尽管许多投资者对这家公司评价颇高，但还是有极少数人知道收购伯克希尔·哈撒韦公司曾经是沃伦·巴菲特最失败的投资之一。

伯克希尔·哈撒韦公司的前身是一家濒临倒闭的衬衫制造企业。沃伦·巴菲特认为他的团队能使这家公司起死回生。然而正如我们所知，当时纺织业在美国已不景气，并向其他国家转移。巴菲特无力扭转这一趋势，尽管他竭尽全力，仍无法改变这家公司作为一家制造企业的失败。然而，巴菲特从这一失败中找到了使他最终获得巨额财富的契机。对这一故事感兴趣的读者，可以读一下由罗伯特·海格士多姆执笔的《沃伦·巴菲特之路》。此书可以引导读者走进世界上最伟大的投资家沃伦·巴菲特的世界。

## 其他错误

类似的例子不胜枚举，钻石天地公司的案例就是其中之一。这家公司成立的目的是寻找钻石，但由于公司地质勘探人员犯了一个错误，结果没找到钻石。然而，他们发现了世界上最大的镍矿之一。公司决策人员及时调整方向，开采镍矿。结果，公司的股票价格直线攀升。今天，尽管公司仍叫钻石天地，但真正的业务却是开采镍矿。

李维·施特劳斯起初想在加州开采金矿发大财。然而，他发现这个行业并不适合他。于是，他开始用帆布缝制矿工穿的裤子。今天，在全世界几乎每个角落都能听到"李维斯"（Levi's）牛仔裤的名字。

如果托马斯·爱迪生只是作为一个他创立的公司——通用电气的雇员的话，他可能永远不会发明白炽灯。据说他在最终发明白炽灯以前已经失败过1万多次。假如他是公司的雇员，就因为这么多次的失败，早已经被解雇不知多少次了。

哥伦布所犯的最大错误就是本想去开辟连接中国的贸易航道，他却意外地发现了美洲大陆。如今，美国已成为世界上最富有和最强大的国家。

## 生活里的智慧和学校里的智慧

富爸爸在投资理财方面获得的巨大成功可归结于诸多因素，但最重要的是他对待错误的态度。其实，他也像我们一样讨厌犯错，但他并不害怕错误。他甚至不惜冒险去犯错误。他说："当你到达你的认知瓶颈的时候，就到了犯错误的时候。"

有几次，富爸爸生意失败，蒙受了亏损。我也看到过他推出的新产品被市场拒绝。但是，对待每一次错误，他并不是因此而意志消沉。相反，他变得更加乐观、智慧、果敢，甚至富有，因为他从失败中获得了更多的经验。他对我和迈克说："错误是我们学习的方式。我每犯一次错误，都会从中学到不少东西，而且能够认识我以前不认识的人，这些都使我受益匪浅。"

在一次经营管道分销公司的惨败中，他认识了后来的一个商业合作伙伴。他们在失败中建立起来的友谊和合作关系使他们日后合力获得了巨额财富。他说："假如当时我不冒险经营那家公司，就不可能遇到杰里，能认识他是我人生中的一大幸事。"

我的穷爸爸在学校是个品学兼优的好学生，很少犯错误。这也是他能获得高分的原因。然而就在他 50 岁时，他似乎犯下了一生中最大的错误，并且难以弥补。

对于穷爸爸拥有专业知识却一生清贫的现实，富爸爸对我说："想在商业领域取得成功，仅有学校的智慧是不够的，你还必须具备街头智慧。你爸爸 5 岁开始读书，长大后因为学习成绩优异，他留校了，最终成为教育系统的领导者。现在他 50 岁了，却在街头打拼，要重新去学习生活中的智慧。要知道，生活可是最严厉的老师。在学校，你会先得到教育。但在生活中，你得先遭受挫折，然后才能从中吸取教训。大多数人由于不知道如何犯错误和从错误中悟出道理，所以只是一味地逃避错误，却不知道这种行为是更大的错误，或者犯了错误却不能从中吸取教训。所以有那么多人反复犯相同的错误。他们会一而再、再而三地犯相同的错误，就是因为他们从来不知道如何从错误中吸取教训。在学校，你可能会因为没犯错误而被认为是聪明的学生。而在生活中，你的智慧来源于你犯过错误，并能从中吸取教训。"

## 我所知道的最大的失败

富爸爸对我和迈克说："我如此富有，是因为我在财务方面犯的错误比其他人多。每次犯错，我都会从中学到新的东西。在商界，这些新东西被称为'经验'。但仅有经验是不够的。很多人认为自己已经有了丰富的经验，是因为他们在反复犯同样的错误。如果一个人真的从错误中学习，那么他的生活就会发生改变，那么，他获得的就不是经验，而是智慧。"他接着说："人们通常想避免在财务上出错，这本身就是个错误。他们总是提醒自己'谨慎从事，不要冒险'。他们很可能会陷入经济困境，就是因为他们已经犯了错并且没有从错误中吸取教训。所以，他们每天起床、上班、重复老错误、避免新错误，却不能从错误中吸取教训。这些人常对自己说'我做的每件事都对，但出于某些原因，我没有在财务上领先'。"富爸爸对此评价道："也许他们做的每件事都对，但问题是他们只想避免做错事，那种诸如冒大风险之类的错事。他们总是试图掩盖自己的弱点而不是去勇敢克服。他们决不做害怕做的事情，并且有意识地避免犯错误，而不是找机会犯错误。"他还说："我认为最大的失败，就是那些从不失败的人。"

## 犯错的艺术

富爸爸没有教我和迈克如何避免犯错，而是教我们犯错并从中获取智慧的艺术。

富爸爸在其中一课中说："犯错之后，首先你会感到沮丧，我知道每个人都这样。这是犯了错的第一个表现。"他接着说："但是从沮丧当中，你会发现真实的自我。"

迈克问："什么叫真实的自我？"

"在你沮丧的那一刹那，你会展示你的某种性格。"富爸爸说，接着他为我们描述了人们犯错误之后由于沮丧而暴露的几种性格特征：

1. **说谎**。说谎的人总是说"我没做那件事"，或者"不，不，不，不是我"，或者"我不知道这是怎么回事"，或者"拿出证据"。

2. **指责**。这类人犯错后往往会说"都是你的错，不关我的事"，或者"如果我妻子花钱不大手大脚的话，我就不会落到如此的地步"，或者"如果没有孩子拖累的话，我早就很富有了"，或者"顾客只是没有注意到我的产品"，或者"我的雇员对我不忠诚"，或者"你们说得不清楚"，或者"这是老板的错"。

3. **辩解**。这些人会说"因为我没受过良好的教育，所以我的事业不如意"，或者"如果再给我点时间的话，我会做好的"，或者"噢，我是不想致富"，或者"别人都这样，我为什么不行"。

4. **半途而废**。半途而废的人经常说"我早就告诉过你那样做不管用"，或者"这件事太难了，不值得我投入这么多精力，还是换个简单一点的吧"，或者"我为什么要做这个？我不想自找麻烦了"。

5. **否认**。富爸爸把这类人叫做"藏在垃圾筐里的猫"，意思是说这类人习惯于掩饰自己的错误。他们犯错后常常会否认："不，这不是错误，情况会好起来的。""出错了吗？哪里出错了？""不要着急，事情会解决的。"

富爸爸说："当人们由于错误或意外而沮丧时，上述性格特征中的一种或几种就会显露出来。如果你想从错误中获得宝贵的智慧，就必须让'负责任的你'控制你的思维，'负责任的你'会问你能从这些错误中学到什么。"

富爸爸接着说："假如一个人说'我得到的教训就是再也不那样做了'，那么，这个人也许还没有领悟到犯错误的重要性。太多的人之所以生活在一个贫穷的世界里，是因为他们不断对自己说'我再也不会那样做了'，而不是说'我很庆幸自己犯了错误，从这次经历中我受益匪浅'。避免犯错误或浪费这个学习机会的人，永远看不到硬币的另一面。"

## 我像婴儿一样沉睡

还有一个例子可供参考。当我经营的尼龙和维可牢搭扣钱包生意失败后，我沮丧了整整一年。在那一年中，我像个婴儿一样沉睡，其实就是每两小时就会醒来哭喊一次的状态。我听到自己心里在说："我真不该做这个生意，我明知道会失败的，以后我再也不做生意了。"我也埋怨了很多人，为自己开脱，说一些诸如"这完全是丹的错"和"其实我并不太喜欢这个产品"之类的话。

但是我并没有因此逃避或去找一份工作，富爸爸让我面对失败并且努力探索，然后从生意的惨败中走出来。今天，我可以对人们说："我对商业的了解更多来自我失败的教训，而不是来自我成功的经验。收拾残局、重整旗鼓的过程，使我成为了一个更优秀的企业主。"我不会再说："我再不那样做了。"我会说："我很庆幸自己有失败的经历，并感谢从中获得的智慧。"然后，我会说："让我们开始另一个生意吧。"这个过程不再是恐惧和愤恨，相反，充满了激动和快乐。我不再害怕失败，因为我深刻理解了失败是成功之母。如果我们不犯错误或犯了错误但不能从中学习，那么，我们的生命中将不会有奇迹，我们的生活前景将会狭小黯淡，而不会丰富多彩和充满传奇。

上高中时我因为不会写作而两次考试不及格。但现在，很神奇的是，我的书登上了《纽约时报》《悉尼早报》和《华尔街日报》等权威媒体的畅销书排行榜。具有讽刺意味的是，以前我最不擅长的科目就是写作、商业、市场营销、演讲、会计和投资，现在我却因为这些而为人所知。我认为简单而且很感兴趣的东西，例如冲浪、经济学、橄榄球和绘画，却没有使我成名。

## 什么是教训

每当听到人们说"投资有风险"或者"我不想拿我的钱冒险"或者"如果失败了怎么办"或者"如果赔了怎么办"之类的话时，我就会想起穷爸爸，因为他常说："我可不想犯错误。"正像我所说的那样，在他的世界里，那个学术的世界，人们认为犯错误是愚蠢的。

而在富爸爸的世界里，风险、错误和失败是人类进步必不可少的条件。所以，他学习管理风险和错误，而不是千方百计地回避。他认为错误只是人们附带着感情色彩的教训。他说："人们犯错误时会感到沮丧，但这是叫我们从中学习的先兆。就像有人在轻拍你的肩膀提醒你'注意，有些重要的东西你得去学习'。如果你撒谎、抱怨、推脱或否认，那么，你就是在浪费这种沮丧的心情，也在浪费可以使你获得智慧的宝贵机会。"

在我生气的时候，富爸爸教我用数数的方法来缓解情绪。如果我生气，他叫我数到10；如果我非常生气，他就叫我数到100。冷静下来后，我会说："很抱歉。"不管有多气愤，我从不责备别人。因为如果责备别人，我就是在以权威对别人施压。如果对发生的事负责，我就会获得宝贵的经验。但假如我说谎、抱怨、推脱或否认，我将一无所获。

富爸爸也说："失败者责备他人。他们总是希望别人改变，这就是他们会长期沮丧的原因。他们沮丧还因为他们不能从教训中学习。其实这些人不仅不应该沮丧，还应该感谢那些告诉他们该学习什么的人。"

"人们聚到一起是为了相互学习，但问题是我们常常不知道自己应该学习什么。沮丧或怨恨他人，就好像在生自行车的气，因为你在学习这个新东西时摔了一两次。"富爸爸这样说。

## 今天所犯的错误

我写作的时候，股票市场和房地产市场正在上升。以前从未做过投资的人也开始进场，他们都在兴高采烈地讨论着投资，他们说"我在市场上赚了不少钱"，或者"还好我抢先了一步，现在价格上涨了20%"。这些热情洋溢的投资新手们，还从未品尝过市场低迷时亏损的滋味。我担心过不了多久，这些现在意气风发的投资新手们，就会找到被市场击败的感觉。那时，我们将会看出谁才是真正的投资者。正如富爸爸所说："投资的价格上涨多少并不重要，重要的是它能下跌多少。真正的投资者要做好赢利的准备，也要做好当投资不按预期进展时学习的准备。市场能教给你的最重要的能力是如何从错误中学习。"

对我而言，学着控制自己的情绪是个终身的过程。持续终身的过程还包括愿意承担风险、犯错误和对别人——即使是可能不会再与之交谈或合作的人心怀感谢。当我将来回顾一生时，我会说，正是这种积极的心态，才使我获得了最大的成功，为我创造了巨额财富，最终让我的生命拥有了最大的魔力。

## 意向测试

我从两个爸爸那里体会到了学校里的智慧都很重要。明智的人应该认清两者间的区别。正如富爸爸所说："学校的智慧固然重要，但生活中的智慧使你富有。"

**所以意向测试为：**

1．你对风险、犯错误和学习持什么态度？

2．你周围的人对风险、犯错误和学习持什么态度？

3．你是否还有财务上、职业上或商业上的烦恼有待解决？

4．当涉及金钱时你是否会对别人大发脾气？

5．当你对自己或别人感到烦恼时，你能否从中吸取教训并心怀感激，因为你有足够的勇气来承担风险并从错误中学习？

富爸爸说过一句让我刻骨铭心的话，他说："我能够拥有如此多的财富，是因为我比其他人愿意犯更多的错误，并且能够从中吸取教训。多数人要么不愿犯错误，要么反复犯着同样的错误。没有错误和学习，生命中就不会有奇迹。"

## 本章小结

本章介绍的错误的魔力是富爸爸最重要的课程之一，尤其是在这个我们正在跨入的勇敢者的世界里。本章所讲的知识将会帮你更好地迎接未来的挑战。随着信息时代的持续加速，那些害怕犯错误的人将会被远远地抛在后面。

最近，我同南丁格尔·科南特制作了一个视听教程，名为《富爸爸为你揭开金钱、商业和投资的奥秘》，其中也包括了这一重要章节的内容。这个教程是为那些想学习克服对失败、犯错误或冒险的恐惧的人而设计的。

请记住温斯顿·丘吉尔的一句话："成功，是从一个失败走到另一个失败，却始终不丧失热情的能力。"

# 第18章
## 投资者第16课：致富的代价是什么

富爸爸告诉我，一个人致富的途径有很多，但每一条路都得付出相应的代价。

**1. 为钱同某人结婚致富。** 众所周知，这意味着将要付出什么样的代价。富爸爸会说："男人或女人都可以为钱而结婚，但你能想象同你不爱的人共度一生的情景吗？这个代价实在是太大了。"

**2. 坑蒙拐骗和违法致富。** 富爸爸会说："合法致富很容易，人们为什么还要违法犯罪去冒坐牢的危险呢？除非他们真的喜欢刺激。对我来说，冒坐牢的危险是一个昂贵的代价。我是为了自由才想致富，那我为什么要冒失去自由的危险？我不会失去我的自尊。如果干了不法勾当，我将无法面对家人和朋友。而且，我是一个低级的说谎者，记性不好，总是不能自圆其说。因此，最好还是说实话。我觉得诚实才是上策。"

**3. 继承遗产致富。** 富爸爸会说："迈克从前常常感到所拥有的一切不是自己挣来的，他怀疑自己是否有能力靠自己致富。因此，我只给了他很少一点钱，并像引导你一样引导他，然后就靠他自己去创造财富了。对他而言，感觉到自己有能力赚钱是非常重要的。当然，并不是每个有幸继承遗产的人都能这么想。"

我和迈克是一起长大的，小时候我们两家都比较穷。但到我们成年时，迈克的爸爸已经非常富有，而我的爸爸仍然很穷。迈克注定会从那个我称做富爸爸的人那里继承庞大的遗产，而我注定要白手起家。

**4. 中彩票致富。** 对此，富爸爸只是说："偶尔买张彩票还是可以的，但是把你的财务未来完全押在彩票上，那就是蠢人的致富计划了。"

遗憾的是，有许多美国人说，中彩票正是他们的致富计划。把生活的希望建立在亿分之一的奇迹上，真是非常高的代价。

而且，要是你对如何处理一大笔意外之财没有正确的计划，那么很快你将再度贫穷。最近，报纸上登了一个人中彩票的故事。这个人疯狂地享受人生，但很快就债台高筑，不得不考虑宣告破产。而在中彩票之前，他的财务问题处理得很好。为了解除危机，他又去博彩，而且又一次中奖了。这一回，他去找了个财务顾问帮他理财。这个故事意在告诉我们：如果你中了大奖，一定要对钱有个规划，毕竟没有多少人能幸运地中第二次。

**5. 成为影星、摇滚歌星、体育明星或某一领域的杰出人物而致富。** 富爸爸会说："我不聪明，又没天赋，长得也不怎么样，更不会逗人开心，所以做名人致富的办法对我并不现实。"

好莱坞到处都是身无分文的演员，俱乐部里也不乏成天梦想录制金唱片的摇滚乐队，高尔夫球训练班里也充斥着梦想成为泰格·伍兹的高尔夫球选手。然而，如果你走近泰格·伍兹，你就会发现，他走到今天这一步是付出了巨大代价的。他3岁就开始打球，一直打到20岁才成为职业球员，他付出了17年的艰苦训练。

**6. 贪婪致富。** 这种人在世界上比比皆是。他们的口头禅是："我要守住我的财富。"贪财的人通常对其他东西也看得很紧。要是别人有求于他们或需要他们指导时，他们多半没空。

贪婪的代价是你不得不更加努力，以保住你想要的。牛顿定律提到，每一个作用力都有一个反作用力。如果你贪得无厌，人们会以同样的方式回敬你。

　　当我遇到那些把钱看得很重的人时，我会建议他们开始定期拿出一部分钱捐给教堂或他们喜欢的慈善机构。按照经济学和物理学的原理就是，给予你想要的。想要得到微笑就先微笑，想要挨揍就先出拳，想要获得金钱，就要先给予金钱。对贪婪成性的人来说，松开拳头往外掏钱实在是一件难事。

　　**7. 靠欺骗致富。** 这一点让富爸爸情绪激动，他说："问题是，即使你通过欺骗致富了，你还是很低级。这个世界讨厌无良的富人。人们憎恨查尔斯·狄更斯名著《圣诞赞歌》中的人物斯克鲁奇就是因为这个原因。"富爸爸又说："像斯克鲁奇那样致富的人给富人带来了坏名声。生于贫穷，死于贫穷是一种悲剧，而生于贫穷，为财而死则是疯狂的。"

　　富爸爸平静下来后又说："我认为钱的意义在于享受，所以我努力工作，我的钱也努力工作，我享受我们的工作成果。"

## 造就美好人生

　　近来有一篇文章强化了富爸爸的观点。詹姆斯·戴尔·戴维森和洛德·威廉·瑞斯莫格的《在变迁的时代造就美好人生》的文章刊登在《战略投资通讯》上。这两个人还合著过另外几本畅销书：《街头血雨》《大结算》和《佼佼者》。这些书都极大地影响了我的投资方式和对未来的看法。戴维森是全国纳税人联盟的创始人，瑞斯莫格是一些世界上最富有的投资者的财务顾问，曾担任《伦敦时报》的编辑和英国广播公司的副总裁。

　　富爸爸说："致富有两种方法，一种是多赚钱，一种是少欲望。

问题是大多数人在这两方面都不行。"本书和那篇文章就是告诉你如何能多赚钱以满足更多的欲望。下面是刊登在《战略投资通讯》上的《在变迁的时代造就美好人生》一文的节选：

> "节俭是财富的基石。"
>
> ——托马斯·斯坦利、威廉·丹科著，
>
> 《邻家的百万富翁》，1996
>
> 这让我想起了我对畅销书理论的抱怨，如斯坦利和丹科写的《邻家的百万富翁》，我的朋友德怀特·李所著的《富在美国：8条创造财富和幸福生活的法则》。这两本书都说生活节俭能省下每一分钱的人能够"致富"……
>
> 是的，如果你每年的收入不会超过5万美元，你可以通过存好每一分钱成为百万富翁。但是，像穷人那样生活，那么你获得的财富会有限度。甚至顿顿吃从超市买的罐装意大利面，你也无法由于节俭而成为千万富翁。这有助于理解为什么只有十分之一的百万富翁的净资产能达到500万美元。节俭只是那些无法继承遗产、没有大量正现金流的人投资致富的第一步。对美国人来讲，成为百万富翁是必要的一步，只有这样，你才有资格以"特许投资者"的身份投资私募和高成长公司。这是致富的主要途径。我20多岁就成了百万富翁，但我很快意识到区区几百万算不了什么，这点钱负担不起我喜欢的生活方式。
>
> ……我的结论是：赚钱的最佳途径就是参与私营公司的私人投资。

《在变迁的时代造就美好人生》这篇文章探讨了为什么节俭不能真正致富。戴维森认为，节俭有可能致富，但要付出巨大的代价。

实际上，这要付出多方面的代价。其中之一就是节俭和吝啬只能让你过得一般而已。节俭并不意味着你有致富的能力。如果你只知道节俭，而那是一个高昂的代价。

我和戴维森都不赞同时下流行的一个观念：冻结信用卡，量入为出。这对有的人是不错的主意，但不是我致富和享受美好人生的方式。

## 节约的重要性

比起戴维森的文章，我更喜欢《邻家的百万富翁》一书。这本书阐明了许多关于节约的基本观点，分析了吝啬与节约的区别。富爸爸关注节约远胜于关注吝啬，他说："如果你想真正富有，就应该知道何时该节约，何时该一掷千金。但问题是，很多人只知道如何节约和吝啬，这就好像是在用一条腿走路。"

## 100 万美元只是起点

戴维森同样说过，利用理财能力致富是最可行的。百万富翁在今天并不能说明什么，100 万只不过是像富人一样投资的起点。因此，戴维森事实上很推荐第八条致富的途径。对富爸爸来说，理财智慧包括懂得什么时候该节约，什么时候该放开手脚花钱。

8. **通过理财智慧致富**。我在 12 岁时，站在富爸爸新置的那块海滨地产上，便开始明白了理财智慧的重要性。许多来自 B 象限和 I 象限的人依靠理财智慧致富。而且，这些人有很多是在幕后运作，管理、控制和操纵着世界商业和金融体系。

数以百万计的人虔诚地把退休金、存款和其他资金投入市场，然而，赚大钱的只是那些在幕后控制投资市场和分配体系的决策者，很少是个人投资者和退休人员。就像富爸爸多年前教导我的那样："有买票的人，也有卖票的人。你应该选择进入卖票人的行列。"

## 为什么富人会更富

在我小的时候，富爸爸曾对我说："富人更富，一定程度上是因为他们投资方式与别人不同。他们在那些不是提供给穷人和中产阶级的项目上投资。最重要的是，他们拥有不同的教育背景。如果你也有那样的教育，你同样会拥有大量的金钱。"

戴维森指出，美元在过去的一个世纪中已经贬值 90%，所以，做一个守财奴式的百万富翁是不够的。要有资格参与富人的投资，其条件就是至少有 100 万美元净资产。即使这样，你可能仍没有足够的竞争力安全地投资于富人的投资。

富爸爸说，如果想参与富人的投资，你必须具备 3 个 E：

1. 教育；
2. 经验；
3. 充足的现金。

在富爸爸所讲的上面 3 个 E 的每一个层次上，你都会发现一种拥有不同的知识、经验以及充足现金的投资者。

实现财务自由的代价就是投入时间和精力去接受教育，获得经验并寻求大量可投资的现金。当你能辨别以下概念的区别时，就会发现，你在投资上更加明智，你的成熟度也在提高：

● 良性债务和不良债务。
● 良性亏损和不良亏损。

- 好支出与坏支出。

- 纳税与税收优惠。

- 你就职的公司和你所有的公司。

- 怎样开办企业、怎样稳步发展企业以及怎样让企业上市。

- 股票、债券、共同基金、企业、房地产、保险产品和各种法律结构的优缺点，以及何时该利用哪种产品。

**而大多数普通投资者只知道：**

- 不良债务，这是他们竭尽全力偿还的。

- 不良亏损，正是它们使普通投资者认为损失金钱是件坏事。

- 坏支出，这是他们痛恨支付账单的原因。

- 纳税，这是他们认为税收不公平的原因。

- 工作安全和职务晋升，而不是自己去拥有企业。

- 从外部投资，购买股票而不是出售自己公司的股票。

- 只投资共同基金或只选蓝筹股。

9. **由于慷慨而致富**。这正是富爸爸的致富方式。他常说："我服务的人越多，我就会越富有。"他还说："在 E 象限和 S 象限中的问题是，你的服务对象是有限的。然而，如果你能在 B 象限和 I 象限中建立一个大型运作体系，你想为多少人服务就能为多少人服务。要是你做到了这一点，你将会比你想象的还要富有。"

## 为越来越多的人服务

富爸爸举了一个如何通过为更多人服务而致富的例子："如果我是个医生，一次只能治疗一个病人，那么，对我而言只有两种多赚钱的方法，一是延长工作时间，二是提高收费标准。但是，假如我能在业余时间继续工作，研制出一种治疗癌症的药物，那我就能通过为更多的人服务而致富。"

## 富有的定义

《福布斯》杂志把"富有"定义为：收入 100 万美元并拥有 1000 万美元净资产。而富爸爸的定义更加严格：不管你有没有工作，但一定要有 100 万美元稳定的被动收入，500 万美元资产（而不是净资产）。因为净资产是一个被过度粉饰的模糊指标。同时，他认为，如果不能保证 20% 的收益率，就算不上是真正的投资者。

白手起家达到富爸爸的目标，所付出的代价要由他给出的 3 个 E 来衡量：教育、经验及充足的现金。

1973 年当我从越南回来的时候，我在这 3 个方面都很欠缺。我必须作出选择：我是否要投入时间来获得这 3 个 E？富爸爸做到了，他的儿子迈克做到了，我的许多朋友也正在投入时间来获得这 3 个 E，这就是他们越来越富有的原因。

## 从计划起步

要成为一个富有的投资者，你必须先有个计划，然后坚持不懈地去实现它。普通投资者没有计划，总是在热点上投资，或者追逐当天的热门投资项目。他们不停地从科技股跳到期货，又跳到房地产，再跑去开公司。偶尔在热门股票上投点资还可以，但千万不要忘记，热门股票永远不会使你致富。

除了上述 3 个 E，富爸爸还列举了致富应具备的另外 5 个 D。这 5 个 D 对白手起家的人尤为重要：

1. 梦想（Dream）；

2. 奉献（Dedication）；

3. 动力（Drive）；

4. 信息（Data）；

5. 美元（Dollars）。

大多数人只重视最后两条：信息和美元。许多人认为，上学并获取教育或信息就能让他们赚到美元。或者，如果他们没有接受过正规教育，他们会说"我没钱是因为我没上过大学""要赚钱就得花钱"或"只要我更努力工作，就会赚更多钱，然后我就会富有"，等等。换句话说，很多人都把缺乏教育或金钱，当做不能成为投资者而致富的借口。

富爸爸总结他关于 5 个 D 的讨论："在现实生活中，前 3 条才是最重要的，它们能帮你获得最终成为超级富豪所需要的信息和金钱。"也就是说，信息和美元来自于你的梦想、全身心的投入和成功的动力。大多数情况下，专注于寻求更多的信息和金钱并不能让人富有。虽然信息和金钱也很重要，但只有你走出家门，努力实践才会获得，尤其是当你白手起家的时候。

## 第一阶段结束

至此，第一阶段结束了，对我来说这是最重要的阶段。钱，只是一种观念。如果你认为钱难赚，你永远不会富有，那么这就会成为事实。反之，如果你认为钱无所不在，那么这个想法也会成为事实。

下面 4 个阶段涵盖了富爸爸的全部计划，它们和世界上一些最富有的人的计划不谋而合。当你阅读时，想想富爸爸的计划与你的个人财务计划有何相同和不同，有什么需要补充或删除。

　　我还想提醒你本书所提供的信息仅作为指导，而不是当做精确的数据使用。因为许多信息服从于不同的法律解释，应该基于你的个人环境来考虑。而且它们的作用并不总是很清楚明了，所以应该反复仔细地阅读。我们建议你咨询你的法律顾问和财务顾问，以制订出最符合你需要的目标和计划。

# 第 19 章
## 90/10 之谜

2000 年 2 月，我和一群非常聪明的来自美国雷鸟大学国际管理学院的研究生一起工作。在 3 个小时的讲座中，我曾问其中一个学生："你的投资计划是什么？"

他毫不犹豫地回答："毕业后，我会找一份年薪不少于 15 万美元的工作，然后每年至少从中拿出 2 万美元进行投资。"

我首先感谢他乐意和我分享他的计划，然后说："你还记得我谈到过的富爸爸的 90/10 金钱规律吗？"

"当然。"年轻人笑着说，他知道我要向他的思维方式挑战了。他当时正在参加我任客座教授的那所著名学府的企业家培训课程。这时他才知道，我的教学方式并不是直接把答案拿给学生，而是挑战传统理念，让学生自己去评估旧的思维模式。"可是 90/10 金钱规律和我的投资计划有什么联系呢？"他小心翼翼地问。

"太多了，"我回答，"你认为你找份工作，每年投资 2 万美元的计划，能让你成为拥有 90% 财富的 10% 的投资者之一吗？"

"我不知道，"他回答，"我还没真正仔细考虑过我的计划。"

"大多数人都没考虑过。"我又说，"很多人找到一个投资计划后，就认为它是唯一的或最好的投资计划，而不与其他的计划相比较。这样就出现了一个问题，大多数人直到状况已无可救药时才发现他们的计划是否正确。"

"你的意思是说，普通投资者只是在为退休而投资，而且要到退休时才会发现他们的计划是否有用？"班上另一个学生问，"当他们发现时为时已晚。"

"对许多人来说，年龄是一个现实问题。"我回答，"悲哀但却现实。"

"但是，找份高薪工作，每年拿2万美元出来投资就不是一个好计划吗？"那个学生又问，"毕竟，我只有26岁啊。"

"是个好计划。"我回答，"拿出比常人更多的钱投资，而且这么年轻就能以这么多钱作为起点，你将来确实有可能会很富有。但我的问题是，你的计划能让你成为90/10的投资者之一吗？"

"我不知道，"这个年轻人说，"你能给我一些建议吗？"

"你记不记得我曾经讲过在我12岁那年，我和富爸爸一起在海边散步的故事？"我问。

"你是说，他买得起那样贵的一块地而使你受到震动的故事吧。"另一个学生回答，"这是你富爸爸的第一笔大投资，也是他走进更大的投资世界的第一步。"

我点了点头说："就是那个故事。"

"那个故事和90/10金钱规律有什么联系呢？"他问。

"当然有。引用这个故事是因为我总在想，富爸爸在并没有多少钱的情况下是如何得到这样大的资产的。当我问他这个问题时，他告诉了我90/10之谜。"

"90/10之谜？"另一个学生回答，"什么是90/10之谜，它和我们的投资计划有什么联系？"

带着这个问题，我转身走向黑板，画了下面这样一幅图。"这就是90/10之谜。"我说。

"这就是 90/10 之谜？"那个学生问，"不就是一张没有任何资产的财务报表嘛。"

"是的，但这正是谜题所在。"我微微一笑，盯着学生们的脸，看他们是否在跟着我的思路。

沉默了好一阵，最后一个学生要求："请告诉我们答案吧。"

"答案就是，如何在不购置任何资产的情况下填充你的资产栏。"我慢慢地说。

"不用购置任何资产，"一个学生问，"你是说不用花钱吗？"

"差不多，"我回答，"每年拿出 2 万美元来投资是个好主意。但我问你，这是按 90/10 金钱规律购置资产的设想呢，还是一个普通投资者的想法？"

"那么，你想说的是创造资产，而不是像大多数人那样用钱购置资产。"

我点了点头："你看这个我叫做 90/10 之谜的示意图。它是一个谜，富爸爸用它来挑战我的常规思维。他是在问我，如何不用花钱却能创造资产。"

学生们静静地看着黑板上的这个谜。最后，一个学生猛然醒悟，他说:"这就是你常说的,赚钱不用花钱吗?"

我点头回答:"你说对了。只拥有10%财富的90%的人常常说'赚钱是要花钱的',因此许多人通常因为没钱就放弃投资。"

"所以富爸爸的90/10之谜就是,给你一个空白的资产栏,然后问你如何不用花钱就能用资产填满它。"

"是的。我从越南回来后,他定期同我一起吃饭,并问我怎样通过创造资产而不是购置资产将资产栏填满?因为他知道那是许多超级富豪致富的首要途径,是比尔·盖茨、迈克尔·戴尔、理查德·布兰森成为亿万富翁的途径。他们不是凭借找份工作,然后拿点钱出来投资就成为亿万富翁的。"

"那你是说,要致富就应该去做企业家了?"

"不,我不是这个意思。我举这些例子,是因为你们现在上的是雷鸟大学的企业家课程。甲壳虫乐队就是通过创造不同的资产成为超级富豪的,而且,他们创造的资产今天仍在为他们赚钱。我所说的是,富爸爸经常将一张没有资产的财务报表放在我面前,然后问我如何不用花钱购买就能在资产栏中创造资产。当我问他靠什么不花一分钱就得到了最昂贵的海滨地产时,他给了我这个90/10测试。"

"他说是他的企业买下了那块地。"另一个学生插话说。

"正如我说过的,那是许多不用自己花钱就可以在资产栏中创造资产的方法之一。投资者可以创造出有巨大价值的投资项目,画家可以创作出珍贵的绘画作品,作家写的书能为他们带来长期的版税收入,创业则是企业家的做法,你们也不是只有成为企业家才能创造资产。我没花一分钱,但通过投资房地产,也做到了这一切。你需要做的就是具有创造力,这样你将一生富有。"

"你是说我可以通过新技术投资致富吗?"一个学生问。

"你可以那样做,但不一定是一项发明或某种新技术。"我停了一下说,"这是一种创造财富的思维方式,一旦你掌握了这种思维方式，你就可能变得比你梦想的还要富有。"

"你说不一定是新发明或新技术，是指什么呢？还有什么其他的方法？"

我尽力将我的观点进一步向他们阐述："你们还记得我的书《富爸爸穷爸爸》里讲的关于漫画书的故事吗？"

"记得。"一个学生说，"你要求富爸爸给你涨工资，可富爸爸不仅没有给你涨工资反而扣除了每小时10美分的工资，让你无偿为他工作。他不给你工资，是因为他不想让你一生都为钱工作。"

"对，就是这个故事。"我说，"这个故事讲的就是不用购置资产就可以向资产栏中填入资产。"

学生们静静地站在那里思考着我刚说的话。最后，一个学生说："所以后来你就拿了旧漫画书，把它们转化成了资产。"

我点了点头。"这些漫画书本身是资产吗？"我问。

"直到你把它们转化成资产时，它们才是资产。"另一个学生回答，"你把将要当做垃圾扔掉的东西变成了资产。"

"对，但是，就这些漫画书是资产吗，还是这仅仅是你们能看得到的资产？"

"噢，"另一个学生插了进来，"是看不见的思维过程把漫画书变成了资产，那才是真正的资产。"

"这就是富爸爸看待事物的方法。后来他告诉我，他所拥有的力量就是思考。他常用玩笑的口吻把思维过程称为'变垃圾为金钱'。他还说：'大多数人却做着相反的事情，把金钱变成垃圾。这就是90/10规律存在的真实原因。'"

"他就像古代的炼金士，"一个学生说，"炼金士就是到处寻找能把石头变成金子的秘方。"

"完全正确。"我说，"那些处于90/10金钱群体中的人，就是现代的炼金士。唯一的区别是，他们能空手创造资产。他们所拥有的力量就是创意以及把创意转化为资产的能力。"

"但正如你所说的，虽然很多人都有好的创意，但他们没有能力将创意转化为资产。"一个学生说。

我点了一下头："这就是那天我在海滩上感受到的富爸爸的神秘力量。当普通投资者说着'我买不起'或'赚钱要花钱'而离开那块地产时，富爸爸的精神力量或财商让他拥有了那样昂贵的地产。"

"他经常给你做这种90/10测试吗？"一个学生问。

"是的，"我回答，"这是他锻炼我的大脑的方式。富爸爸常说，头脑是我们最好的资产，但如果使用不当，它就是我们最大的负债。"

学生们沉默了，我又让他们陷入沉思和自我反省之中。最后，开始那位计划每年拿出2万美元投资的学生说："所以，在《富爸爸穷爸爸》一书中，富爸爸的其中一课就是，富人创造属于自己的钱。"

我点头说："6课中的第1课就是'富人不为钱工作'。"

又是一阵沉默，最后有人说："所以当我们计划找一份工作，然后存钱购置资产时，你受到的教育却是你的工作就是创造资产。"

"说得好！"我回答，"你已经理解了在工业时代创造的'工作'的含义，自1989年以来，我们已经进入信息时代。"

"你说工作是工业时代的思想是什么意思？"一个学生问，"人类一直有工作，不是吗？"

"不，至少不是我们今天所理解的工作。你看，在狩猎时代，人类生活在一个个部落里，每个人的工作都是为部落的共同生存而劳动。换句话说，就是'人人为我，我为人人'。到农业时代，出现了国王和王后。那个时代，人们的工作实际上就是成为农奴或作为农民去耕种国王的土地。进入工业时代，封建制和奴隶制被废除，人类开始在市场上公开出卖劳动力。大多数人成为雇员或自雇者，尽量把劳动卖给出价最高的人。这才是现代意义上的'工作'。"

"所以，当我说我要找一份工作并每年拿出 2 万美元来投资时，你认为这是工业时代的想法。"

我点点头："就像现在还有一些农业时代的人，例如农民或牧民一样，现在也还有猎人、渔民的例子。但大多数人却抱着工业时代的思想在工作，这就是有这么多人有工作的原因。"

"那么信息时代的工作理念又是什么呢？"一个学生问。

"人们不去工作是因为他们的思想在工作。今天，已经有很多像我富爸爸那样的学生，他们离开学校后不找工作，最终却致富。看看许多互联网亿万富翁。他们中一些人是辍学而致富的，从来没有一份正式的工作。"

"也就是说，他们起步时资产栏是一片空白，他们用信息时代的巨大资产填充了它。"一个学生补充说。

"许多人都建立了数十亿美元的资产，"我说，"他们从大学生直接过渡到亿万富翁，并且很快将会出现高中生不用工作就成为亿万富翁。我就认识一个还没有工作过的百万富翁，在读过我的书和玩过我的游戏后，他买了一大片房地产，然后卖掉了一部分空地，留下了公寓。然后，他用从这块地上赚的钱偿还了银行贷款。现在，他拥有价值超过 100 万美元的公寓，而且不用工作每月就有 4000 美元的现金流。这时他还有一年高中才毕业。"

学生们再一次静静地站在那里思考着我的话。有些人一时还很难相信我讲的高中生的故事，但他们知道大学生辍学成为亿万富翁确有其事。最后，一个学生说："所以，在信息时代人们以信息致富。"

"不仅仅是在信息时代，"我回答，"在任何时代都是这样。没有资产的人为创造、获得、控制资产的人工作，或被他们控制。"

"所以你说一个高中生，他即使没有在名校接受过良好的教育，也没有高薪的工作，他仍然能在财务方面胜过我们。"第一个提问的学生说。

"这的确是我要说的。重要的是你的思维方式而不是你所受的教育。畅销书《邻家的百万富翁》的作者托马斯·斯坦利在他的新书《百万富翁的智慧》中指出，根据他的调查，大学入学考试的高分、好成绩和金钱之间并没有直接的联系。"

那个计划每年拿出 2 万美元来投资的学生又说："所以如果我想加入 90/10 俱乐部，我最好去练习创造资产，而不是购置资产。要想得到资产，我就应该比别人所做的更具创造性。"

"所以，亿万富翁亨利·福特说'思考是世上最艰苦的工作，所以很少有人愿意从事它'。"我回答，"这也解释了如果你做 90% 的投资者所做的事，你就只能加入他们去分享 10% 的财富。"

"也就如同爱因斯坦所说的'想象比知识更重要'。"另一个学生补充说。

"所以富爸爸告诉了我一个招聘会计的秘诀。他说，你面试一个会计时，你就问他一加一等于几？如果他的答案是三，不要用他，因为他太笨了。如果他的答案是二，也不要用他，因为他不够聪明。但是，如果他回答：'你想要一加一等于几？'这时你就应该马上雇用他。"

学生们都笑了起来，我们开始收拾东西。"所以你创造能购买其他资产和负债的资产，是这样吗？"一个学生问。

我点头表示同意。

"你用钱买过资产吗？"那个学生又问。

"当然，但我喜欢用我创造的资产产生的钱，去购买别的资产。"我边说边拿起皮包，"记住，我不喜欢为钱工作，我喜欢创造能购买其他资产和负债的资产。"

一名来自中国的年轻学生帮我把包拿上，他说："所以你推崇网络营销，因为人们可以在工作之余，以很少的资金和较小的风险建立他们的资产。"

我点点头说："这是一项全球性的资产，如果他们的孩子想要，他们还可以传给下一代。但我不知道有哪些公司会允许你把你的工作传给你的孩子。这是一个对资产的测试，看你能否把它交给你所爱的人。而我的父亲，即我所称的穷爸爸，为了攀登政府职位的阶梯，工作非常努力。就算他没被解雇，他也不可能把他多年的辛勤工作传给他的孩子们，因为我们中没有人想得到那份工作，也没有人有资格担当那个职位。"

学生们帮我开出我的车。"所以，要考虑创造资产，而不是努力工作来购置资产。"那个有 2 万美元投资计划的学生说。

"如果你想加入 90/10 俱乐部，你就应该这么做。"我说，"这就是富爸爸不断挑战我的创造力的原因。他要求我不购置资产，而是创造各种资产来填充资产栏。他说，你最好在创造资产上长期努力，而不是为钱辛勤工作，去创造别人的资产。"

在我上车时，那个拿 2 万美元来投资的学生又说："所以我应该做的就是想出个好主意，并创造资产，一份大的资产，那样才会让我致富。如果我做到了，我将破解 90/10 之谜成为占总人口 10% 的拥有 90% 财富的人。"

我笑着关上车门，回答了他的最后一个问题："如果你在现实生活中解答了 90/10 之谜，你就很有可能加入控制 90% 财富的 10% 的人的行列。如果你在现实生活中不能解决这个问题，你就可能成为仅仅控制 10% 财富的 90% 的人。"我向学生们表示了谢意，然后驾车离去。

## 意向测试

正如亨利·福特所说的："思考是世上最艰苦的工作，所以很少有人愿意从事它。"我的富爸爸也说："你的头脑是你最好的资产，但如果使用不当，它会是你最大的负债。"

富爸爸不断地让我在空白的资产栏中创造新的资产。他会同我和他的儿子迈克一起坐下，问我们如何创造新的资产。他一点也不介意某个创意是否疯狂或者滑稽可笑，他只要求我们能具体说明如何将它转变为资产。他会要求我们为自己的想法辩护并去挑战他的意见。从长远来看，比起穷爸爸教导我们要努力工作、存钱、生活俭朴，富爸爸教给我们的要有用得多。

**所以意向测试为：**

你愿意考虑创造资产而不是购置资产吗?

愿意_____不愿意_____

有许多书和教育节目都在讲如何聪明地购置资产。对大多数人而言，购置资产是最好的计划。从安全和舒适层次的投资计划来说，我可能也会建议你购置资产。为了安全和舒适，可以去投资蓝筹股和管理良好的共同基金。但是，如果你梦想成为非常富有的投资者，就要面对一个问题：你是否愿意创造你的资产，而不是去购买别人的资产? 如果你不愿意，我可以告诉你，有很多书和教育节目是教人购买资产的。

如果你愿意考虑如何创造资产，那么本书下面的部分，对你而言就很有价值，甚至是价值连城的。下面的部分要讲的是如何得到一个创意，并把它转化成资产，再用这项资产去创造其他的资产。它不仅介绍了如何在资产栏中赚到很多的钱，而且介绍了如何留住这些由资产带来的钱，并用这些钱换来更多的资产和优越的生活。它揭示了许多10%俱乐部的人是如何获得90%的财富的。因此，如果你对此感兴趣，请接着读下去。

让我们再看看90/10之谜：

| 收入 |
|---|
| 支出 |

| 资产 | 负债 |
|---|---|
|  |  |

这个谜就是：你如何在资产栏中不用花钱就能创造资产？

## 罗伯特的笔记

　　我的第一笔大生意是在 1977 年做的尼龙和维可牢搭扣钱包生意。它在我的资产栏中创造了一大笔资产，但问题是：我创造的资产很大，而我的经营技巧却很差。所以，我在 20 多岁成为百万富翁以后，又很快把到手的财富弄丢了。3 年后，我在摇滚音乐的生意中又重复了同样的过程。当音乐电视刚刚开始风靡全美时，我们组建的小公司迎合了这次热潮，获得了发展的大好时机。而后资产再一次迅速膨胀，直到我们没有足够的能力去驾驭它。于是我们就像火箭一样飞速上升，然后又像用尽了燃料一样一头坠落。本书余下部分将致力于讨论创造大量资产的同时，应具备与这些资产规模相匹配的专业才能，以及如何通过在其他更稳定的资产上投资，留住你赚到的钱。就像富爸爸所说的："如果你不能留住你赚到的钱，那么赚那么多钱又有什么用呢？"投资正是聪明人留住钱的方式。

## 第二阶段
# 你想成为哪种类型的投资者

Rich Dad's Guide To Investing

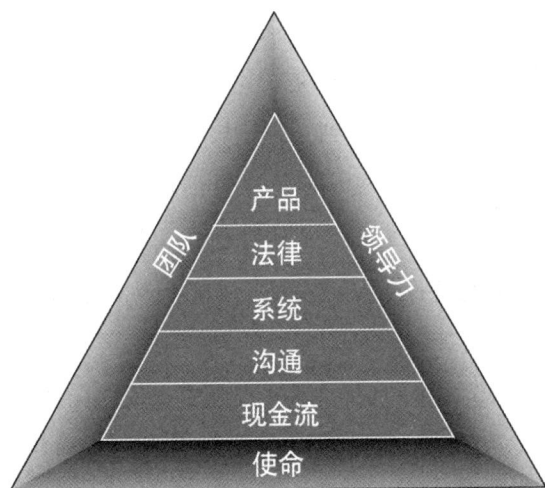

# 第20章
# 解答 90/10 之谜

富爸爸说："有两种投资者，一种投资者购买资产，另一种投资者创造资产。如果你想解答90/10之谜，你应当同时成为这两种类型的投资者。"

在序言里，我讲了一个当富爸爸、迈克和我在海滩散步时看到富爸爸刚刚买下的那块昂贵的海滨地产的故事。你也许要问为什么穷爸爸买不起而富爸爸买得起。富爸爸的回答是："我也买不起这块土地，但我的企业买得起。"我所能看到的是在这块土地上，废弃的汽车四处停放着，一幢建筑摇摇欲坠，到处是垃圾和瓦砾，一块写着"出售"字样的大牌子还立在地中央。12岁的我看不出这块地皮有什么商业价值，富爸爸却看得出来。企业正在他的头脑中建立，这种创造商机的能力，正是他跻身于夏威夷顶级富翁行列的原因。换句话说，富爸爸通过创造资产，再利用所赚的利润去购买其他资产的方式为我们解答了90/10之谜。那种计划不仅是富爸爸的计划，而且是大多数10%的富人的计划，从过去到现在以至未来，他们一直赚取着全世界90%的财富。

读过《富爸爸穷爸爸》一书的朋友也许还记得雷·克罗克的故事。他在我朋友的MBA课堂上说他创立的麦当劳不是做汉堡包生意的，而是做房地产生意的。这再一次体现了创造资产，再用创造的资产去购买其他的资产的方式，这种方式是麦当劳拥有世界上最昂贵的房地产的原因。这就是计划的全部，所以当富爸爸知道我真心想致富时再三对我说："如果想解答90/10之谜，你就应当同时成为这两种类型的投资者，既要知道怎样创造资产，又要知道怎样购买资产。而普通投资者对这两种不同的投资运作程序都不清楚，甚至连书面计划都没有。"

## 你的观念使你成为百万富翁，甚至亿万富翁

本书第二部分主要讲述人们如何创造资产。富爸爸花了很多时间教会我怎样形成创意，以及怎样把创意转化为能够购买资产的资产。在一次课上，富爸爸说："很多人都有能使他们致富的点子，但问题是大多数人没有学会怎样把企业架构融入他们的创意，所以他们的许多想法都没有成形，或者说是孤立的。如果想成为拥有90%财富的10%的人，你应当知道如何在你的创意中搭建起企业架构。"富爸爸的B-I三角形是一个能够给你的财务观念增添生命力的思想架构。它的力量能帮助你形成创意，并把创意转化为资产。

富爸爸常说："不只是懂得怎样创造能够再生资产的资产，最富有的投资者能够更富的主要原因之一还在于，他们懂得如何把创意转化为百万甚至亿万美元。普通投资者可能也有很不错的想法，但他们常常缺乏技能，以把他们的创意转化为能够再生资产的资产。"本书以下部分，主要讲述普通人怎样才能把创意转变为能再生资产的资产。

### "你做不到"

在教我怎样把创意转变成资产时，富爸爸经常说："当你第一

次着手要把你的创意转变为你个人的财富时，很多人会说'你做不到'。你务必记住，没有什么能够扼杀你的创意，但是你要提防那些没有创意、缺乏想象力的人。"富爸爸认为人们说"你做不到"这样的话有两个原因：

1. 即使你已经在做他们说你做不到的事情，他们仍会说"你做不到"。这不是因为你真的做不到，而是因为他们做不到。

2. 因为他们看不到你正在做的事情。

富爸爸说，挣大钱与其说是一个物理过程，不如说是一个心理过程。

富爸爸最喜欢的一句话是爱因斯坦说的："伟大的思想常常遭到庸人的强烈反对。"富爸爸对这句话的评述是："我们每个人都有伟大的思想和平庸的想法。把我们的创意转变成百万甚至亿万美元资产的挑战，通常来源于伟大的思想和平庸的想法之间的斗争。"

当我向许多人解释本书第二部分中提到的"B-I 三角形"时，尽管他们都感受到 B-I 三角形是一种能给商业创意带来生命力的企业架构，但一些人还是被运用 B-I 三角形为他们工作所需要的大量知识吓倒了。当这种事情发生时，我常常提醒他们，伟大的思想和平庸的想法之间会斗争。无论什么时候，当一个人的平庸想法开始反对他的伟大创意时，我总是用富爸爸对我说过的话提醒他。他说："有伟大创意的人很多，但有钱的人很少。90/10 金钱规律发生作用，是因为不是伟大的创意致富，而是怀着伟大创意的人致富。你一定要有坚强的意志和坚定的信念，把你的创意转化为财富。即使你理解了把创意转化为百万甚至亿万美元财富的过程，你也务必记住：只有在创意背后，有坚强意志的人，才能把伟大创意变成财富。"当周围的人都对你说"你做不到"时，通常你很难继续下去。

这时，你就要更加坚强。不听从你的朋友或你自己的负面意见，并不意味着你在盲目冒进。当他们的想法比你的更完美的时候，你应当认真听取他们的想法。但在此时，我想告诉你的不仅仅是创意或者建议。

我想告诉你的不仅是创意，还有坚持下去的精神和意志，甚至在你疑虑重重、一筹莫展的时候。没有人能告诉你，你在你的生命中能做什么，不能做什么，只有你自己才能决定。你自己的伟大常常在你穷途末路时才被发现，它会把你的创意转变为财富。你的一生中或许会有很多次面临困境，在你没主意、没钱、充满疑虑的时候，如果你能够振作精神，继续前进，你就会发现是什么真正把你的创意转变为资产。将创意转变成财富更是人类的精神活动，而不单纯是人类思想的力量。当面临困境时，企业家就会找到他们的精神力量。找到你的企业家精神并使它更加强大，比你形成一个观念或者创办一家企业更加重要。一旦你找到了你的企业家精神，你就永远能够把平凡的思想转变为可观的财富。请务必记住，在这个世界上，有许多人拥有非凡的想法，但只有少数人拥有巨额财富。

本书以下部分是关于如何找到你的企业家精神，以及如何发展你的能力去把平凡的思想转变为可观的财富。第二阶段会让你深入了解富爸爸对不同投资者的分类，以及让你选择适合你自己的道路。第三阶段是富爸爸关于B-I三角形的分析，以及它怎样为你提供架构把你的观念转变为资产。第四阶段将进入成熟投资者的观念、他们如何分析投资以及终极投资者如何利用创意和B-I三角形来创造财富。最后一个阶段也就是第五阶段"用财富回馈社会"，是最重要的一个阶段。

# 第 21 章
# 富爸爸对投资者的分类

本书是一个教育故事，是关于从我离开海军陆战队时起富爸爸指引我从一无所有到成为终极投资者——成为一个股票销售者而不是股票购买者，一个内部投资者而不是外部投资者的历程。本书还介绍了富人的其他一些投资渠道包括股票的首次公开发行、私募和其他公司证券。无论你是内部投资者还是外部投资者，了解证券方面的基本常识都是非常重要的。

通过阅读《富爸爸穷爸爸》一书，你已经了解了对一个成功的投资者而言必不可少的财务知识。在《富爸爸财务自由之路》一书中，你已经知道了有 4 种不同的象限，以及不同象限的人挣钱的方式和税收对他们的影响都是不同的。通过阅读前两本书，或许你也玩过了"现金流"教育游戏，你已经比许多活跃的投资者了解了更多的投资基础知识。

一旦你懂得了投资的基础知识，你就可以更好地理解富爸爸对投资者的分类和十大投资者控制，这些知识对所有投资者都很重要。

## 十大投资者控制

1. 自我控制；

2. 收入 / 支出比和资产 / 负债比控制；

3. 投资管理控制；

4. 纳税控制；

5. 买卖时机控制；

6. 经纪交易控制；

7. E-T-C（实体、时机和收入特征）控制；

8. 协议的条款和条件控制；

9. 信息渠道控制；

10. 财富回馈、慈善事业和财富再分配控制。

富爸爸常说："投资不是冒险，没有控制的投资才是冒险。"很多人发现投资很冒险，是因为他们没有驾驭好以上十大投资者控制。本书将进入这十大投资者控制。当你阅读本书时，会对如何成为一个有控制能力的投资者有更加深入的了解，特别是第七项控制，E-T-C控制。这是很多投资者缺乏的控制，需要努力提高。

本书第一阶段主要讲的是富爸爸最重要的投资者控制——自我控制。如果你没有做好成为一个成功投资者的思想准备，就应当请一个专业的财务顾问或团队为你指点迷津，帮你选择投资方向。

## 我已经万事俱备

在对我的财商教育过程中，富爸爸知道我已经作出了选择：

我已经做好成为一个投资者的思想准备。
我渴望成为一个非常成功的投资者。

我知道我已做好了思想准备并且我渴望致富。然而，富爸爸问我："你想成为哪种类型的投资者？"

"富有的投资者，"我迅速回答。这时，富爸爸又拿出他的黄色便笺本，写下了以下几种投资者类型：

1. 特许投资者；

2. 合格投资者；

3. 成熟投资者；

4. 内部投资者；

5. 终极投资者。

"他们有什么区别？"我问。

富爸爸便加上了对每种类型投资者的描述：

1. 特许投资者赚钱很多，或者说净资产很多；

2. 合格投资者了解基本投资和技术投资；

3. 成熟投资者了解投资项目及相关法律；

4. 内部投资者创造投资项目；

5. 终极投资者成为股票销售者。

当我读到对特许投资者的定义时，感到很失望，因为我没有钱也没有工作。

富爸爸察觉到了我的失望，又拿出他的黄色便笺本，在内部投资者上画了一个圈。

## 从一个内部投资者开始

"罗伯特，这就是你要开始的地方。"富爸爸指着内部投资者对我说。

"即使你没有钱，又缺乏经验，你也可以从内部投资开始。"富爸爸继续说，"你需要从小项目做起并不断学习。记住，挣钱并不一定要花钱。"

说到这里，他在小本子上列下了 3 个 E：

1. 教育；
2. 经验；
3. 充足的现金。

"一旦你拥有了这 3 个 E，你就会成为一个成功的投资者，"富爸爸说，"你的财务知识已经学得不错，但现在你需要经验。当你有了丰富的经验，再加上精通财务知识，自然就会有充足的现金。"

"但是你把内部投资者列在第 4 位，我怎么能够从内部投资者开始呢？"我仍然感到困惑不解。

后来我终于明白，富爸爸想让我从内部投资者开始，是因为他要我成为一个能够创造资产去购买其他资产的人。

## 从创业开始

"我要教给你创建一家成功企业的基本知识，"富爸爸继续说，"如果你能学会创立一家成功的 B 象限企业，你的企业就会产生充足的现金。那时，你就能运用学到的技能成为一个成功的 B 象限企业家，像一个 I 象限投资者那样分析投资。"

"这就像走后门，对吗？"我问。

"哦，我宁愿说这是一次人生机遇！"富爸爸回答，"一旦你学会了挣第一个 100 万，接下来的 10 个 100 万就轻而易举了！"

"好的，那我该怎样开始呢？"我急切地问。

"首先，我要给你讲讲几种不同类型的投资者，"富爸爸回答，"这样，你就能理解我说的话了。"

## 纵观全局——请作出选择

在本书的这一阶段，我将与大家分享富爸爸对每一种类型投资者的描述。以下章节将阐述每种类型投资者的特征（优点和缺点），因为我选择的道路可能对你来说并不是最合适的选择。

## 特许投资者

特许投资者是一些高收入或者净资产很高的人。我知道我没有资格当特许投资者。

那些为安全、舒适去投资的长期投资者，可能很有资格成为这一类投资者。这个队伍里有许多对他们的财务地位非常满意的 E 象限和 S 象限的人。他们早就认识到需要通过 I 象限为未来打算，因此应采纳一个投资计划，用他们从 E 象限和 S 象限赚得的钱进行投资以便实现他们安全的或舒适的财务计划。

在《富爸爸财务自由之路》一书里，我们讨论过建立财务安全的"两条腿"方法。对这些人的远见和严格执行财务计划以实现未来的财务梦想，我非常赞成。但对他们来说，我选择的道路既不务实，又很艰辛。

也有许多高收入的 E 象限和 S 象限的人，只靠他们自己的收入成为特许投资者。

如果你有资格成为一名特许投资者，你就有机会进入大多数人不能进入的投资领域。然而，为了成功地选择投资项目，你仍然需要财商教育。如果你不想投入时间去学习，就应该出钱请财务顾问帮你作出投资决策。

据统计，现在美国只有600万人符合特许投资者的条件。在一个大约有2.5亿人口的国家里，如果这个数字准确的话，那么只有2.4%的人符合这个最低要求，属于更高投资者层次的人就会更少。这就意味着很多不合格的投资者在进行他们不应涉足的高风险投机。

今天，美国证券交易委员会对特许投资者的定义是：

1. 个人年收入20万美元或以上；

2. 夫妻二人年收入30万美元或以上；

3. 拥有100万美元净资产。

了解到只有600万人符合特许投资者的条件，那么对我而言，为钱拼命工作以成为一个特许投资者的道路就非常困难。我坐在那里，想着个人最低收入达到20万美元的必要条件，我意识到我的穷爸爸，无论他工作多么卖命，政府给他多少薪水，他永远也不会接近特许投资者的标准。

如果你玩过"现金流"游戏，也许注意到了这个游戏中的快车道，快车道代表了作为一个特许投资者的最低要求。换句话说，从技术上讲，只有2.4%的美国人符合在快车道上投资的要求，这就意味着有约97%的美国人在"老鼠赛跑"内投资。

## 合格投资者

合格投资者知道如何分析公开交易的股票。合格投资者被看做是与内部投资者相对的外部投资者。一般来说，合格投资者包括股票交易者和股票分析师。

## 成熟投资者

成熟投资者是具有富爸爸所讲的所有 3 个 E 的典型投资者。并且，他们熟悉投资领域，善于利用税法、公司法和证券法最大化收益并保住本金。

如果你想成为一个成功的投资者，又不想创立自己的企业，那么，你的目标就应该是成为一个成熟投资者。

成熟投资者以上的投资者，都知道硬币有两面。他们知道硬币的一面是一个黑白分明的世界，另一面是一个不同的多色调的世界。在黑白分明的世界里，一些投资者能够独立地投资；而在多色调的世界里，一个投资者必须与团队协作。

## 内部投资者

创建一家成功企业是内部投资者的目标。这家企业可以是一块供出租的房地产，也可以是拥有几百万美元资产的零售公司。

一个成功的 B 象限的人知道如何创建资产。富爸爸会说："富人发明金钱。一旦你学会了挣第一个 100 万，那么接下来的 10 个 100 万就轻而易举了。"

一个成功的 B 象限的人，也需要学会从外部分析投资公司内部情况的技能。因此，一个成功的内部投资者能够学习成为一个成功的成熟投资者。

## 终极投资者

成为献售股东①是终极投资者的目标。终极投资者拥有一家成功的企业，他们向公众出售所有者权益②，因此成为了献售股东。这就是我的目标。虽然我还没有达到这个级别，但我会继续自我教育，并从我的经验中学习，我会再接再厉，直到我成为一个献售股东。

## 你是哪种类型的投资者

下面几章将会详细介绍每种类型的投资者。当你研究了每种类型的投资者以后，你会更加得心应手地选择你的投资目标。

---

① 献售股东（selling shareholder），即在 IPO 中卖出股份的股东。

② 所有者权益亦称产权，是指企业的所有者（或称股东）对企业净资产的所有权。

# 第 22 章
# 特许投资者

谁是特许投资者？

多数发达国家都有保护普通人远离风险投资的法律。但问题是，这些法律也阻碍了大众对一些最好的项目进行投资。

在美国，我们有《1933 年证券法》《1934 年证券交易法》以及按这些法律制定的 SEC 规定。颁布这些法律、法规，是为了保护公众在证券交易中免受虚报、操纵以及其他欺骗行为的侵害。它使某些投资项目只限于特许投资者和成熟投资者才能进行投资，同时，要求详细地披露投资项目信息。SEC 的创立就是为了监督法律的实施。

SEC 为了履行它对证券交易的监督职责，把特许投资者定义为：在最近 2 年内，个人年收入至少有 20 万美元（一对夫妇至少有 30 万美元），同时，在本年度还会有相同数目的预期收入。达到这样的条件，方可算做特许投资者。个人或一对夫妇的净资产达到 100 万美元或以上，也可算做特许投资者。

富爸爸说："特许投资者，简单地说，就是比普通人能够赚更多钱的人。这并不意味着这个人就是富翁，或是对投资什么都了解。"

问题是根据这个规定，在美国，只有不到 3% 的人能满足要求。

这就意味着只有这 3% 的人，才能投资按 SEC 规定发行的股票。其他 97% 的人则没有资格投资，因为他们不是特许投资者。SEC 用投资者的财商水平来检验成熟投资者。

我记得得州仪器公开上市之前，富爸爸曾有机会投资这家公司。但他没有时间调查、分析这家公司的情况，于是放弃了这次机会。这个决定让他后悔了好多年。但是，后来在其他公司公开上市以前，他再没有错过投资机会。他从那些公众得不到的投资项目中，积累了越来越多的财富。富爸爸称得上是一个特许投资者。

当我要求同他一起投资一家 IPO 前的公司时，富爸爸说我还不够有钱，也不够精明。我仍记得他说的话："等到你有钱的那一天，最好的投资机会立刻就会光顾你。因为有钱的人总是能首先挑选最好的投资机会。此外，他们能够以极低的价格批量买入。这就是有钱人会更有钱的原因之一。"

虽然富爸爸作为一个特许投资者赚了不少钱，但他赞成 SEC 的这条规定。他认为保护一般投资者不必冒风险进行这类投资是维持社会稳定的一个很明智的做法。

然而，富爸爸又提醒我："即使你是一个特许投资者，你也许仍然得不到最好的投资机会。因为这需要你成为一个完全不同类型的投资者，你得具备正确的知识并能捕捉到新的投资机会。"

## 特许投资者的投资者控制

无控制。

富爸爸认为：没有接受过财商教育的特许投资者，不具备十大投资者控制。特许投资者也许家财万贯，但是，他们通常不知道怎么利用这些钱。

## 特许投资者拥有的 3 个 E

可能只具有充足的现金。

富爸爸澄清，尽管你可能符合特许投资者的条件，但你仍然需要教育和经验，以进一步成为合格的、成熟的、内部的或是终极的投资者。实际上，他知道有许多特许投资者并没有多余的现金。他们达到了收入标准，但不懂得如何管理好现金。

## 莎伦评注

任何人都能开一个代理账户，买卖所谓上市公司的股票。上市公司股票由公众通过交易的方式自由地买卖。股票市场在操作上是一个真正的自由市场。没有政府或外界的干涉，个人可以自行认定股票价格是否合理。他们可以决定买下股票，因此买入公司所有者权益。

近 10 年来，共同基金越来越受到欢迎。它们是专业管理的投资组合，每一种共同基金代表着在许多不同的证券上拥有部分股票所有权。很多人投资共同基金，是因为它有专业的管理，并且被它不是只投资于一家公司，而是在多家公司都拥有一小份股权而吸引。如果你没有时间研究投资（这样你就能作出合理的投资决策），那么选择一种共同基金，或是雇用一个投资顾问为你出谋划策，会是一个明智的选择。

靠证券发财的方式之一是参与一家公司股票的 IPO。通常公司的创立人和初始投资者已经拥有了许多股份。为了吸引额外的资金，这家公司可以实行 IPO。这时 SEC 开始发生作用，它要求详细的文件和信息公开，以防止欺诈行为，并保护投资者的利益。然而，这并不意味着 SEC 提供的 IPO 都是好的交易。一次 IPO 是合法的，但可能并不是好的投资，甚至可能是负债（因为贬值）。

《1933 年证券法》和《1934 年证券交易法》的颁布，规范了这种类型的投资，保护了投资者免受欺诈或高风险投资以及经纪人管理不善的侵害。SEC 的成立就是为了监督证券业和证券的发行。

股票发行的规定既适用于股票的某些私募发行，也适用于公开发行。当然，也有一些例外情况我们没有涉及。但现在，明白特许投资者的定义是至关重要的。特许投资者可以投资于特定类型的证券，而非特许投资者、非成熟投资者却不能在这些领域投资，因为"特许"地位就暗示了特许投资者比非特许投资者能承担更高的资金风险。

罗伯特讨论了个人或是一对夫妻要成为特许投资者在收入或净资产方面的要求。事实上股票发行公司的董事、执行总裁或主要合伙人，也被认为是特许投资者，即使他的收入或净资产达不到上述要求。当我们讨论内部投资者时，这将是一个很重要的特征。实际上，这是内部投资者和终极投资者通常选择的投资道路。

# 第 23 章
# 合格投资者

富爸爸对合格投资者的定义是：既有钱又有一定投资知识的人。合格投资者通常是接受过财务教育的特许投资者。比如在股票市场，合格投资者包括了最专业的股票交易商。通过所接受的财商教育，他们懂得基础投资和技术投资的区别。

1. **基础投资**。富爸爸说："一个基础投资者会通过研究公司的财务状况来判断公司的价值和发展，以降低风险。"要选择一只好的股票来投资，最重要的考虑是这家公司未来的赢利潜力。基础投资者在决定投资以前，要全盘了解这家公司的财务情况。同时，也要考虑宏观经济以及该公司所处行业的发展前景。在基础分析中，利率走势是一个非常重要的因素。

沃伦·巴菲特被公认为是最优秀的基础投资者之一。

2. **技术投资**。富爸爸说："一个训练有素的技术投资者根据市场的变化进行投资，而且为自己的投资进行保险，以免受灾难性的损失。选股时主要考虑公司股票的供求情况。技术投资者会研究公司股票价格走势图。流通股票的供应能否满足市场对这些股票的需求，等等。"

技术投资者常常基于价格和市场反应来购买，就像购物者买降价或打折商品一样。实际上，很多技术投资者就像我姑妈多丽斯一样。她和她的朋友们逛街是为了讨价还价，买廉价商品，或者仅仅因为她的朋友在购买。回到家，她就会想为什么要买这件衣服，试穿后，她又将它退回，而后她又有钱去逛街了。

技术投资者会研究公司股票价格的历史情况。一个真正的技术投资者，不会像基础投资者那样，去关心公司的内部经营情况，而是主要考虑市场的变化和股票的价格。

许多人认为投资风险大，原因之一就是大多数人在技术操作上是一个"技术投资者"，但是他们搞不清楚技术投资者和基础投资者之间的区别。从技术角度看，投资风险大的原因，是股票价格随着市场变化而变化。下面有几个引起股票价格波动的例子：

一只股票在某一天颇受欢迎，而且是头条新闻，到下个星期则是另外一回事了。公司通过股票分割、二次发行，或是回购股票来控制供求；或者一个机构（像共同基金或退休基金）买卖某家公司大量的股票也足以扰乱市场。

对普通投资者而言，投资看起来很冒险，是因为他们没有接受过财商教育，缺乏基础投资者应有的基本技能，也缺乏技术投资者应有的充分技能。在公开股市上，如果他们不是可以改变股票供求的公司董事，那么，他们就不能控制股票供求价格的波动，而只能沉浸在对市场繁荣的幻想之中。

很多时候，基础投资者会发现一家利润可观、业绩非常棒的公司。但是由于某种原因，技术投资者对此毫无兴趣，因此，公司股票价格就是上不去，即使这家公司经营良好、有利可图。在今天的市场上，许多人投资于互联网公司的IPO，但这些公司既不廉价又不赢利。这就是技术投资者决定公司股票价值的一个例子。

自 1995 年以来，严格按照基础投资者那样进行操作的人，没有那些也考虑市场技术面的投资者做得出色。在这个变幻莫测、令人疯狂的股票市场里，冒着最大风险的人竟然赢了，而小心翼翼考虑股票价值的人却一败涂地。实际上，很多冒险的股民购买已经没有价值的高价股票，使得许多技术投资者都感到害怕。一旦股市崩溃，只有具备很强技术交易能力和基础投资能力的人才能死里逃生。莽撞地冲入股票市场，或盲目参与 IPO 的所有业余投机者，在股市下跌时一定会撞得头破血流。富爸爸说："没有降落伞的暴发户会跌得又快又惨。轻而易举就挣到的大钱使人们认为自己是商业天才，而实际上他们是商业傻瓜。"富爸爸认为，要经受住投资世界的波动，技术技能和基本技能都相当重要。

因道琼斯工业指数而闻名于世的查尔斯·道是一个技术投资者。《华尔街日报》是他资助创办的，所以这份报纸主要是为技术投资者而不是基础投资者服务的。

乔治·索罗斯通常被认为是最优秀的技术投资者之一。

这两种投资风格是迥然不同的。基础投资者从公司的财务报表到评估公司的能力和未来成功的潜力来分析公司情况。此外，基础投资者也跟踪调查宏观经济形势和公司所处行业的情况。

技术投资者则依据公司股票价格和交易量走势图来投资。技术投资者会观察卖权／买权比率和股票的卖空。虽然这两种投资者都是根据真实情况来投资的，但他们从不同的数据资料中寻找他们的真实情况。同时，他们要求不同的技能和知识。然而，让人感到恐怖的是，今天的大部分投资者，既缺乏技术投资技能又缺少基础投资技能。事实上，我敢打赌，今天大部分的投资新手，还不懂得基础投资者和技术投资者之间的区别。

富爸爸过去常说："合格投资者既要精通基本分析又要擅长技术

分析。"他会给我画出下面的图表进行分析。这些图表说明了我们要以自己的方式来开发产品的原因。我们希望人们能够学会财务知识，并且教他们的孩子从小学习财务知识，就像富爸爸教我一样。

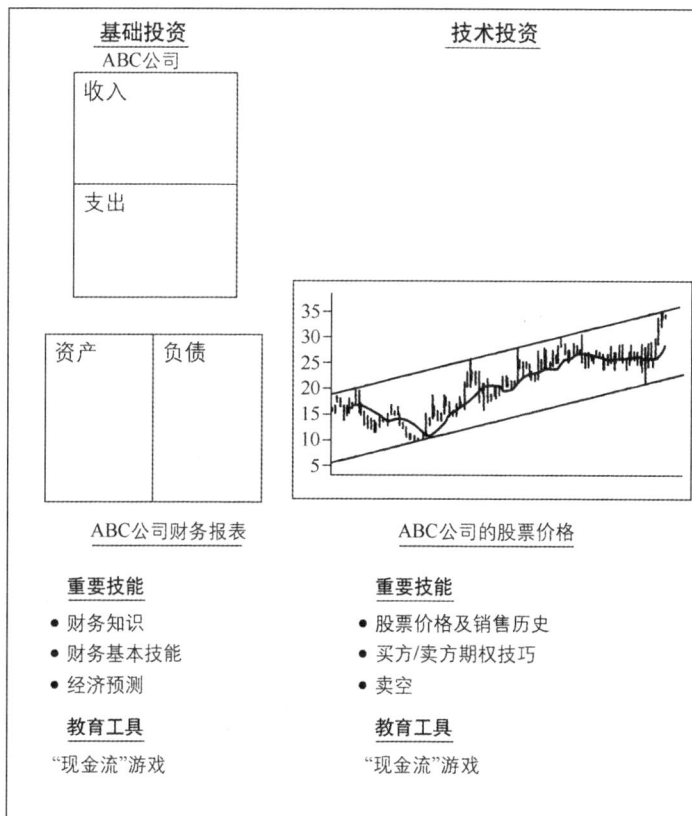

经常有人问我："一名合格投资者为什么需要懂得基础投资和技术投资？"我的回答只有一个词："自信。"普通投资者感觉投资有风险，这是因为：

1. 他们试图从外部调查他们投资的公司或资产的内部情况。如果他们不知道怎样阅读财务报表，就只能完全依赖他人的建议。他们常常没有意识到，内部人掌握了更准确的信息且投资的风险也较低。

2. 不能阅读财务报表的人，其个人财务报表也常常是一团乱麻。富爸爸说："如果一个人的财务基础是脆弱的，那么他的自信心也不堪一击。"我的朋友基思·坎宁安常常说："人们不愿意正视他们的个人财务报表，主要原因是他们也许会发现自己已经患了财务'癌症'。"好消息是，一旦治愈了这个"癌症"，他们以后的生活状况就会好起来，甚至他们的身体健康状况也会得到相应的改善。

3. 股市上升时，大部分人都知道该怎样赚钱，而当股市下跌时，他们只能恐慌不安。如果一个人懂得技术投资，那么无论股市下跌还是上升，他都有赚钱的技能。没有技术分析技能的普通投资者，只能在上升的股市里赚钱，但常常在下跌的股市里赔得一无所有。富爸爸说："技术投资者是在对巨额损失有保险的情况下才会去投资，而普通投资者就像是乘飞机却没有降落伞的人。"

关于技术投资者，富爸爸常说："牛市爬着楼梯慢慢上来，熊市则是穿过窗户往下跳。"牛市慢慢上升，但崩溃时就像往窗外跳的熊。股市下跌，技术投资者会感到分外兴奋，因为他们将很快赚钱，普通投资者这时却在遭受损失，而他们损失的钱是好不容易才涨起来的。

因此，不同类型的投资者和他们的收益常常是这样的：

|  | 市场 | |
| --- | --- | --- |
|  | 上升 | 下跌 |
| 亏本的投资者 | 亏本 | 亏本 |
| 普通投资者 | 赢利 | 亏本 |
| 合格投资者 | 赢利 | 赢利 |

很多投资者经常亏本，是因为他们在进入市场前等了太久。他们害怕亏本，于是花很长时间等待，确定股市是在上涨。而他们一进入市场，股市就涨到顶峰，开始下跌，一路下跌，他们就只有以

亏本告终了。

合格投资者对于股市上升、下跌并不很关心。他们有一套在股市上升时使用的交易系统，所以能够自信地进入市场。当市场发生转变时，他们就随机应变，改变交易系统，从之前的交易中退出来，通过卖空和卖方期权，在股市疲软时依旧赢利。他们作为投资者而拥有的多种交易系统和战略能增强信心。

## 为什么你想成为一个合格投资者

普通投资者常常生活在市场崩溃和股价下跌的恐慌中。你经常能听到他们说："如果我买进一只股票，而价格却在下跌怎么办？"因此，无论在股市上升时，还是股市疲软时，普通投资者都不能好好利用赚钱机会。一个合格投资者能预测股市的变化。无论股价上涨还是下跌，都有把风险降到最小的能力，而且还能赚上一大笔钱。合格投资者通常能够"对冲"他们的地位，这意味着无论股价暴涨或暴跌，他们都能得到保护。换句话说，他们在任何市场走向时都能保护自己免遭损失，并且找到赚钱的良机。

## 新投资者的问题

今天，在股市大涨时，我经常听到投资新手自信地说："我不必担心市场崩溃，因为现在世道不同了。"一个经验丰富的投资者知道任何市场都有上升和下跌。今天，我们正处在世界历史上最好的牛市之中，这个市场会崩溃吗？如果历史会重演，那么我们将面临世界上迄今为止最大的一次崩溃。今天，人们对没有任何利润的公司投资，这是一件疯狂的事。前页的那些表，就是世界经历过的泡沫、疯狂或者繁荣与萧条。

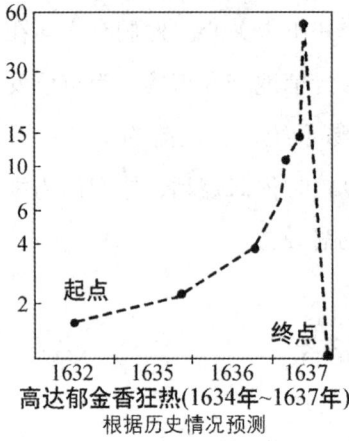

高达郁金香狂热(1634年~1637年)
根据历史情况预测

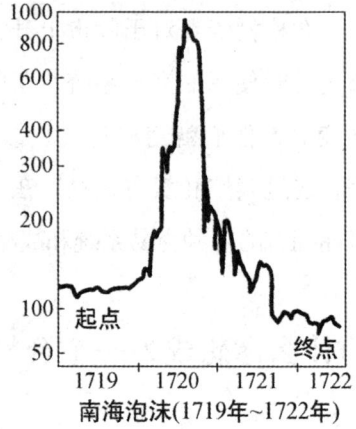

南海泡沫(1719年~1722年)

道琼斯工业指数
(1921年~1932年)

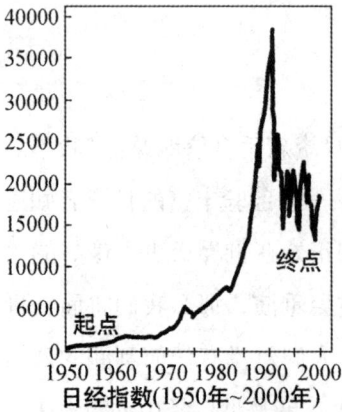

日经指数(1950年~2000年)

资料提供：小罗伯特·普莱切特

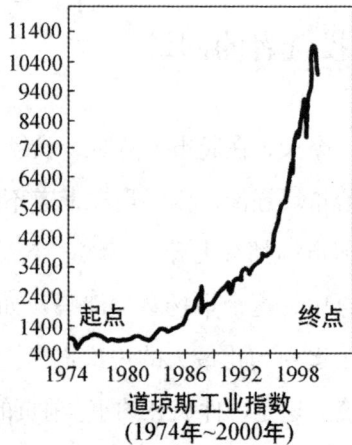

道琼斯工业指数
(1974年~2000年)

在南海泡沫中遭受巨大损失的牛顿爵士说过："我能计算天体的运动，却不能计算人们疯狂的程度。"今天，在我看来，疯狂正在上演。每个人都想在股市里一夜暴富。我担心我们也许很快就会看到——数百万的人血本无归，只是因为他们宁可借钱投资股市，也不先投资于自己的教育和经验。同时，我又很兴奋，因为很多人会在恐慌中抛售股票，而这正好是合格投资者真正赚钱的时候。

股市崩溃并不见得是一件坏事，但是当这种市场灾难或机会发生时，会造成人们心理上的恐慌。大部分投资新手的问题是，他们还没有经历过真正的熊市——自 1974 年以来股市一直是牛市。很多共同基金经理人在 1974 年还没有出生或刚刚出生，因此，他们并不知道股市崩溃和熊市究竟是怎么一回事，特别是如果熊市持续多年又是什么情况，就像日本股市所经历的那样。

富爸爸只是说："不可能完全预测股市，但是无论市场往何处走我们都要做好准备，这一点很重要。"他还说："牛市似乎会永远持续下去，这使人们变得迟钝、愚蠢而且得意忘形。熊市似乎也会永远持续下去，它使人们忘记了这是致富的最好时机。这就是你想成为一个合格投资者的原因。"


## 为什么信息时代的股市会加速崩溃


对于想了解新经济时代的全球化商业的人，我强烈推荐《凌志和橄榄树》这本书。在该书中，作者托马斯·弗里德曼常常提及"电子一族"。电子一族是一个群体，有几千人。他们通常很年轻，控制着大量的电子货币。他们以个人名义为大银行、共同基金、对冲基金、保险公司等诸如此类的机构效劳。他们鼠标一点，仅用一秒钟，就能把数兆美元从一个国家转移到另一个国家。电子一族的权力，甚至比政客的权力还要大。

1997 年我在东南亚的时候，电子一族把他们的钱转移出泰国、印度尼西亚、马来西亚和韩国，在一夜之间把这些国家的经济抽空了，使这些国家一时间非常狼狈、处境尴尬。

如果你进行全球投资，也许能想起世界上的大多数人甚至华尔街曾怎样吹捧新亚洲小虎的经济。人人都想在这些国家投资。然而一夜之间，他们的世界面目全非，谋杀、自杀、暴乱、抢劫以及财务危机四处蔓延。电子一族不喜欢这些国家的这类现象，便在几秒钟之内把他们的资金转了出去。

引用弗里德曼在书中的话来说："电子一族就像是在非洲大草原吃草的一群牛羚。当在边上吃草的一只牛羚看见附近高深浓密的灌木丛里有什么东西在移动并靠近时，他不会对他的同伴发出警告，'糟了！我怀疑灌木丛里有一只狮子'。没门！那只牛羚只会立即独自奔逃，接着其余的牛羚也会跟着没命似的奔逃几百米远。他们逃到邻近的草原，沿途的一切被它们踩得粉碎。"

这就是 1997 年发生在亚洲小虎们身上的一切。电子一族不喜欢看到这些地区正在发生的情况，便在一夜之间移走了资金。这些国家几天之内就从快乐的巅峰跌入了低谷，暴乱和谋杀不断。

这就是我预测在信息时代，股市崩溃会更快、更严重的原因。

## 投资者怎样在股市崩溃中保护自己

一些国家为了免受电子一族力量的冲击，采取了规范财务报表、增加财务要求和提高财务标准的办法。在书中，托马斯·费里德曼写道：

"如果你要写美国资本市场史，"财政部副部长拉里·萨默斯曾谈道，"我认为完善资本市场唯一最重要的改革，是改变公认的会计准则，我们需要国际通用的会计准则。这很微不足道，但并不是没有意义，这是国际货币基金组织的胜利。有个韩国夜校教会计的老师告诉我，冬季学期他一般只有22个学生，但今年（1998年），他却有385个学生。我们需要韩国公司那样的标准，需要国家标准。"

几年前，富爸爸讲了一件类似的事情，但不是像萨默斯那样讲的整个国家。富爸爸讲的是想在财务上做得出色的个人。他说："穷人和富人之间的差别不仅仅是他们挣钱多少，而在于他们的财务知识以及把财务知识放到何等重要的位置。简单地说，穷人的财务知识水平很低，不管他挣多少钱。财务知识水平低的人常常不能形成创意并创造资产；不但不能创造资产，很多人还创造出负债。"

## 出来比进去更重要

富爸爸常说："大部分普通投资者亏本的原因，是因为投资进去很容易，但要退出来却很困难。如果你想成为一个聪明的投资者，你需要知道怎样进行投资，还要知道怎样撤出投资。"今天当我投资的时候，我必须考虑的最重要的战略之一就叫"退出战略"。富爸爸用这样的字眼来表达退出战略的重要性，以便我能理解它的重要性。他说："进行一项投资通常就像结婚。刚开始很兴奋很有趣，但如果相处不融洽，离婚的痛苦就比新婚的兴奋和快乐多得多。所以你必须真正理解投资就像一桩婚姻，进去常比出来容易得多。"

我两个爸爸的婚姻都非常幸福，所以当富爸爸谈论婚姻问题时，他并不鼓励离婚，他只是劝我要做长远打算。他说："50%的婚姻会以离婚收场，事实上，几乎100%结婚的人认为会面临离婚的危险。"这也许就是如此多的投资新手要购买IPO以及经验丰富的投资者手中的股份的原因。关于这个问题，富爸爸最好的忠告是：要时刻牢记，当你欢天喜地地购买一项资产时，往往有人正因卖掉这项资产而兴高采烈，而且他比你更了解这项资产。

当人们通过玩"现金流"游戏来学习投资时，他们会学到的一个技术就是判断买卖时机。富爸爸说："当你买进一项投资时，你应当也知道卖出的时机，特别是对特许投资者以及他们之上的投资者而言。在更复杂的投资类型里面，你的退出战略往往比进入战略更重要。当进入这类投资时，你应当知道，如果投资进展顺利，会有什么样的事情发生；如果投资失败，又会有什么样的事情发生。"

## 合格投资者的财务技能

为了帮助想学会基本财务技能的人们，我们设计了"现金流"（成人版）游戏。我们建议玩这个游戏至少6～12次。通过反复玩游戏，你会逐渐懂得基础投资分析的基本知识。在玩过成人版并且理解其所教授的财务技能以后，你也许会想继续玩高级版。这个高级版使用和成人版几乎一样的游戏板，但是上升到了另一个水平，使用另一套卡片和记分表。在高级版中，你将开始学习复杂的技术交易方面的技能和词汇。你可以学会使用这些交易技巧，比如说，当预测到股价会下跌时，你可以卖空。你也可以学会使用买方期权、卖方期权和双向期权这些高深的交易技巧，这些都是合格投资者需要了解的。玩这个游戏的最大好处是你可以通过使用游戏货币来获取知识，而在现实世界中获得相同的教育会是非常昂贵的。

## 为什么游戏这个老师更好

1950年，曾有一位修女在加尔各答教历史和地理，她响应号召去帮助穷人并与他们住在一起。她没有高谈阔论如何关心穷人，而是选择少说多做。正是因为她的善行，在她说话的时候，人们才会洗耳恭听。关于语言和行动的区别，她这样说："应该少说一些，布道不是开会，你应当多一些行动。"

我选择用游戏来传授富爸爸教给我的投资技能，是因为与演讲相比，游戏在教和学的过程中需要更多的动手操作。正如修女特丽莎所说："布道不是开会。"但我们的游戏是开会。它提供了一个学习和帮助别人学习的交流平台。当涉及投资时，有很多人试图通过布道的方式来教授投资知识。但我们都知道，有些东西并不是简单地通过听读就能很好地掌握的，而是需要动手操作才能学会。这些游戏就提供了学习的基本行动步骤。

有一句古老的格言是这样的：

"我听见了，我又忘记了；我看见了，我就记住了；我做了，我就理解了。"

我的目的并不只是写关于金钱和投资的书，发明作为学习工具的游戏，而是创造更多的理解机会。人们理解得越多，就越能看到硬币的另一面。游戏玩家开始看到他们以前从未看到的机会，而不是看到恐惧和犹豫，因为他们的理解能力随着玩游戏次数的增多而增强。

我们的网站介绍了很多人的故事，他们玩过游戏，然后生活迅速发生了变化。他们摒除了那些旧观念，形成了关于金钱和投资的新理念，为他们的生活注入了新的可能。

富爸爸通过教我玩"大富翁"游戏使我成为一个企业主和投资者。游戏结束后，当我们去参观他的企业和房地产时，他可以教会迈克和我更多。我希望我发明的教育游戏能传授富爸爸教给我的基础和技术投资技能，远远超过当年"大富翁"游戏传授的知识。正如富爸爸所说："管理现金流和阅读财务报表的能力，是在 B 象限和

I 象限取得成功的基础。"

## 合格投资者具备的投资者控制

1. 自我控制；
2. 收入／支出比及资产／负债比控制；
3. 买卖时机的控制。

## 合格投资者拥有的 2 个 E

1. 教育；
2. 充足的现金。

## 莎伦评注

合格投资者，无论是基础投资者还是技术投资者，都从外部分析公司情况，然后决定是否要购买。许多成功的投资者都乐于作为合格投资者。由于拥有适当的教育和财务建议，很多合格投资者能够成为百万富翁。他们在别人经营和发展起来的企业里投资。由于接受过财商教育，他们能从公司的财务报表中分析公司的情况。

### p/e 是什么意思

合格投资者理解标志着一只股票优劣的市盈率（the price earnings，简称 p/e）。计算市盈率，就是用每股市价除以上年度每股收益。一般来说，低市盈率意味着这只股票的价格与其收益相比相对较低；高市盈率意味着一只股票的价格相对较高，或许不是一笔好交易。

$$市盈率 = \frac{每股市价}{每股收益}$$

如果两家成功的公司所处行业不同，它们的市盈率就会有很大差异。比如说，高成长、高收益的高科技公司的市盈率会比技术含量低的公司或增长平稳的公司的市盈率要高得多。让我们看看今天互联网公司的股票销售情况：很多公司在没有收益的情况下，其股票都以高价出售。这里的高价格反映了市场对未来高收益的预期。

## 未来市盈率很关键

合格投资者认为目前的市盈率没有将来的市盈率重要。投资者总是喜欢投资于财务前景良好的公司。为了使市盈率对投资者更有帮助，需要了解关于公司的更多信息。一般来说，投资者会把公司当年的市盈率同往年的市盈率进行比较，从而衡量公司的发展情况。同时，投资者还会把这家公司的市盈率，与同行业其他公司的市盈率进行对比。

## 并非所有当日交易者都是合格的

现在，很多人参与"当日交易"，由于在线交易方便快捷，当日交易变得越来越流行。当日交易者希望在一天之内，通过买卖证券来赚取利润。他们对市盈率非常熟悉。成功的当日交易者和不成功的当日交易者之间的区别，常常是他们观察隐藏在市盈率背后的信息的能力不同。很大部分原因，是成功的当日交易者花了时间学习技术或基础投资的基本知识。而没有适当的财务教育和财务分析技能的当日交易者，则更像在赌博，而不是在交易。只有受过良好教育的成功的当日交易者才能被看做合格投资者。

实际上，据说大部分的当日交易新手，在两年内就赔掉了他们部分或是所有的资本，并退出交易。当日交易是一种非常有竞争力的 S 象限的活动，需要最渊博的知识和最充分的准备，以使用好别人的钱。

请记住在我们的网站上可以免费收听录音报告《富爸爸说：要赢利不要恐慌》。学会怎样在股市崩溃时保持冷静的头脑并进行明智的投资，是一种非常重要的合格投资者的技能。而且，正是在股市崩溃时，很多人成了富翁。

# 第24章
# 成熟投资者

成熟投资者比合格投资者技高一筹，他们还研究合理利用法律体系。富爸爸把成熟投资者定义为既精通合格投资者的财务知识又熟悉以下法律的投资者：

1. 税法；
2. 公司法；
3. 证券法。

虽然成熟投资者不是律师，但是他们会依据法律，按投资产品和潜在收益来制订投资策略。他们常常会利用不同的法律法规，以极低的风险获得较高的收益。

## 了解 E-T-C

由于了解法律基本知识，成熟投资者能充分利用 E-T-C 的优势，"E-T-C"这3个字母分别代表实体（entity）、时机（timing）和收入特性（characteristic）。

富爸爸对 E-T-C 的描述是："E 代表对实体的控制，即对企业治理结构的选择。"如果你仅仅是一个雇员，那么这是你无法控制的。S 象限的人通常能选择以下实体：个人独资企业、合伙企业（这是最差的组织结构，因为你有权拥有一部分收益但要承担全部风险）、自由职业者公司、有限责任公司、有限责任合伙企业、普通公司[①]。

今天在美国，如果你是律师、医生、建筑师、牙医等，并且选择普通公司作为你的企业实体，那么你的最低税率为35%，而我的非特许专业服务企业只需缴纳15%的税。

这额外的20%的税差常年累计起来就是很多钱。这意味着，非专业人士比在普通公司的专业人士每年的起点高20%。

富爸爸对我说："想想那些不能选择企业实体的 E 象限的人吧，对他们来说，不管怎样努力工作，不管挣得多少薪水，总得先向政府缴纳所得税。他们工作越努力，挣钱越多，缴税就越多。究其原因，还在于 E 象限的人不能控制实体、支出和税收。再次强调，他们不能首先支付自己，因为《1943年税收法案》规定了政府有权向雇员征收所得税。自该法案通过之日起，政府一直是我们需要支付的头号对象。"

## 莎伦评注

在美国，合伙企业、自由职业者公司、有限责任合伙企业和有限责任公司常被称为"传递"（pass-through）实体，因为其收入通

---

① 普通公司，也称为C-Corporation，是最普遍的公司形态。普通公司没有股东限制。一般来说，公司有30人以上的股东或者是上市股东组合而成。公司被认为是个别的法律个体。因此，股东的个人法律责任通常限于其投资额。

过实体收益转为了所有者收益。请咨询税务顾问，从而找到适合你自身情况的实体。

## 普通公司

"你总是选择普通公司作为你的实体，是吧？"我问富爸爸。

"大多数时候是，"他回答，"要记住选择产品与公司实体前应该先有个计划，B象限的人通常有更多的选择机会，从而能更好地控制实体，以最好地实现他们的计划。当然，这些仍然要与你的税务律师和会计师一起商定。"

"但是你为什么选择普通公司作为你的实体呢？"我问，"它有什么特点对你来说如此重要？"

"有很大的不同。"他说。等了一会儿，他才解释道："个人独资企业、合伙企业、自由职业者公司都是你的一部分。简单地说，它们是你的外延。"

"那么普通公司是什么？"我问。

"普通公司是另一个你，它不仅仅是你的外延，它还能成为你的复制体。如果你真想学经营企业，就不要想着仅仅作为个人经营企业，那样做有太多的风险，特别是在当今这个法律诉讼满天飞的年代。当你想要从事企业经营时，你应该让你的克隆来实际操作。你不要想作为个人来经营企业或拥有财产。"富爸爸教导我，"如果你想变成富有的个体公民，那么在账面上你就要尽量显得一贫如洗、身无分文。"富爸爸又说："与此相反，穷人和中产阶级总希望以个人名义拥有一切。他们称之为'所有权的骄傲'，我却称之为'掠夺者和律师的目标'。"

富爸爸竭力想阐明的是"富人不想拥有一切而想控制一切。他们通过公司和有限责任合伙来控制一切。"这就是对富人来说控制

E-T-C 中的 E（实体）至关重要的原因。

在过去的两年里，我目睹了一场灾难。它使我清楚地认识到，准确选择实体，确实能帮助一个家庭避免发生毁灭性财务灾难。

有一家五金商店经营得非常成功，这是一个家庭合伙制小企业。这家人在镇子里住了很久了，认识镇上的每一个人，生活也很富裕，积极参加社会活动和各种慈善组织。你再也找不到比他们更加充满爱心、更慷慨的夫妇了。一天夜里，他们年轻的女儿酒后驾车，出了车祸，撞死了另一辆车上的一位乘客。这家人的生活从此发生了巨变。17 岁的女儿被判入狱 7 年，整个家庭失去了包括生意在内的一切。我举这个例子，并不想做任何道义上的声明，而只想指出，合理的财务计划，无论是家庭的还是企业的——通过使用保险、信托、有限合伙或公司等形式——也许可以阻止这个家庭的悲剧。

## 什么是双重课税

经常有人问我："你为什么推荐普通公司，而不是自由职业者公司或有限责任公司？你为什么愿意忍受双重课税呢？"

双重课税发生在公司为其收入纳税和向股东派发红利时。双重课税还会发生在公司出现不当结构化销售和宣布流动性股息时。对公司来说，股利不可扣减；但就股东而言，股利必须纳税。因此，收益在公司和个人层面上都被课税。

实际上，企业主经常通过增加自己的工资来减少或除去企业利润，从而排除利润被重复课税的可能性。另外，随着公司继续发展，留存利润被用于扩大企业规模，促进企业发展。（在美国，公司必须证明自己的累计收益是正当的，否则会受到《累计收益税法》的制裁。）这样一来，在没有股息申报时，双重课税就不会出现。

我个人非常喜欢普通公司，因为我认为普通公司能够提供最大的灵活性。我做事总是喜欢展望未来。一开始创业，我就期望自己的公司能成长为大企业。如今大多数大企业都是普通公司（在其他国家也差不多）。我发展企业，是因为我想出售它们或将其上市，而非获得股息。

有时，我也选择其他的实体。例如，我最近与人合伙创建了一家有限责任公司，以便我能买下一栋楼。

你应该咨询你的财务和税务顾问，以确定适合你自己情况的企业结构。

## 时机

富爸爸所说的 T 指的是时机。"因为最终我们都需要纳税，所以纳税时机非常重要。纳税是生活在文明社会的一种支出。富人不但控制纳税数额，而且控制纳税时机。"

了解法律有助于控制纳税时机。比如，美国税法第 1031 条款允许你在房地产投资中将收入"滚动"，只要你用收入以更高价格买下另一处房地产，你就被允许延迟纳税直到第二处房地产出售（或者你可以选择反复"滚动"——直到永远）。

普通公司还具有另一时机上的优势。大多数的个人、合伙企业、自由职业者公司和有限责任公司必须在 12 月 31 日申报纳税，而普通公司能按纳税和会计需要，挑选不同的年度结束时间（如 6 月 30 日）。这就可以针对公司向个人分红的时机进行纳税筹划。

## 莎伦评注

虽然罗伯特把实体和时机问题当做简单的纳税筹划工具，但是所有实体选择和取得收入的时机都应该具有合法的商业目的，并且都必须与你的法律顾问和税务顾问充分讨论。虽然罗伯特个人也运用这些纳税筹划机会，但他都是在法律顾问、税务顾问的悉心指导和策划下进行的。

下页的图表描述了多种形式的企业实体，指出了当你为个人需要选择实体时应考虑的问题。请注意，当你选择适合的企业实体时，有必要与法律、税务顾问仔细讨论一下你个人的财务、税务状况。

## 收入的特性

E-T-C中的C指的是收入特性，富爸爸说："投资者有控制力，而其余的人在赌博。富人致富，是因为与穷人和中产阶级相比，他们对钱有更大的控制力。一旦理解了金钱游戏就是控制游戏，你就能把眼光集中于一条重要的生活法则，不是挣更多的钱而是获得更多的财务控制力。"

富爸爸取出他的便笺本，写下3行字：

1. 劳动收入；
2. 证券收入；
3. 被动收入。

"这是3种不同类型的收入。"富爸爸强调我应当知道这种区别。

"这3种收入有很多区别吗？"我问。

## 合法的企业实体

| 实体 | 控制 | 负债 | 税收 | 会计年度结束日 | 持续时间 |
|---|---|---|---|---|---|
| 个人独资企业 | 你有完全控制力 | 由你完全负责 | 你需在个人纳税申报表上报告所有的收入与支出 | 日历年末 | 公司在你死亡时终止 |
| 一般合伙企业 | 包括你在内的每一个合伙人都应参与合同和其他商业协议的签订 | 对公司全部债务负完全的法律责任,包括合伙人承担的部分 | 在个人纳税申报表上填报你的合伙收入 | 多数与利息税交纳日期一致,或由主要合伙人商议决定;否则,必须是日历年度 | 任一合伙人死亡或退出则企业终止 |
| 有限合伙企业 | 普通合伙人控制企业 | 普通合伙人负完全责任——有限合伙人仅对自己投资部分负责 | 由企业负责年度纳税申报——普通合伙人和有限合伙人需填写个人纳税申报表,报告其收入与损失。损失限制在一定范围以内 | 多数与利息税交纳日期一致,或由主要合伙人商议决定;否则,必须是日历年度 | 不随有限合伙人的死亡而终结,但可能随普通合伙人的死亡而终结,除非合伙协议上另有规定 |
| 有限责任公司 | 所有者拥有控制权 | 所有者对公司债务不负法律责任 | 各州法律不同,允许你自行选择处理办法 | 各州法律不同,允许你自行选择处理办法 | 各州法律不同,在一些州,公司会随某一所有者的死亡而终止 |
| 普通公司 | 股东选出董事会,董事会任命执行官,执行官拥有最大控制权 | 股东仅为其出资额承担风险 | 公司缴纳公司税款,股东为各自的股利纳税 | 任何一个月末。私人服务型公司必须使用日历年度 | 公司作为独立法律实体而存在,它不随所有者、股东或执行官的死亡而终止 |
| 附属公司 | 股东任命董事会,董事会任命执行官,执行官掌握最大权力 | 股东仅为其出资额承担风险 | 股东在纳税申报表上申报其股权的盈亏状况 | 日历年度 | 公司作为独立法律实体而存在,它不以所有者、股东、执行官的死亡而终结 |

注意:请与你的财务顾问及税务顾问讨论以确定适合你具体情况的实体。

"很多，"他回答，"特别是与实体和时机结合起来考虑时，差别就更大了。你可能会首先想到控制实体和时机，但是控制收入特性是最重要的财务控制。"

揣摩了一阵，我才渐渐理解为什么说控制这 3 种收入的特性是如此重要。

"了解不同收入的特性十分重要，因为正是收入特性把富人和工薪阶层区分开来，"富爸爸分析道，"穷人和中产阶级关注劳动收入，也叫做薪水或工资收入。富人则关注被动收入和证券收入。这是富人和工薪阶层的基本区别。由此可见，收入特性控制是基本的控制，特别是对想发财致富的人来说。"

"在美国和其他一些经济发达国家，即便是一美元的劳动收入也需承担比被动收入和证券收入更高的税率。这部分税收用来提供多种形式的社会保障开支。"富爸爸继续解释道。所谓"社会保障"就是政府支付给社会各阶层的保障费用。在美国，社会保障包括社会保险、医疗保险、失业保险等。所得税被列为社会保障的首要来源，而被动收入和证券收入不需缴纳这方面的税。

"每天我起床后拼命工作挣到的钱都属于劳动收入，那不是意味着我得缴纳更多的税吗？所以，你一直鼓励我把注意力转到我想要的收入上。"我说。

我意识到富爸爸把我带回了《富爸爸穷爸爸》中的第一课，"富人不为钱工作，而是让钱为自己努力工作"。我突然明白了这句话的含义。我需要学会怎样把劳动收入转变成被动收入和证券收入，使我的钱能够为我工作。

## 成熟投资者掌握的投资控制工具

1. 自我控制；

2. 收入／支出比及资产／负债比控制；

3. 纳税控制；

4. 买卖时机控制；

5. 经纪交易控制；

6. E-T-C 控制。

## 成熟投资者拥有的 3 个 E

1. 教育；

2. 经验；

3. 充足的现金。

## 莎伦评注

SEC 规定中的成熟投资者并不一定是特许投资者，但他们在财务和企业经营上有充足的知识和经验，能评估出投资的预期收益和风险。SEC 认为特许投资者（因有一定的财力能支付得起顾问费用）有能力保护自己的利益。

相比之下，我们认为许多特许投资者和合格投资者其实不够成熟。许多有钱人从未学习过投资和法律基础知识，他们依赖于投资顾问，希望投资顾问是成熟投资者，能为其投资。

成熟投资者充分理解法律的影响力和有利条件，他们构造投资组合以求最大限度地利用实体、时机和收入特性。同时，他们也向法律顾问、税务顾问征求意见。

许多成熟投资者常常满足于作为外部投资者投资于其他实体。他们不拥有投资管理控制权，因此与内部投资者区别开来。他们可以在不拥有公司控股权的前提下投资于管理团队。另外，他们可以作为房地产财团的合伙人或者大公司的股东参与投资。他们仔细研究，谨慎投资，但是缺乏对相关资产管理的控制力，因而只能获得公司运作的公开信息。缺乏对管理的控制力，是成熟投资者与内部投资者的根本区别。

然而，成熟投资者仍然利用 E-T-C 提供的优势分析其投资组合。在第四阶段，我们将讨论成熟投资者怎样运用这些原则获取法律提供的最优惠条件。

### 好与坏

除了以上讨论的 3 种收入特性外，还有 3 种普遍原则可以区分成熟投资者与普通投资者。成熟投资者理解以下区别：

1. 良性债务与不良债务；
2. 好支出与坏支出；
3. 好的亏损与坏的亏损。

按常规，良性债务、好支出、好的亏损都能为你带来额外的现金流。例如，用来获取每月都带来现金流的出租房产的债务就是良性债务。同样，用于法律、税务咨询方面的支出是好支出，因为通过纳税筹划，你可能节约数千美元的税收。因房地产贬值而引起的亏损称为好亏损，这种亏损也称为"影子"亏损，因为它只是纸上的亏损，不需要实际现金支出，其最终结果是一笔储蓄，因为亏损使收入减少，进而使所得税减少。

知道了良性债务与不良债务、好坏支出、好坏亏损的区别，就能辨别成熟投资者与普通投资者了。普通投资者听到"债务、支出、亏损"这些词时，常会做出消极反应。因为根据他们的经验，债务、支出、亏损总会导致现金流出，而不是流入。

成熟投资者会虚心听取会计师、财务顾问、税务顾问的建议，然后构建最有利于自己投资的财务组织结构。他们寻找体现 E－T－C 特征的业务来投资，因为这些特征能支持他们的个人财务计划——他们发财致富的宏伟蓝图。

## 你怎样识别成熟投资者

我记得富爸爸给我讲过一个有关风险的故事。尽管故事的一部分已在本书中提过，但还是有必要在这里重复一下。普通投资者与成熟投资者对风险的看法大相径庭。因此，从风险观入手，能真正识别谁是成熟投资者。

## 为什么有一种安全很危险

一天，我找到富爸爸，对他说："我爸爸觉得你太冒险。他认为一份财务报表是安全的，你却认为只控制一份财务报表是危险的。你们的观点似乎很矛盾。"

富爸爸笑了："的确如此。"接着又是一阵笑声。"我们几乎是针锋相对，"富爸爸停顿了一下以整理思维，"如果你想真正富起来，就必须改变你对安全和风险的观念。穷人和中产阶级认为安全的，我却认为很危险。"

我琢磨着富爸爸的话，思考着穷爸爸和富爸爸在安全和风险的观念上的冲突。最后我问："我不太理解，可以给我举个例子吗？"

"当然可以，"富爸爸说，"注意听我们的语言。你爸爸总是说'找一份安稳的工作'，是不是？"

我点点头："是的，他认为那样的生活最有保障。"

"但那真的有保障吗？"富爸爸问。

"我猜对他来说是，"我回答，"你的看法不同吗？"

富爸爸点点头，接着问："当一家上市公司宣布大规模裁员时，通常会发生什么？"

"不知道，"我回答，"你是问当一家公司解雇很多员工时会发生什么吗？"

"是的，"富爸爸说，"他们的股票价格会有什么变化？"

"不知道，"我回答，"股票价格会下跌吗？"

富爸爸摇摇头，平静地说："不，很不幸，当一家上市公司宣布大规模裁员时，股价通常会上涨。"

我思考了片刻，说："所以你经常说现金流左右两侧象限的人有着巨大的差异。"

富爸爸点点头："巨大的差异。对一方来说是安全的东西，对另一方来说却是危险的。"

"那就是只有极少数人真正致富的原因吧？"我问。

富爸爸再次点点头，重复着说过的话："对一方来说是安全的东西，对另一方来说却是危险的。如果你想致富，并使你的财富代代相传的话，你就必须看到风险与安全的两面，而普通投资者只看到了其中一面。"

## 看起来安全的东西实际上却很危险

如今我已长大成人，已能明白富爸爸的见解。现在，我认为是安全的东西大多数人却认为是危险的。下面这张表里列举的是两者的一些区别。

| 普通投资者 | 成熟投资者 |
|---|---|
| 仅拥有一张财务报表。 | 拥有多张财务报表。 |
| 希望每一样东西都以私人名义得到。 | 不想以私人名义得到任何东西,而是利用公司实体。私人住宅、汽车通常都不在其名下。 |
| 不把保险当投资,使用"多元化"一类词语。 | 把保险当投资产品,以对冲风险。使用诸如"已投保的"、"敞口"、"对冲"等词语。 |
| 仅持有纸资产,包括现金和储蓄。 | 既有纸资产又有硬资产,如房地产、贵重金属。贵重金属能避免因政府对货币供给管理不善而带来的损失。还知道不兑现纸币。 |
| 关注于工作安全。 | 关注于财务自由。 |
| 重视专业教育,避免犯错误。 | 重视财务教育,懂得犯错误是学习的一部分。 |
| 不关注财务信息,或希望免费得到财务信息。 | 乐意付钱获取财务信息。 |
| 考虑问题的方式是非好即坏、非黑即白、非对即错。 | 从多个角度考虑问题。 |
| 死盯着过去的指标,如市盈率和资本化率。 | 寻找未来指标,如趋势、形式、管理及产品的变革。 |
| 首先找经纪人,征询投资建议或者不请教任何人独自投资。 | 最后找经纪人,与财务、法律顾问团队商量后再找合适的经纪人。经纪人通常为团队的一部分。 |
| 寻求外界保障,如工作、公司、政府等。 | 重视个人的自信、独立。 |

总之,对一些投资者来说是安全的东西,对另一些投资者来说就是危险的。

# 第 25 章
## 内部投资者

内部投资者是了解投资内部信息并具有一定程度管理控制力的人。

虽然具有管理控制力是内部投资者的一个重要特征，但是富爸爸指出，他们最重要的特征是，成为内部投资者不需拥有大量收入或资产净值。总经理、董事长或者持有公司 10% 以上已发行股票的所有者，都属于内部投资者。

大多数有关投资的书都是写给外部投资者的，而本书是为想做内部投资者的人而写。

在现实世界，既有合法的内部投资行为，也有不合法的内部投资行为。富爸爸总是希望我和他的儿子成为内部投资者而不是外部投资者，因为这是减少风险增加收益的非常有效的途径。

具备财务教育但没有特许投资者的财务资源的人，也能成为内部投资者。因此，如今许多人进入了投资领域。通过建立自己的企业，内部投资者来建立自己能运行、出售并公开上市的资产。

奥肖内西在他的《华尔街股市投资经典》一书中，通过不同投资的市值，分析了各种股票的收益。该书表明小型股比其他投资表现好得多。下页是书中的一张图表（图中数据单位为美元），以供大家参考。

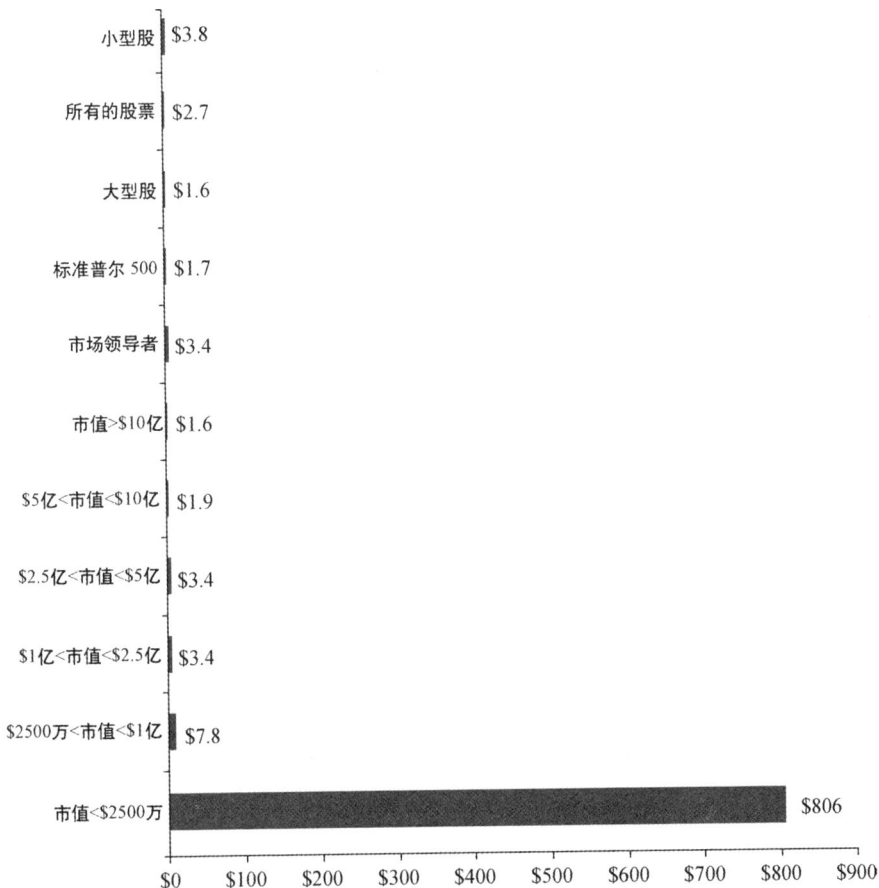

| | |
|---|---|
| 小型股 | $3.8 |
| 所有的股票 | $2.7 |
| 大型股 | $1.6 |
| 标准普尔 500 | $1.7 |
| 市场领导者 | $3.4 |
| 市值>$10亿 | $1.6 |
| $5亿<市值<$10亿 | $1.9 |
| $2.5亿<市值<$5亿 | $3.4 |
| $1亿<市值<$2.5亿 | $3.4 |
| $2500万<市值<$1亿 | $7.8 |
| 市值<$2500万 | $806 |

1951年12月31日投资的$10,000经过每年市值的再平衡过程,
至1996年12月31日所达到的价值
资料来源:《华尔街股市投资经典》(奥肖内西著)

　　几乎所有的高收益都出现在市值低于2500万美元的小盘股中。共同基金认为盘太小不去投资,而普通投资者又很难找到这种高收益的小盘股。正如奥肖内西所说的:"小盘黑马股对每个人来说几乎都是可望而不可即的。"这种股票交易量很小,因而要价与出价通常是分离的。这就是10%的投资者怎样控制90%股份的一个实例。

　　如果你不能找到这样的股票投资,那么考虑一下另外一个好办法吧,建立你自己的小盘股公司,作为内部投资者去享受超额利润。

## 我是怎样做的

作为内部投资者，我实现了财务自由。记住，我以小规模起家，作为成熟投资者买进房地产。我学会了运用有限合伙企业和公司来尽可能多地节税并保护资产。然后我又开了几家公司获得了更多的经验。利用从富爸爸那里学到的财务知识，我作为内部投资者开始创立企业。直到我作为成熟投资者取得了成功之后，才成为特许投资者。我从来不认为自己是合格投资者。我不知道怎样选股，也不作为外部投资者购买股票。（为什么我要作为外部投资者呢？内部投资者风险既小又能获得更多的利润！）

我讲这些是想给你带来希望。如果我能通过创办企业成为内部投资者，那么你也能做到。记住，你越能控制你的投资，风险就会越小。

## 内部投资者掌握的投资者控制工具

1. 自我控制；

2. 收入／支出比及资产／负债比控制；

3. 投资管理控制；

4. 纳税控制；

5. 买卖时机控制；

6. 经纪交易控制；

7. E-T-C 控制；

8. 协议的条款和条件控制；

9. 信息渠道控制。

# 内部投资者拥有的 3 个 E

1. 教育；

2. 经验；

3. 充足的现金。

# 莎伦评注

美国证券交易委员会把"内部人"定义为知道公司未公开信息的人。《1934 年证券交易法》规定，任何人从未公开的信息中谋取利益都是违法的。这些人包括公司内部的人，也包括从公司内部人员之处获得秘密信息并利用这些信息谋利的人。

而罗伯特这里讲的"内部人"，是指能管理控制企业运作的投资者。内部投资者能控制公司的经营方向，而外部投资者不能。罗伯特区分了合法的和不合法的内部人交易，他强烈反对不合法的内部人交易。合法赚钱太容易了。

### 创造力控制

作为私人企业主，你投资和冒风险的钱是你自己的。如果你有外部投资者，那么你就有信托责任，管理好他们的投资，但你能控制公司的管理，并获得内部信息。

### 购买控制

除了建立你自己的企业以外，你还可以通过买下一家现有公司的控股权而成为内部投资者。买下公司的多数股票就能使你获得控股权。记住，当你不断增加你的投资控制力时，你就是在不断减少投资中的风险。当然，这是在你掌握了企业管理技巧和投资技巧的前提下。

　　如果你已经拥有了一家企业并想扩大其规模，你可以通过兼并或收购获得另一家公司。有关兼并或收购的重要问题实在太多了，这里不能一一解释。然而，有一点非常重要，那就是在购买、兼并或收购之前，要寻求有竞争力的法律、税务和会计建议，以确保这些交易的顺利进行。

　　从内部投资者变为终极投资者，你必须下决心出售部分或全部企业。下面的问题可能会有助于你作出决定：

　　1. 你还喜欢这家企业吗？

　　2. 你想创办另一家企业吗？

　　3. 你想退休吗？

　　4. 这家企业赢利吗？

　　5. 这家企业是不是发展得太迅速以至于你无法控制？

　　6. 你的公司是否想通过出售股票或把公司出售给另一家企业来筹集大量的投资基金？

　　7. 你的公司有公开上市的金钱和时间吗？

　　8. 在不影响公司运作的情况下，你能把工作重心从公司日常运作转到出售谈判或公开上市上吗？

　　9. 你的企业所在的行业是在扩张还是在收缩？

　　10. 你的竞争对手对你的公司的出售或公开上市有什么影响？

　　11. 如果你的企业足够强大，你能把它传给孩子或其他家庭成员吗？

　　12. 家庭成员中（如孩子）是否有人训练有素，有较强的管理能力能够接管公司？

　　13. 这家企业需要你所不具备的管理技能吗？

许多内部投资者都十分快乐地经营着他们的企业和投资组合。他们不想公开或不公开地出售他们的部分企业，也不想彻底卖掉企业。罗伯特最好的朋友迈克就是这种类型的投资者。他非常满足地经营着那个他们父子俩共同建立起来的商业王国。

# 第26章
# 终极投资者

终极投资者是像比尔·盖茨和沃伦·巴菲特那样的人物。他们创建了庞大的公司，别的投资者都想向这些公司投资。终极投资者创造了巨额资产，为数百万人创造了数以亿计的财富。

盖茨和巴菲特之所以能够成为大富豪，不是因为他们拥有高薪或出色的产品，而是因为他们创建了巨大的公司并将其公开上市。

虽然我们中不是很多人都可能创建像微软或伯克希尔·哈撒韦那样的大公司，但是我们都有可能创建小型企业，然后将其出售给个人或公众以发财致富。

富爸爸常说："有些人建造房子出售赚钱，也有人制造汽车，而终极投资者创建千百万人都想拥有其股份的公司。"

## 终极投资者拥有的投资者控制

1. 自我控制；

2. 收入／支出比及资产／负债比控制；

3. 投资管理控制；

4. 纳税控制；

5. 买卖时机控制；

6. 经纪交易控制；

7. E-T-C（实体、时机和收入特性）控制；

8. 协议的条款和条件控制；

9. 信息渠道控制；

10. 财富回馈、慈善活动和财富再分配控制。

## 终极投资者拥有的 3 个 E

1. 教育；

2. 经验；

3. 充足的现金。

## 莎伦评注

公开上市有优势也有劣势，我们以后将会详细讨论。下面我们先给出一些 IPO 的优缺点。

**优点：**

1. 允许企业主兑现部分公司股权。例如比尔·盖茨最早的合伙人保罗·艾伦为了买下几家有线电视公司而出售了一些他持有的微软股票。

2. 增加发展资金。

3. 偿还公司债务。

4. 增加公司资产净值。

5. 允许公司向雇员提供认股权，以此作为福利。

**缺点：**

1. 你的经营活动将公开。你有义务向公众披露那些原属私有的信息。

2. IPO太昂贵。

3. 你的工作重心从管理企业运营转向适应和符合上市公司的要求。

4. 顺应公开上市发行、季度和年度报告要求繁多。

5. 你时刻面临失去对公司控制的风险。

6. 如果你的股票在公开市场上表现不佳，你就会面临被股东控告的危险。

对许多投资者来说，企业上市的预期财务回报远远超过了IPO的潜在不利条件。

## 从我的道路出发

本书余下部分，是关于富爸爸引导我从一个内部投资者和成熟投资者成长为终极投资者的过程。

他再没必要引导他的儿子迈克了，因为迈克已经很满足于成为一位内部投资者。在此后几章中，你将会了解到富爸爸认为十分重要的、我需要学习的东西以及我在我的道路上犯下的一些错误。我真心希望你能够记取我成功的经验和失败的教训，走上通向终极投资者的道路。

# 第 27 章
# 怎样快速致富

富爸爸常常向我讲述各种不同水平的投资者，他想让我懂得投资者致富的各种途径。富爸爸就是首先作为内部投资者而投资致富的。他从开办小企业起家，不断学习运用税收优惠政策。他很快获得了自信，年纪轻轻就成为了一名成熟投资者。他已创建了一个惊人的商业王国。而我的亲爸爸是一位政府雇员，一辈子拼命工作，去世时依然是两手空空。

随着我一天天长大，富爸爸和穷爸爸的差距日益明显。最后我问富爸爸，为什么他变得越来越富有，而我爸爸却工作得越来越辛苦。

在本书的前言中，我讲述了我与富爸爸漫步沙滩，参观他刚买的海滨地产的故事。那次在沙滩漫步，我意识到富爸爸刚刚买下了只有富人才能获得的投资。问题是，那时富爸爸还不是一个富人。于是我问他，为什么我爸爸比他挣得多，却无法承受那笔昂贵的投资。

就是在这次海滩散步时富爸爸给我讲了他的基本投资计划。他说："我也买不起这块土地，但我的企业买得起。"正如我在前言中提到的，就是那个时候我对投资的力量产生了极大的好奇，然后开始学习这方面的知识。那次散步时我 12 岁，那时我开始学习许多世界上最富有的人的投资秘密，以及 10% 的人能够控制 90% 的财富的原因。

我也提到过麦当劳的创始人雷·克罗克在我朋友的 MBA 课上

讲过相同的事情。他说："我不是做汉堡包生意的，我的生意是房地产。"这就是麦当劳拥有世界上最有价值的房地产的原因。雷·克罗克和富爸爸都懂得做生意的目的是购买资产。

## 富爸爸的投资计划

还在我读小学的时候，富爸爸就试图教我分清富人、穷人和中产阶级的差异。在一次星期六的课上，他对我说："如果你想得到一份安稳的工作，就听从你爸爸的建议；如果你想致富，就得听从我的建议。鱼和熊掌不可兼得，你爸爸既想获得工作安全又想发财致富，这种希望十分渺茫。法律不是按照他的意志写的。"

在《富爸爸穷爸爸》一书的6堂课中，有一课描述过公司的力量。在《富爸爸财务自由之路》一书中，我分析过不同的税法怎样限制着不同象限的人。富爸爸对我讲这些，是想让我认识到他的投资计划和我爸爸的投资计划的区别。这些区别，对我大学毕业和服完兵役后的人生道路产生了重大影响。

"我的企业用税前收入购买资产。"富爸爸边说边画出如下示意图：

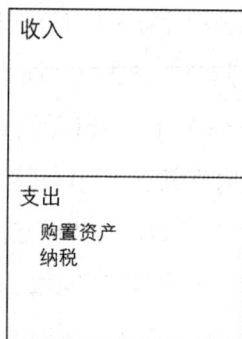

| 收入 |
| --- |
| 支出<br>　购置资产<br>　纳税 |

"你爸爸用税后收入购买资产，他的财务报表是这样的。"富爸爸说。

```
┌─────────────────────────┐
│ 收入                     │
│                         │
│                         │
├─────────────────────────┤
│ 支出                     │
│   纳税                   │
│   购置资产               │
│                         │
└─────────────────────────┘
```

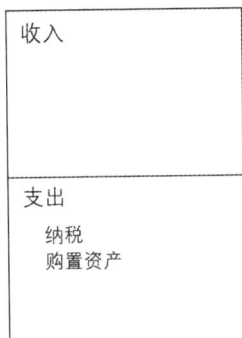

作为一个孩子，我不能完全理解富爸爸的这些话，但是我确实看到了这里有区别。因为我很迷惑，所以我一直追问他。为了帮助我更好地理解，他又画出如下示意图：

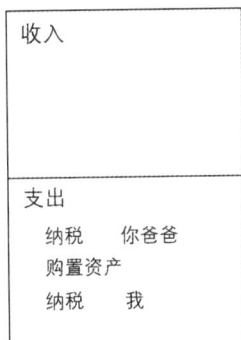

```
┌─────────────────────────┐
│ 收入                     │
│                         │
│                         │
├─────────────────────────┤
│ 支出                     │
│   纳税      你爸爸        │
│   购置资产               │
│   纳税      我           │
└─────────────────────────┘
```

"为什么？"我问富爸爸，"为什么你可以在最后纳税而我爸爸要首先纳税？"

"因为你爸爸是雇员，而我是企业主。"富爸爸说，"要记住，虽然我们都生活在同一个自由的国度，但不是每个人都适用相同的法律。如果你想快速致富，最好遵循富人适用的法律。"

"我爸爸要缴纳多少税款？"我问。

"嗯，你爸爸是一个高薪政府雇员，我估计他得以一种或多种形式，至少缴纳其收入 50% ～ 60% 的税款。"富爸爸说。

"那你缴纳多少税款？"我问。

"嗯，这个问题提得不准确，"富爸爸说，"你该问我应缴税的收入是多少？”

我不解地问：“这有什么区别吗？”

富爸爸说：“我只对净收入纳税，而你爸爸对总收入纳税，这是你爸爸和我最大的区别之一。我之所以很快致富，是因为我用总收入购买资产而以净收入纳税。你爸爸以总收入纳税而用净收入购买资产。这就是他很难致富的原因。他把大量的收入首先给了政府，这些收入他本可以用来购买资产。相反，我购买了资产后才为剩余的净收入纳税。我先购买资产，然后纳税；而你爸爸先纳税，然后才用剩余的很少的现金购买资产。”

在十一二岁时，我还不能真正听懂富爸爸的话。我只是觉得他的话听起来是不公平的，所以我抗议道：“那不公平！”

“我同意。”富爸爸点头说，“是不公平，但这是法律。”

## 法律是相同的

当我在投资研讨班上与大家讨论这个问题时，经常听到有人说：“这可能是美国的法律，但不是我们国家的法律。”

由于我是在英语国家授课，所以经常这样回答：“你怎么知道？是什么使你觉得法律是不相同的？”事实上，大多数人根本不知道哪些法律是相同的，哪些是不同的，因此我通常会给他们上一节简短的课讲解经济史和法律。

我在课堂上指出，大多数英语国家的法律都是建立在英国普通法基础之上的，这个法律被英国东印度公司传遍了世界。我还向他们指出富人开始制定法律的确切时间。1215 年，《大宪章》（Magna Carta）这一英国宪法史上最著名的文件签署了。随着《大宪章》的签署，约翰国王把他的部分权力交给了英格兰富有的贵族。现在人们普遍认为该法案导致了历史上反对滥用贵族权力的运动。

接着我进一步解释了富爸爸告诉我的《大宪章》的重要性。"自《大宪章》签署以后，富人就一直在制定游戏规则。"他又说："道德上的黄金法则是'对待别人要像你希望别人对待你一样'。有人说经济上的黄金法则是'有钱的人制定规则'。然而，我认为真正的黄金法则是'制定规则的人获得财富'。"

在前言中我提到的1999年9月13日《华尔街日报》中的文章就印证了富爸爸的经济黄金法则。那篇文章指出："当各种投资信息公之于众时，精英集团保留了股市的特权。"

"根据纽约大学经济学家埃德华·沃尔夫的研究数据，1997年美国仅有43.3%的家庭持有股票。其中大部分家庭持有股票的数量较少，而近90%的股票都被最富有的10%的家庭所持有。总之，最富有的10%的家庭控制的国家财富的比例，从1983年的68%上升到了1997年的73%。"

## 企业为你购置资产

当我25岁即将离开海军陆战队时，富爸爸提醒我两种人生道路的区别。

他说："这就是你爸爸试图投资并获得财产的示意图。"

他又说："这是我怎样投资的示意图。"

"要记住，对于不同象限的人，游戏规则是不同的。尽管航空公司的工作在短期内可能很有趣，但从长远来看，它不会使你变得像你期望的那样富有。因此，应该仔细考虑你下一步的职业。"

## 税法是怎样改变的

虽然富爸爸没有完成正式学业，但他锲而不舍地钻研经济学、法律和世界史。当他得知 1965 ～ 1969 年我在纽约金斯角的美国商船学院学习世界贸易时，他非常兴奋，因为我的课程包括海事法、商法、经济学和公司法。由于学过这些课程，所以我作出不当飞行员的决定就很容易了。

## 在历史中发现原因

历史上，为抗议繁重的赋税而组织的"波士顿倾茶事件"，是美国和其他英属殖民地的不同之处。正因为美国是低税国家，吸引了许多来自世界各地想迅速致富的企业家，所以美国经济在 19 世纪、20 世纪取得了迅猛发展。然而，1913 年，我们通过了《第十六次宪法修订案》，该法案规定富人必须向政府缴纳足够税款，那是美国低税历史的结束。但是，富人总能找到合理避税的办法。因此，对不同象限的人来说，法律是不同的。法律特别青睐 B 象限，也就是美国超级富翁的象限。

富人为了报 1913 年税法改革的一箭之仇，悄悄寻找机会改变法律。他们把税收压力转嫁到其他象限身上。税收的演变过程如下：

1943 年，《现期纳税法》通过。现在，不光是富人要向政府纳税，E 象限的人也必须纳税。如果你是 E 象限的雇员，你再也不能先支付自己了，因为要先支付政府。人们常常会惊讶地发现，从他们收入中拿走的直接税和隐藏税是如此之多。

1986 年，《税收改革法案》通过，大大影响了社会中每一位专业人士，如医生、律师、会计师、建筑师、工程师，等等。该法案阻止了 S 象限的人运用与 B 象限的人相同的税法。例如，倘若 S 象限的人有和 B 象限的人一样的收入，则 S 象限的人不得不按 35% 的起始税率纳税（如果加上社会保险税将是 50%）。而 B 象限的人很可能在同等收入上支付 0% 的税款。

换句话说，这条黄金法则"制定规则的人获得财富"，又一次被证明是正确的。自从 1215 年英格兰贵族强迫国王签署《大宪章》起，规则的制定一直被 B 象限的人所控制。可能 B 象限的人代表贵族。

一些法律及其沿革在《富爸爸穷爸爸》和《富爸爸财务自由之路》两本书中解释得更详细。

## 作出决定

我决定不遵从穷爸爸的计划而遵从富爸爸的投资计划之后，富爸爸对我成功的机会作了简要的分析，这坚定了我的决心。他画了一幅现金流象限图，对我说："你首先应该决定在哪个象限最有机会获得长远的成功。"

他指着 E 象限说："你不具备使雇主给你高薪的专业技术，因而作为雇员你可能永远挣不到足够的钱用于投资。另外，由于你粗心大意，易于厌烦，注意力不能长时间集中，不能很好地接受指导，所以你在 E 象限取得财务成功的机会很小。"

他又指着 S 象限说："S 象限代表机灵聪慧。那正是许多医生、律师、会计师和工程师在 S 象限的原因。你也很聪明，但谈不上精明，永远不是最好的学生。S 还代表明星，但你可能永远不会成为歌星、电影明星或体育明星，因此你在S象限挣大钱的机会也很小。"

富爸爸继续说："现在还剩下 B 象限，而这个象限很适合你。由于你缺乏专业技能和独特的天赋，那么你只有在这个象限才能发财致富。"

经过这些分析，我作出了决定：我获得财富、取得财务成功的最佳途径就是创办企业。税法的优势以及我自身天赋的缺乏，让我很容易作出决定。

## 在实践中豁然开朗

我在今天的研讨班上努力把从富爸爸那里学到的智慧传授给我的学生。当别人问我怎样投资时，我通常说我会通过企业投资，或像富爸爸那样说："我的企业为我购买资产。"

**讲到这里，总有人举手说：**

1. "但我只是个雇员，我没有自己的企业。"
2. "不是每个人都能拥有企业呀。"
3. "开公司是很冒险的。"
4. "我没有钱投资。"

对于这些对富爸爸投资计划的不同反应，我提供以下的观点。

就"不是每个人都能拥有自己的企业"这一说法，我想提醒大家，不到100年前，大多数人拥有自己的生意。100年前，大约85%的美国人是农场主或店主，只有少部分人是雇员。我的祖父母、外祖父母那时都是小企业主。然而在工业时代，高薪工作、生活保障、退休金福利使我们失去了独立意识。我还得指出，我们的教育体系被设计为专门用来培养雇员和专业人员，而不是企业家。因此，人们自然会感到创办企业是件冒险的事。

**我想强调的是：**

1. 如果你们渴望发展自己的商业技能，那么你们都有潜力成为成功的企业主。我们的祖先就是通过不断发展并依靠他们的企业家技能而生存与发展的。如果你今天没有自己的企业，那么问题是，你愿意付出努力去学习怎样建立一家企业吗？你是唯一能回答这个问题的人。

2. 当人们说"我没钱投资"或者"我想不花钱购买房地产"时，我回答："也许你应该转换象限，在允许你用税前收入投资的象限中投资，那样也许你会有更多的钱投资"。

在投资计划中，你应该首先考虑你在哪个象限快速致富的机会最大。在这个问题上作出决定之后，你就可以开始以最低的风险为最高的回报投资了。你将会拥有致富的最好机会。

# 第28章
# 保留日常工作仍能致富

我已经决定创办一家企业，但是接下来面临的难题是资金短缺。首先，我不知道如何建立企业。其次，我没钱投入。第三，我甚至连维持生活的钱都没有。饥肠辘辘，缺乏自信，于是我只好拨通富爸爸的电话，问他该怎么办。

他立即说："去找一份工作。"

他的回答让我吃惊："我以为你会让我创立自己的企业。"

"我是想这么说的，但你总得先有吃有住吧。"他说。

他接下来对我说的话，我已告诉过了无数的人。富爸爸说："成为企业家的首要原则是不要单纯地为钱工作。找一份工作只是为了使你学到长远的技能。"

在施乐公司，我找到从海军陆战队退役后的第一份也是唯一一份工作。我选择这家公司，是因为它拥有最好的销售培训计划。富爸爸认为，我不但非常害羞而且怕受挫折，因此他建议我学习推销，不是为了钱，而是为了克服恐惧心理。从那以后，我每天穿梭在办公楼之间，敲开每一扇门，费尽心思地推销每一台施乐复印机。那是一个非常痛苦的学习过程，然而正是这个过程使我日后成为了百万富翁。

富爸爸说："如果不懂得推销，你就不能成为一名企业家。"

起初两年，我是火奴鲁鲁分公司中业绩最差的销售员。于是我利用业余时间去上销售课，并且买了许多相关的磁带，反复地听。在几次差点被解雇后，我终于渐渐打开了销路。尽管我仍然很害羞，但是推销训练帮我发展了获取财富所需的技能。

但问题是，我无论怎样努力，无论卖出多少台复印机，还是摆脱不了缺钱的现实。我仍旧没钱投资，没钱办企业。一天，我告诉富爸爸我打算去做兼职增加收入，以便我可以开始投资。

富爸爸说："人最大的错误是太为金钱所累。"他继续说："大多数人的财务状况总是得不到改善，是因为当他们一需要更多的钱，就去做兼职。如果他们真的想改善财务状况，就应该保留工作并在工作之余开始创办企业。"

富爸爸知道我正在学有价值的技能并且很想成为企业主和投资者后，他画了如下图表：

"现在是你创立你自己的企业的时候了，在业余时间创业吧。"他说，"不要把时间浪费在兼职工作上。如果做兼职工作，那么你只能待在 E 象限。但如果你在业余时间创立了自己的企业，你就会进入 B 象限。多数大企业都是在业余时间创立起来的。"

1977 年，我利用业余时间开办了尼龙和维可牢搭扣钱包公司。如今，很多人已经熟悉这种产品了。从 1977 年到 1978 年，我努力为施乐公司工作，最终成为分公司的最佳销售员之一。在业余时间，我还建立了一家企业，那家企业很快成为国际性的为我带来数百万美元收益的企业。

我的产品有各色的尼龙钱包、尼龙表带和运动鞋包，鞋包里可以装钥匙、钱或者身份证。当有人问我是否喜欢我的产品时，我的答案是不太喜欢。我说："我并不喜欢这些产品，但我确实享受创立企业的挑战。"

我特别提及这一点，是因为现在很多人对我说这样的话：

1. "我有一个新产品的创意。"
2. "你应该对你的产品充满激情。"
3. "在建立企业之前，我得物色到合适的产品。"

我通常对这些人说："世界上充满了新产品的伟大创意，也充满了伟大的产品。但世界上缺乏企业家。利用业余时间创办企业的首要目的不是要制造出卓越的产品，而是要使你成为卓越的企业家。出色的产品很多，但伟大的企业家很少，而且他们都很富有。"

就拿微软的创始人比尔·盖茨来说吧，他甚至没有发明过自己的软件产品。他从一群计算机编程人员那里购买软件，然后创办了历史上最有实力和影响力的公司。盖茨自己没有创造出卓越的产品，但是他创办了伟大的企业，而这家企业使他成为世界上最富有的人。

因此，这个要诀就是不要绞尽脑汁去生产最好的产品，而是要集中精力去创办一家企业，以便你能学会成为一位卓越的企业家。

在得克萨斯大学的学生宿舍，迈克尔·戴尔开始了他的业余创业。后来，他退学了，因为他从利用业余时间创办的企业中积累了财富，任何其他工作都不能使他这样富有。

亚马逊网上书店也是利用业余时间从一间车库开始的。今天，那个曾经的年轻人也是亿万富翁了。

## 前车之鉴

许多人梦想建立自己的企业，但都因为害怕失败而从不去尝试。不少人梦想致富，却因为缺乏技巧和经验而没有成功。商业技巧和经验恰恰是金钱的来源。

富爸爸对我说："你在学校里接受的教育很重要，但你从街头得到的教育更好。"

在家里利用业余时间创建一家企业，可以使你学到无价的商业技巧，并在许多方面能力得到提高，例如：

1. 社交技巧；
2. 领导艺术；
3. 团队建设技巧；
4. 税法；
5. 公司法；
6. 证券法。

这些能力和知识在周末补习班或者单从一本书中是学不到的。直到现在，我仍然坚持学习，我学到的东西越多，我的企业就越受益。

人们利用业余时间创建企业从而学到如此多的技能，一个原因就是他们是作为内部投资者开始的。如果一个人能够学习建立企业，那么他就会拥有得到无限财富的商机。然而 E 象限和 S 象限的人存在的问题是，他们的机遇通常被他们工作的努力程度和有限的时间所限制。

# 第 29 章
## 企业家精神

人们投资往往基于以下两种原因：

1. 为退休储蓄；
2. 赚更多钱。

虽然许多人投资都是出于这两个重要原因，但似乎大多数人更倾向于第一种原因。他们像储蓄者一样把钱放到一边，希望钱会随着时间的推移而增值。他们决定投资，却总是忐忑不安，担心失败往往多于关注成功。我曾目睹很多人因为害怕失败而没有行动。其实，投资有时候需要跟着感觉走。如果失败的痛苦和恐惧过于强烈的话，那么这样的投资者最好谨慎一些。

然而，如果你留意观察，就会发现谨小慎微的投资者是不可能获得巨额财富的。唯有具备极强企业家精神的投资者，才能改变世界。

勇敢的探险家哥伦布的故事，是我最喜欢的故事之一。哥伦布坚信地球是圆的，他制订了一个大胆的计划，要找到通往富庶亚洲的新航线。但是在他生活的年代，大多数人认为地球是平的。许多人认为，如果哥伦布实施了他的荒唐计划，他将沿着地球的边缘掉下去。为了向世人证明他的理论，身为意大利人的哥伦布不得不寻求西班牙王室的支持，说服西班牙王室为他的商业冒险投资。幸运的是，费迪南德国王和伊莎贝娜王后提供了第一笔经费，支持哥伦布的探险行动。

在学校里，我的历史老师告诉我，这笔钱是哥伦布为了通过探险获得知识而筹集的。富爸爸却告诉我，那是商业冒险需要的资金。西班牙国王和王后很清楚，如果哥伦布成功地从西方航行到东方，他们的投资回报将无比丰厚。国王、王后和哥伦布一样都有真正的企业家精神。国王和王后并不是盲目投资，他们想赚到更多的钱。这就是为得到巨大回报而冒险的企业家精神。国王和王后正是投资于这种精神。

## 为什么要创建企业

当我筹划着利用业余时间来创建自己的企业时，富爸爸坚持要我接受企业家精神。带着这种精神，我开始了自己的冒险——创立跨国企业。富爸爸说："挑战和激情是你建立企业的动力。要成功，你就要全身心地投入。"

富爸爸要我建立企业，以找到我的企业家精神。他常说："世界上到处都是有伟大创意的人，但是因此获得巨额财富的人屈指可数。"因此，他鼓励我建立企业，任何企业都行。他不关心产品是什么，也不关心我对产品的喜欢程度。他不关心我是否会失败，只是鼓励我开始。今天，我遇到过许多有创意的人不敢开办企业，或者初次的失败就让他们一蹶不振。因此，富爸爸常常引用爱因斯坦的话："伟大的思想常常遭遇庸人的强烈反对。"富爸爸只要求我建立企业，以此来挑战我的平庸思想，并在奋斗的过程中，培养我的企业家精神。富爸爸还说："许多人宁愿购买资产而不创造资产，究其原因，就是他们无法让企业家精神占据头脑，从而将创意转化为巨大的财富。"

## 20万美元不是目标

让我们回到特许投资者的定义上来。富爸爸说:"一个特许投资者的最低标准是年收入要有20万美元。对某些人来说,这是一大笔钱,但这不足以成为创办企业的原因。如果你只是梦想获得20万美元的年收入,那么你就待在E象限或S象限。为了这样一小笔钱而在B象限和I象限,风险太高了。如果你决定建立企业,就不要仅仅为了20万美元,这样风险太高而回报太低。要做就要有更高的目标,要么为百万甚至亿万美元,要么干脆别做。但是,如果你决定要为创建企业而奋斗,你就必须具备企业家精神。"

富爸爸还说:"没有一贫如洗的成功企业家。你可以是一位成功而贫穷的医生或会计师,但成功而贫穷的企业家是不存在的。成功的企业家一定是富有的。"

## 前车之鉴

经常有人问我:"有多少钱才算富有?""多少钱才算够?"有这类问题的人,一定没有建立过能赚很多钱的成功企业。我也曾注意到,有这类问题的人通常来自左侧的E象限和S象限。而左侧象限的人和右侧象限的人之间差别很大。

左侧象限的人一般只有一张财务报表,因为他们的收入来源很单一。右侧象限的人则有很多财务报表,他们有多种收入来源。我和我妻子都分别是几家公司的雇员,也拥有这些公司的股份。所以,我们不仅拥有个人财务报表,而且持有我们公司的财务报表。由于公司成功带来了现金流,所以我们不必完全依赖于作为雇员的收入。左侧象限的许多人没有体会过钱越来越多、工作却越来越少的感觉。

金钱固然重要，但它不是建立企业的主要动机。如果你用另一种方式问同样的问题，必然能得到最好的答案。你问的这个问题类似于问一个高尔夫球员："你为什么坚持打高尔夫？"答案存在于这项运动的精神中。

尽管我遭遇了许多坎坷与不幸，但是企业家精神始终激励着我去建立企业。现在，我的一些朋友以高价卖掉了他们的企业。但许多人休息了几个月之后又回到了这个游戏当中。正是最后获得高额回报的激情、挑战精神和无穷的潜力使企业家们不断进取。在我创办尼龙和维可牢搭扣钱包公司之前，富爸爸就要我确信我是带着那种精神在努力。

在成功建立了 B 象限企业时，企业家精神是最有价值的资产。今天，许多成功的企业家在心中仍然保留着企业家精神。

# 第三阶段

## 怎样建立一家强大的企业

Rich Dad's Guide To Investing

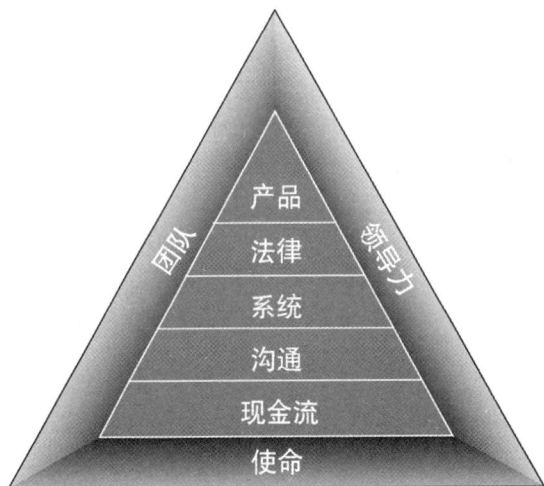

# 第 30 章
# 为什么要建立企业

富爸爸说："有 3 个原因，可以解释创办企业不仅仅是为了创造资产。"

**1."为你提供充足的现金流"**。J. 保罗·格蒂在他的《如何致富》一书中说："首先你必须是在为你自己经营。"他认为如果你为别人工作，你就永远不能致富。

富爸爸建立了许多企业的主要原因是，他从那些企业中获得了充足的现金流。他有充裕的时间，因为公司花不了他太多的精力。于是，他就有空余时间和额外的钱继续投资在越来越多的免税资产上。这就是他迅速致富，并强调"关注你自己的事业"的原因。

**2."卖掉它"**。富爸爸继续解释了雇员存在的问题，那就是不管你工作有多努力，你都不能出售你的工作。在 S 象限，建立企业存在的问题是买方是有限的。例如，一位牙科医生开了间诊所，一般来讲诊所的购买者只会是另一个牙医。对富爸爸而言，那是一个非常有限的市场。他说："有价值的事物应该是，除了你之外必须还有许多人想要得到它。S 象限企业的问题是，你通常是唯一想要它的人。"

富爸爸说："资产是能够往你的口袋里装钱的东西，或者是能够以比你投资或购买时更高的价格卖给他人的东西。如果建立了成功的企业，通常你就会有很多钱。如果你学习创立成功的企业，那么你将发展一般人所不具备的能力。"

1975年，我正在学习推销施乐复印机，偶然结识了一个年轻人，他在火奴鲁鲁拥有4家快速复印店。他经营复印生意的起因很有意思。上学期间，他在大学里的复印店打工，学习了一些这方面的经营知识。毕业以后，他没有找到工作，于是在火奴鲁鲁市中心开了一家复印店，干起了他的老本行。很快，他在市中心4个较大的办公区分别建立起复印中心，并且都是长期租约。后来一家大型复印连锁店的生意扩展到这个城市，并打算出高价购买他的复印店。他接受了75万美元的出价，这在当时是一个巨额数字，然后他买了一艘游艇，将其余的50万美金交给专业资金管理人就环游世界去了。当一年半后他回来时，管理人已经将他的投资增至90万美元，于是他再次出航，到南太平洋的小岛过着逍遥自在的生活。

当时，我不过是一个卖给他复印机的小职员，得到的是少得可怜的酬金。他却是建立了企业又出售了企业、然后周游世界的大人物。我最后一次看到他是在1978年，但是我听说，他有时会回来检查他的投资组合，然后又起航。

正如富爸爸所说："作为企业家，你不必在51%的时间中全部正确，你只需要正确一次就行了。"他还说："对大多数人而言，创办企业是最冒险的道路。但如果你能生存下去并不断提高技能，那么你获得财富的潜力将是无限的。而如果你在E象限和S象限那边，避免冒险并安全运作，那你的收入将是有限的。

3. **"建立企业并将其上市"。**这是富爸爸成为终极投资者的理念。正是建立企业并将其上市的理念，使比尔·盖茨、亨利·福特、沃伦·巴菲特、特德·特纳和安妮塔·罗迪克变得非常富有。他们出售股份，而我们购买股份。他们是内部投资者，而我们是试图看到内部的局外人。

## 你不老也不小

如果有人告诉你"你不能建立起别人想买的企业"，那你就应该用充满自信的思想激励自己。众所周知，比尔·盖茨非常年轻的时候就创建了微软。而桑德斯上校66岁时才创办了肯德基。

在接下来的几章里，我会讲述富爸爸的B-I三角形。我用这个三角形的理念作为建立企业的指导，它勾画出了创建企业所需要的主要专业技巧。富爸爸认为杰出的企业家需要具备以下个性特征：

1. 远见：见别人所不能见的能力。

2. 勇气：面对怀疑仍能大胆行动的能力。

3. 创造力：创造性思考、打破常规的能力。

4. 经得起批评的能力：成功人士都曾遭到过批评。

5. 永不满足：做到戒骄戒躁非常困难，但是它对于我们获得更大的长期回报非常有利。

# 第31章
## B-I 三角形

## 致富关键

富爸爸称下面的图表为 B-I 三角形——致富的关键。

B-I 三角形对富爸爸来说非常重要，因为它使他的想法形象化。正如他常说的："有伟大创意的人很多，但只有少数人由此获得了巨额财富。B-I 三角形能使普通的想法变成巨大的财富，它能引导你接受新思想，并创造资产。"B-I 三角形代表着能使你在 B 象限、I 象限获得成功的知识。数年之后，我只对它作了小小的修正。

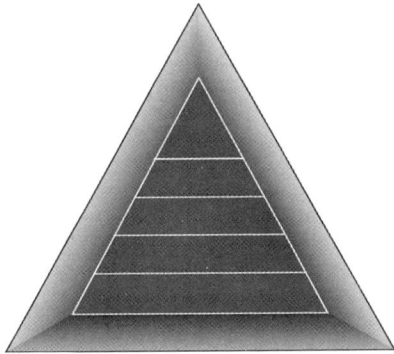

当我第一次看到这幅图时，大约 16 岁。当时我向富爸爸提出下

面这些问题，他为我画了这张图：

1."对其他人来说，管理一家企业都很困难，你怎么能经营这么多企业？"

2."为什么你的企业能够不断发展而别人的企业总是很小？"

3."为什么别的老板不停地工作，你却有空闲时间？"

4."为什么许多企业开张没多久就倒闭了？"

我不是一次性问他这些问题的，当我研究他的企业时，这些问题就在我的脑海中了。当时富爸爸大约 40 岁，我惊讶于他能够在不同的行业经营几家不同的公司。例如，他同时经营着餐馆、快餐店、连锁便利店、运输公司、房地产建筑公司和物业管理公司。我知道，他按计划让他的企业购买他真正想买的投资，即房地产。但令我吃惊的是，他能够同时管理许多家企业。当我问他是如何创立、拥有并管理如此多的企业时，他的回答便是这个 B-I 三角形。

现在，在业务完全不同的几家公司中，我都拥有股份，因为我以 B-I 三角形作为指导。我拥有的公司没有富爸爸的多，但是通过仿效 B-I 三角形中相同的公式，我还能拥有更多的公司，如果我想要的话。

## 解读 B-I 三角形

显然，B-I 三角形里面的信息含量远远超过了本书所涉及的内容，关于 B-I 三角形能写和需要写的内容实在太多。但是，这里我们会首先描述 B-I 三角形的基本要素。

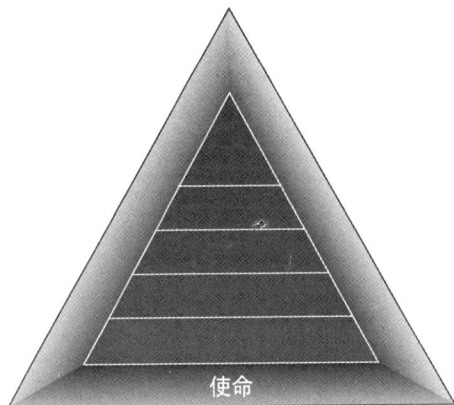

使命

## 使命

富爸爸说："一家企业同时需要精神使命和商业使命，只有这样，企业才会成功，尤其是在起步阶段。"当他向我和迈克解释这幅图时，他总是首先谈到使命，因为在他眼里，使命是三角形中最重要的方面，是基础。"如果使命清晰、强而有力，那么企业就能经受住每个企业在头10年中所要经历的考验。当企业逐渐变大忘记了它的使命时，或者不再需要使命时，企业就会开始走下坡路。"

富爸爸非常看重"精神"和"商业"这两个词。他说："许多人建立企业仅仅是为了赚钱，而只为赚钱不构成强烈的使命。金钱不能独自提供足够的热情、动力或期望。企业的使命应该满足消费者的需求。如果能很好地满足这种需求，企业便开始挣钱了。"

当谈及精神使命时，富爸爸说："亨利·福特总是把精神使命放在首位，把商业使命放在第二位。他想使汽车成为大众的消费品，而不仅仅是富人的'专利'。因此，他的使命是'使汽车平民化'。"富爸爸继续说："当精神使命和商业使命都很强大并紧密相连时，所产生的合力就会创造出巨型企业。"

富爸爸的精神使命和商业使命紧紧相连。他的精神使命是为那些常光顾他的餐馆的穷人提供工作机会。尽管洞察和衡量企业使命非常难，但富爸爸认为企业的使命非常重要。他说："如果没有强烈的使命，企业不可能生存 5 ～ 10 年。"他还说："当企业处于创立阶段时，使命和企业家精神对企业的生存至关重要。在企业家去世之后，这种精神和使命还应该长期保留，不然企业也会随之倒闭。"富爸爸说："企业使命是企业家精神的一种反映。爱迪生凭借自己的聪明才智创建了通用电气。通过不断发明新产品，弘扬伟大发明家精神，公司不断成长壮大。而福特汽车公司，也因为保留了福特的精神才得以生存。"

今天，我相信比尔·盖茨的精神将继续激励微软在世界软件业中占据统治地位。相反，当史蒂夫·乔布斯被排挤出苹果公司，一个来自传统公司的管理团队取代了他时，公司很快走向下坡路。而乔布斯一回到苹果公司，公司的精神也回归了，新产品问世了，利润增加了，股票价格也上涨了。

尽管企业使命很难衡量，看不见摸不着，但是我们大多数人都已经体验过。我们能识别两种人不同的使命，一种人试图卖东西给我们以得到报酬，而另一种人尽力满足我们的需要。如今，世界上充斥着越来越多的商品，一个企业想要生存并在财务上表现良好，就不仅要关注如何增加公司收入，还要集中精力完成公司使命，并满足顾客需要。

我和金以及莎伦创办的现金流技术公司不仅为你带来了这本书，而且带来了其他的理财教育产品。我们的使命是"提高人类的财务健康状况"。因为我们明白并忠实于公司的精神使命和商业使命，所以我们尽情享受了超越幸运的成功。由于明确了使命，我们吸引了具有相同使命的个人和团队加入我们的行列。许多人认为这是幸运，我却认为这是我们忠实于使命的结果。多年以后，在实践中我越来越信服富爸爸的话，他早就意识到了精神使命和商业使命二者强有力的结合的重要性。

其实，并非我所有的企业都像现金流技术公司一样拥有强烈而持久的使命。在我拥有控股权的其他企业中，商业使命强于精神使命。

现在，我意识到，我的尼龙钱包公司的使命与当初我的想法有很大的出入。建立那家企业的使命，是使我得到关于建立跨国企业的快速训练。那家企业相当艰难地完成了使命。换句话说，我得到了我想要的。企业快速发展，成功迅速到来，崩溃也很快到来。经过痛苦的体验，我意识到自己已经完成了使命。我从破碎的瓦砾中获得了新生，重新建立了企业，我学到了我要学的东西。正如富爸爸所说："许多企业家的第一家企业都会倒闭，在这之前他们不会成为真正的企业家。"换句话说，我从失去和重新建立企业这一过程中学到的东西，多于我从成功中学到的东西。正如富爸爸所说："学校固然重要，但生活是更好的老师。"因此，在我离开海军陆战队之后，我的第一个商业大冒险是昂贵而痛苦的，但是我得到的经验和教训是无价的。那家企业完成了它的使命。

## 莎伦评注

公司使命会帮助它保持专注。在公司发展的早期阶段，许多因素都能导致混乱。这时，回到正轨的最好方法是重新审视你的使命。是不是分心影响了使命的达成？如果是这样，你必须尽快处理令你分心的事，以便你能重新将精力集中在使命上。

今天，我注意到，很多人快速成为百万甚至亿万富翁，他们的办法是使公司IPO上市。我很想知道，他们公司的使命是否仅仅是为老板和投资者赚钱？或者公司是否真正是为了完成使命或某种服务而组建起来的？我很担心那些新上市的公司最终会倒闭，因为他们唯一的使命是尽快赚钱，而公司的使命应该是企业家精神的所在。

## 团队

富爸爸总是说："企业是一项团队运动。投资也是一项团队运动。"他还说："在 E 象限和 S 象限的问题是，你是一个人玩游戏，去对付一个团队。"

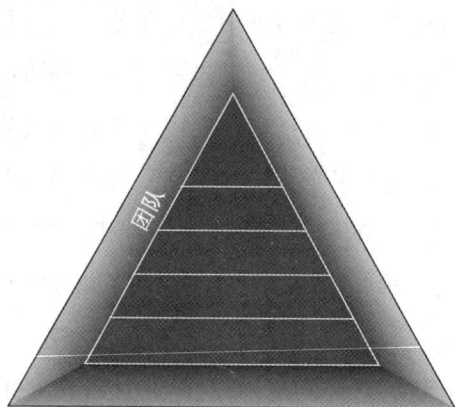

富爸爸画了一张现金流象限图来阐释他的观点：

富爸爸强烈批评了现在的教育体制。他认为："在学校里，老师们训练学生靠自己的能力参加考试。如果学生在考试时企图合作，就会被称为'作弊'。"富爸爸还说："在现实的商业领域中，企业家在考试时合作。而且在商业领域里，每一天都在考试。"

## 非常重要的一课

对于那些正考虑建立强大的成功企业的人来说，我认为关于团队的一课非常关键。我在财务上取得成功的关键之一就是团队协作。投资和企业管理都是一种团队活动，并且要牢记商场上每一天都在考试。想在学校获得成功，你必须独立完成考试。而在商场上，成功源于一个团队的合作而不是单靠某一个人的力量。

在 E 象限和 S 象限的人，挣的钱常常少于他们能够挣到的或想要挣的，因为他们总是只依靠自己的力量工作。如果他们像一个团队那样工作，尤其是 E 象限的人，他们可以组成工会。现在，美国的内科医生开始团结起来，组成了一个专业工会以便与健康保障组织抗衡。

如今，许多投资者想方设法单独投资。我了解到有成千上万的人在因特网上做当日交易。这就是个人与有组织的团队较量的例子。所以，他们当中很少有人成功，大多数人会损失金钱。当涉及投资时，富爸爸告诉我，应该成为一个团队的成员。富爸爸说："如果想成为成熟投资者或更高层次的投资者，就必须像一个团队那样投资。"富爸爸的团队成员有很多的会计师、律师、股票经纪人、财务顾问、保险经纪人和银行家。我在这里说"很多"，是因为富爸爸总是有不止一位顾问。当他作决策时，会考虑团队的意见。现在，我做着同样的事。

## 不是一艘游艇……而是一个强大的团队

在时下的电视节目里，我看到过这样一则广告：一对富有的夫妻，悠闲地乘着游艇在热带水域上畅游。这则广告似乎吸引了那些想靠个人力量致富的人。无论何时我看到那则广告，就会想起富爸爸对我说的话："大多数做小生意的人都会梦想有一天拥有一艘游艇或一架私人飞机。正因为有这种想法，他们永远不会实现梦想。当我开始创业时，我只是梦想拥有自己的会计师和律师团队，而不是一艘游艇。"

在我梦想得到游艇之前，富爸爸要我把目标投向拥有只为我的企业服务的会计师和律师团队。为了更清楚地解释他的意思，他要我带着我的所得税申报表，去找镇上的一个注册会计师。当我坐在会计师罗恩的对面时，我首先注意到他的办公桌上放着厚厚一沓文件。我立即明白了富爸爸的教诲，这个注册会计师一天之中需要处理30笔业务，他怎么能全身心地只关注我的业务呢？

当天下午，我回到富爸爸的办公室，看到了以前从未留意的事。当我坐在接待室，等待富爸爸的私人秘书叫我进去时，看到一个团队正在为富爸爸的企业努力工作。在他的办公区里有一群簿记员，大约有14个人。此外，还有5个全职会计师和一个首席财务官。在另一间办公室里，还有两名全职律师。当我坐在富爸爸面前时，我所说的是："他们真正关注你企业的业务，别人无法做到。"

富爸爸点点头："就像我说过的那样，多数人努力工作，梦想有朝一日能够坐着自己的游艇去云游四海。但是，我首先梦想拥有全职的会计师和律师团队为我服务，所以我现在拥有了游艇和空闲时间。拥有自己的团队是应该优先考虑的事。"

## 你怎么才能支付得起一个团队

在我的研讨班上，时常有人问我："你怎样才能承担起这个团队的费用？"这种问题通常是E象限和S象限的人提出来的。这种区别，应追溯到在不同的象限有不同的法律和规则。例如，E象限的人支付专业服务费时，交易看起来如下图所示：

| 收入 |
| --- |
| 支出<br>　纳税<br>　专业服务费 |

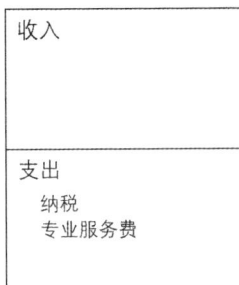

对于 B 象限和 S 象限的人来说，交易过程如下图：

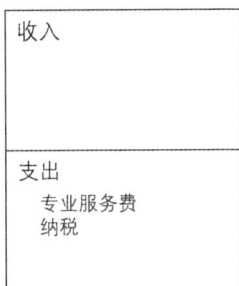

| 收入 |
| --- |
| 支出<br>　专业服务费<br>　纳税 |

　　B 象限和 S 象限的企业主之间也有所不同。B 象限的企业主会毫不犹豫地支付这些服务费，因为事实上是由企业系统——整个 B-I 三角形在支付。而 S 象限的企业主是用他们自己的血汗钱支付，他们挣的钱常常都无法满足自己的财务需要，因此他们大多数人雇用不起全职工作人员。

## 最好的教育

　　常有人问我以下问题：

　　1."关于投资和经营企业，你怎么懂得这么多？"

　　2."你是怎样做到以低风险换取高收益的？"

　　3."是什么使你信心百倍地投资别人认为有风险的项目？"

4."你怎样找到最好的交易？"

我的回答都是这样："我的团队。"我的团队成员包括会计师、律师、银行家、经纪人，等等。

当人们说"建立企业就是冒险"时，他们的这种见解，来源于独自做事的观点和他们在学校里养成的习惯。在我看来，不建立企业才是冒险。没有建立企业，你就得不到现实生活中的宝贵经验，也得不到世界上最好的教育，这种教育来自你的智囊团。正如富爸爸所说："小心谨慎的人错过了世界上最好的教育，也浪费了宝贵的时间。"他还说："时间是最有价值的资产，尤其是当你变老时。"

托尔斯泰说的有点不同，他的格言是："年老是我们最不希望的。"

## 四面体和团队

经常有人问我："B象限和S象限的企业有什么不同吗？"我的回答是："团队。"

多数S象限的企业是个人独资或合伙企业。他们可能是团队，但不是我认为的那种团队。正如E象限的人常常联合起来成立工会，S象限的人常常以合伙关系组织起来。我所说的团队是具有不同技能的不同类型的人联合起来一起工作。而在工会和合伙关系中（如教师工会或律师事务所）通常是同一种类型的人和专业人士结合在一起。

理查德·巴克敏斯特·富勒博士是我最好的老师之一。几年前，富勒博士便开始寻找他所谓的"宇宙构造体"。在他的研究中，他发现自然界中根本不存在正方形和立方体。他说："四面体是大自然的基本构造体。"

当我看到埃及的金字塔时，我对富勒博士谈到的"宇宙构造体"有了更多的理解。当今的许多摩天大楼出现又消失了，那些金字塔已经经历了数千年的考验。局部放置少量炸药的爆炸可以使摩天大楼倒塌，而同样的爆炸根本动摇不了金字塔。

富勒博士在寻找宇宙中的稳定结构，而他在四边形中找到了答案。

## 不同的模型

下面的图形解释了不同的企业结构：

1. 个人独资企业：●

2. 合伙企业：●——●

3. B象限企业：

英文"四面体"（tetrahedron）中的前缀"tetra"代表4，换句话说，它有4个顶点。同富勒博士一起研究之后，我开始明白它在一个结构中的重要性。例如，你看到的现金流象限就有4个部分。所以，一个稳固的企业结构应该如下面这幅图所示：

企业主(Business Owners)

专家(Specialists) 雇员(Employees)

投资者(Investors)

一家管理出色的企业会有许多优秀的雇员。在这方面，我认为 E 代表了"优秀"（excellent）和"基础"（essential），因为雇员肩负着企业日常活动。同时，E 代表着"扩展"（extension），因为雇员是企业的延伸，在客户面前代表着企业。

专家主要来自 S 象限。S 代表"专业"（specialized），因为每个专家都可以在他的专业领域利用专业知识来指导你。虽然专家不参与日常工作，但是他们的指导对于你的企业朝着正确的方向前进非常重要。

如果 4 点联合起来工作，企业结构就会像四面体那样稳固持久。投资者提供资金，企业主与专家、雇员一道努力拓展业务，发展企业，那么投资者的原始投资将会得到好的回报。

我遇到的另一个有趣的四角关系是 4 种基本元素，它们构成了我们赖以生存的世界。古人认为这 4 种元素是土、空气、火、雨（水）。个人独资和合伙企业要想获得成功，个体必须身兼四职，这显然是非常困难的。

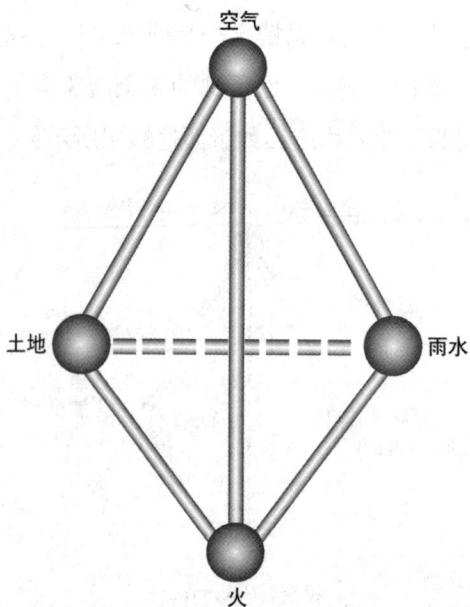

我们大多数人都有4种元素，但是只有一种元素在我们体内占绝对优势。例如，我是火，是白羊座和火星。这意味着我在工作中能善始却不能善终。我妻子金则是土。我和金有美满的婚姻，因为她不仅对我有根深蒂固的影响，而且影响了我周围的人，尽管我时常会使我身边的人感到不快。她常常说："与你说话就像对着一支火把交谈。"没有她，我只会生气并使公司里的人感到心烦意乱。另外，莎伦在公司里充当了空气的角色。她使火燃烧，使公司朝着正确的方向发展，并保证所有的系统顺利运行。作为我们公司的CEO，莎伦确保我们4个能并肩奋斗，朝着我们共同的使命而努力工作。当运营经理玛丽加入到我们的行列时，公司一下子腾飞了。玛丽如同"及时雨"一般，将我们的承诺落到实处，她的到来使公司完整起来。需要特别指出的是，我们花了两年时间才使这个团队走到一起。人们来来去去，直到正确的"四面体"团队最后形成。一旦这种模式稳定下来，公司便开始扩张，并快速稳定地发展。由于我拥有了四面体团队，所以我能够更好地取得成功，而这单凭我个人的力量是无法达到的。

我认为，对于成功的企业来说，这不是一个固定不变的规则。然而，我们需要常看看埃及金字塔，这时，力量、稳固和长久的感觉便会在我们心中油然而生。


## 只有两种元素

我经常开玩笑地说，如果你把两种元素融合在一起，便会看到某种奇妙的现象。例如：

1. 空气＋水＝水雾；　　　　2. 空气＋土＝尘埃；

3. 水＋土＝泥；　　　　　　4. 土＋火＝熔岩或者灰烬；

5. 火＋水＝蒸气；　　　6. 火＋空气＝火焰。

## 团队由不同层次组成

作为投资者，我关注的第一件事是企业背后的团队。如果这个团队摇摇欲坠或者缺乏经验和成功的纪录，我不会投资。我遇到过许多人，他们在为新产品或新企业尽力地筹资。而最大的问题是，他们多数人缺乏经验，而且在他们身后没有团队支持他们，激发他们的自信。

许多人想要我投资他们的商业计划。他们都说："一旦公司业务蒸蒸日上，我们就会使公司上市。"这样的陈词总是能引起我的兴趣，因此我向他们提出你们也应该提出的问题："在你的团队中，谁有过包装公司上市的经历？而且曾经使多少家公司上市？"如果答案很含糊，我就明白我听到的是推销辞令，而不是真正的商业计划。

在大量的商业计划中，我关注的另一个数字是工资。如果工资很高，我就知道，我看到的是一群为了使自己得到丰厚的薪水而筹资的人。我问他们是否愿意无偿工作或工资减半，如果他们的回答很含糊或者是斩钉截铁的"不"，我就明白了他们的企业使命是什么——很可能只是为他们提供一份报酬丰厚的工作而已。

投资者投资于管理。在目标企业中，他们关注团队的情况，希望看到团队的经验、热情和责任。我很难相信只为了赚钱、只关心自己薪水的人会有高度的责任感。

## 关于"现金流"游戏

许多人曾经问我为什么没有开发电子游戏一类的教育游戏。主要的原因是我们想鼓励团队学习。在现实世界里，能够与尽可能多的人合作并乐于助人，使大家共同发展，是人类非常重要的生存技巧。

也许在不久的将来，我们会推出"现金流"的电子版，但是目前我们非常高兴去鼓励人们相互交流，在合作中学习。因为教得越多，我们自己也会学得越多。现在，我们孩子的生活常常是孤立的，沉迷于一个人玩电脑、看电视和单独考试。由此我们每一个人都应该反思为什么如此多的孩子厌恶社会。要想获得成功，我们都需要学会与不同类型的人相处。因此，"现金流"还是需要合作才能完成的游戏。我们必须学习同个人和团队合作，而且能不断提高我们这方面的技能。

## 莎伦评注

罗伯特常常提到商业资本领域中"金钱追随管理"的观念。要想成功，企业必须在关键领域有好的专家。

如果你没有足够的钱雇用你需要的人才，可以考虑吸引人才作为顾问团的成员，并且要明白，你一旦筹集到足够的资金，你的团队就要马上运行了。如果你的管理团队在给你建议的企业或行业有成功的纪录，那么你成功的机会就会更大。

你的团队还包括外部顾问。会计师、税务顾问、财务顾问和法律顾问的正确指导，对你建立一个强大的成功企业非常必要。如果你公司的业务是房地产，房地产经纪人在你的团队中就会扮演非常重要的角色。尽管这些顾问非常"昂贵"，但是他们的建议会为你的投资带来难以置信的回报，在你前进的道路上指导你避免那些容易犯的错误，以帮助你建立强大的企业。

这导致了 B-I 三角形的另一部分：领导，因为每一个团队都需要一个领导者。

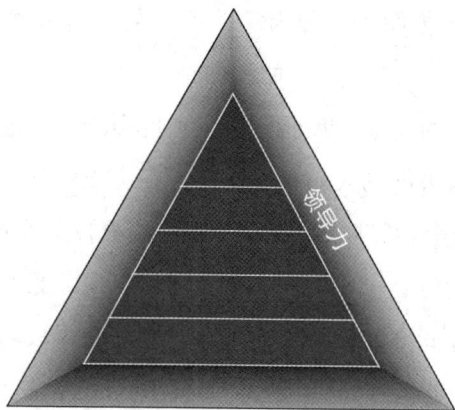

## 领导力

我不读一般的大学而去读美国商船学院，是因为富爸爸认为如果我想成为企业家，就需要培养领导才能。毕业后，我加入了美国海军陆战队，成了一名飞行员，这是现实生活在考验我的技能，考验地点则是在越南。正如富爸爸所说："学校很重要，但生活是更好的老师。"

我仍然记得空军中队指挥官的话："先生们，你们最重要的工作就是使你的部队为了你，为了你的团队，为了你的国家甘愿付出生命。"他继续说："如果你不激励他们这样做，他们很可能会从背后朝你开枪。军队不会服从缺乏领导力的长官。"在我们今天的企业中，这样的情形每一天都在发生。多数企业是从内部而不是外部开始失败的。

在越南，我学到了领导者最重要的素质之一——信任。作为一位直升机飞行员，我的团队有 4 名成员，我必须对我的团队成员有信心，而他们也不得不信赖我。如果信任破裂，我知道我们不可能活着回来。富爸爸说："领导者的职责是使最出色的人脱颖而出，而不是让自己成为最出色的人。"他还说："如果在你的企业团队中你最聪明，那么你的企业就有麻烦了。"

当人们问我如何获得领导技巧时，我也总这样说："志愿当领导的人会得到更多的领导技巧。"在多数组织中，很难找到真正愿意当领导的人。大多数人隐藏在某个角落，希望没人发现他们。我告诉他们："在教堂，志愿者是去做工作。在工作中，志愿者是去领导工作。"现在，仅有志愿不一定会让你成为一个好领导，但如果你能接受反馈并很好地调整你的行为，你可以成长为好的领导者。

通过志愿当领导，你可以得到关于你的实际领导力的反馈。如果你志愿领导，但没有人服从，你就需要不断学习真实生活经验并不断修正自己。此外，你还需要征询反馈意见，获得支持。这是一个领导者最突出的特征。我看到许多企业在失败中挣扎，因为他们的领导者没有接受来自公司同事或者员工的反馈。我的空军中队指挥官在海军陆战队中经常对我们说："真正的领导者不是天生的，真正的领导者是想当领导者并乐意接受训练的人，这种训练就是尽可能多地接受意见并不断改正。"

一个真正的领导者还要知道什么时候听取别人的意见。我说过，在我成为一个成功的企业家或投资者之前，我只是个普通人。我依靠我的顾问和团队成员的建议，依靠他们的帮助，成了一个更好的领导者。

# 莎伦评注

一个领导者的角色是有远见的人、拉拉队长和老板的综合体。

作为一个有远见的人，领导者必须关注公司的使命。作为拉拉队长，他必须激励团队团结一致，朝着使命努力工作，并在前进的道路上为大家展示成功。作为老板，当遇到使团队分心，并偏离使命的难题时，他必须能够发出强硬的号召。在坚持最终使命时，真正领导者的超群能力是采取断然的行动。

有了正确的使命、团队和领导力，你就可以顺利地建立起强大的 B 象限企业。正如我以前说过的，金钱追随管理。由于这点，你能够从外部投资者那里吸引资金。有 5 种因素对发展强大的企业非常必要，后面我们将一一讨论。

# 第 32 章
# 现金流管理

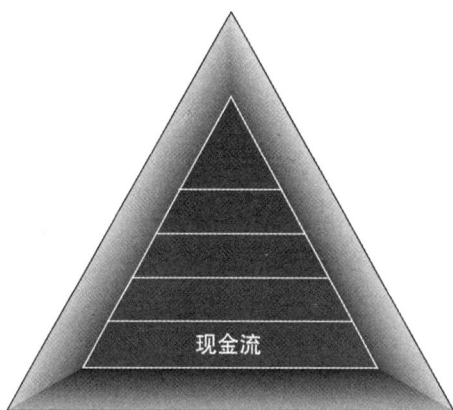

现金流

　　富爸爸说："对于想在 B 象限和 I 象限取得成功的人，现金流管理是一项基本的、必备的能力。"所以富爸爸坚持要我和迈克经常阅读其他公司的财务报表，以便更好地理解现金流管理。事实上，富爸爸花了大量的精力来教导我们学习财务知识。他总是说："财务知识让我们学会阅读数据，而数据会告诉你企业最真实的状况。"

　　如果你问大多数银行家、会计师或信贷员，他们会告诉你有很多人财务状况不好是因为缺乏财务知识。我有一个朋友是澳大利亚的资深会计师，他就曾告诉我："当看到一家优秀的企业因为管理者缺乏财务知识而垮掉时，你会感到非常遗憾和心痛！"他继续说：

"一些小企业主会失败，是因为他们不知道利润与现金流的区别。甚至有一些企业主错误地认为利润与现金流是一样的。最后，许多非常赢利的企业走向破产！"

富爸爸向我灌输现金流管理的重要性。他说："企业主想要成功，就要看到两种现金流。一种是实际现金流，一种是影子现金流。对这两种现金流的认识将决定你富有还是贫穷。"

在"现金流"游戏（成人版）中我们可以学到：怎样区分实际现金流和影子现金流。反复玩这个游戏可以使我们找到两种现金流的区别。所以，这个游戏的介绍中说："你玩这个游戏次数越多，你就越富有。"你变得更加富有，是因为你开始感知到了通常看不见的影子现金流。

富爸爸也说过："根据财务报表来运作公司的能力，是大企业家和小企业主之间最主要的区别。"

## 莎伦评注

一家企业的现金流就好比一个人身体里的血液。没有任何一件事情比你在周五付不起雇员工资更影响你的企业。真正良好的现金流管理，从企业创办的第一天就开始了。当我和罗伯特、金创办现金流技术公司时，我们都认为一项支出一定要在销售增长上得到体现，否则就否定这项支出。事实上，我们成功地运用了这一策略。在1998年初，我们的销售额处于增长中，所以我们买了一台价值300美元的复印机。到1998年底，我们已经有足够的资金来购置一台价值3000美元的新复印机了！正是企业发展早期阶段对细节的关注，打下了企业成功的基础。

一个好的现金流管理者，会每日检查他的现金流状况。同时，他会展望下星期、下个月和下个季度的现金来源和需求。这使他可以为大量的现金需求做好准备，从而避免现金危机。这种检查，对于公司的快速发展必不可少。

下面，我就为大家列举一些现金流管理的方法，以帮助你构建你的企业。这些步骤对每一家企业都适用，不管是跨国企业还是小租赁房产，或是路边卖热狗的小摊。

## 公司创始阶段

● 在公司创始阶段，你可以推迟领薪，直到你的企业开始产生现金流。有时候，在发展阶段这似乎不太可能。但是，你的投资者会因为你"全心投入"企业的发展而更加支持你。事实上，我们建议你保留全职工作，而在业余时间创办自己的企业。通过推迟领取自己的报酬，并把报酬作为对销售的再投资，以发展你的企业。

## 销售及应收账款

● 及时为你的客户开具货物运输或提供服务的发票。

● 在你自己的信誉建立起来前要提前还款。在申请新的贷款前准备好完善的贷款申请书，并随时核对证明材料。标准的信贷量建立在企业存货量的基础之上。

● 在得到贷款前，尽可能地将订货款项压到最低。

● 建立逾期付款惩罚，作为条款的一部分，并强制实施。

● 当企业发展时，尽可能加快现金的周转，请你的客户及时将欠款直接付到你的加密信箱或银行。

## 支出及应付账款

● 许多企业在经营中，总是忽略现金流管理中的一个重要部分，即管理好你的账单。确保你能及时支付。提前请求别人延长你付清账单的期限。如果你能在两三个月内付清，最好能争取让对方给你更宽裕的时间。一般来说，供货商会给一个好的客户 30 ～ 90 天的延期付款。

● 将日常开支保持在最低水平。当你购买一件新东西时，制定一个增加销售的目标来填补这项支出。保证投资者的资金与企业运营息息相关。当你的销售增加以后，你便可以利用现金流来购买一些生活用品。当然，前提是你已经达到了你的销售目标。

## 一般现金流管理

● 做一份完善的现金投资计划，使现金的潜在收益最大化。

● 在你需要银行之前，与其建立良好的互信关系。

● 确保当你急需资金时，能迅速筹借到手。随时留意自己的流动比率（流动资产与流动负债之比——最少是 2 ：1）；还应留意速动比率（速动资产与流动负债的比率——要大于 1 ：1）。

● 建立良好的现金管理的内部控制。

一个在银行存款账户上有现金收入的人，与把现金收入计入应收账款或总账的人是不同的。

支票应立即背书"仅供抵押"。

被授权签支票的人不要准备凭证或记录支出，并将其转入应付账款和总账。

对银行报表熟悉的人，不必定期担保他的现金收入或支出。（我们的外部会计师就是做这些工作的。）

以上的这些听起来可能非常复杂，但每一个步骤都至关重要。要多请教你的会计师、银行家以及私人财务顾问，帮助你建立你的现金管理体系。即使你的现金管理体系已经建立，但持续的监管仍然必不可少。每日检查你的现金状况和资金需求，提前准备好可能要为企业发展而支付的大笔资金。有很多人一旦事业成功就忽视了现金流管理，这是导致他们事业失败的主要原因。恰当的现金流管理（以及支出管理）对许多企业来说都是关键一环。

当你考虑购买一个特许经营权商店或加入一个网络营销组织时，你会发现他们已为你提供了许多现金管理系统。当你拥有特许经营权时，你需要建立自己的现金管理系统并监督它。当你加入一个网络营销组织时，那个组织会替你进行现金管理。在这种情况下，公司总部会负责整个组织的会计职能，定期给你寄去收入报告并支付你。但无论如何，与你自己的顾问一起建立你个人的现金管理体系依然十分重要。

# 第33章
## 沟通管理

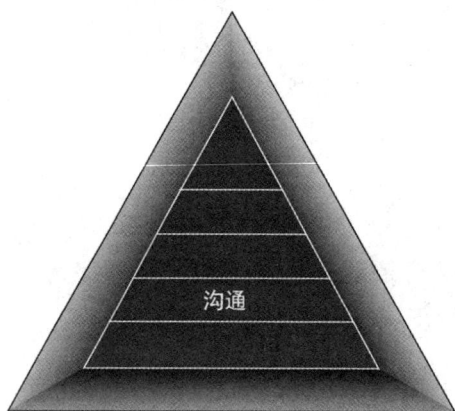

富爸爸说："你越善于沟通，与越多的人沟通，越有利于你的现金流。"这就是为什么沟通位于 B-I 三角形第二层的原因。

富爸爸还说："要擅长沟通，首先要擅长人类心理学。你永远不知道别人的动机是什么。很多时候你为某些事情激动无比，别人却觉得平淡无奇。为了更好地沟通，你需要知道不同的人有不同的喜好。"他还说："许多人在说，但认真听的人很少。还有，世界上好的产品多的是，但只有最好的沟通者才能赚钱。"

我感到十分惊讶的是，很多生意人很少花时间来提高自己的沟通能力。1974 年，我犹豫着怎样挨家挨户推销施乐复印机时，富爸爸说："穷人通常不善交流。"我牢记这句话，用它激励我进一步学习并努力实践。

富爸爸还说："你的现金流与你的沟通程度成正比。"每当我看到某家企业面临困境时，常常是因为在沟通上产生了问题，要么是不擅沟通，要么是沟通得不够，要么二者兼有。我发现沟通和现金流之间的周期往往是 6 周。如果你今天停止交流，那 6 周以后你就会看到它给你的现金流带来的冲击了。

但是，沟通绝不仅仅是对外的，也应该是对内的。你只要观察一下公司的财务报表，就不难发现哪个部门在沟通，哪个部门没有沟通。

一家上市公司有着层出不穷的沟通问题。这样一家公司，既要与公众保持良好沟通，也要与股东保持良好沟通。每当我听见有人抱怨"我真希望没有把我的公司上市"时，我就知道他与股东之间的沟通出了问题。

一般来讲，富爸爸每年都要参加一次沟通研讨会。我延续了这一传统。每次参加这样的研讨会之后，我就发现自己的收入增加了。这些年来，我参加过这些课程：


1. 销售；

2. 市场营销系统；

3. 广告宣传；

4. 谈判；

5. 公开演讲；

6. 直接信函广告；

7. 举办研讨会；

8. 融资。


在以上所有的主题中，融资是那些新兴企业家最感兴趣的。当人们问我怎样学会融资时，我总是要问他们以上 1 ～ 7 项的相关知识，告诉他们融资要求你懂得所有这些知识。大多数企业难以腾飞，是因为企业家不懂得融资。正如富爸爸所说："融资是企业家最重要的工作。"他的意思不是要企业家不断到投资者那里索要资金，而是企业家要确保资本流入，通过销售、直销、私人销售、机构销售、投资者等渠道。富爸爸说："在企业系统确立前，企业家就是确保资金流入的系统。在任何企业创建之初，保持现金流入都是企业家最重要的工作。"

有一次，一个年轻人跑来问我："我想创建一家企业，在这之前你能给我什么忠告吗？"我用我一贯的态度回答："你先去一家公司找一份工作学习销售。"他回答："我讨厌销售，讨厌做销售员。我只想做管理者去雇用销售员。"听到他这么说，我就与他握了握手，并祝他好运。富爸爸教过我的宝贵的一课是："不要与向你讨教但又不听你的意见的人争执，尽快结束谈话，回到自己的正事上来。"

与尽可能多的人进行有效沟通，是一种非常重要的生活技能。这是一种值得每年更新的技能，我通过参加研讨会达到这样的目的。就像富爸爸告诉我的："如果你希望成为 B 象限的人，首先应具备的技能就是能运用其他 3 个象限的语言进行沟通。其他 3 个象限的人可以只会运用本象限的语言，但 B 象限的人不能。简单地说，与其他象限的人交流是 B 象限的人主要的也可能是唯一的工作。"

我曾经建议一些人加入网络营销公司去学习销售。一些网络营销公司有很好的沟通和销售培训计划。我看到过一些害羞内向的人，经过这样的学习锻炼后，变得自信、坚强，不再害怕拒绝和嘲讽，从而成为强大和有效的沟通者。"厚脸皮"对于 B 象限的人极为重要，尤其是个人的沟通能力还没有磨炼好的时候。

## 我的第一次销售访问

我至今仍清晰地记得，我的第一次销售访问是在怀基基海滨的街道上。开始时我在街上乱窜了近 1 个小时，紧张地挨家挨户敲门，最后走进了一家卖旅游纪念品的商店。店主是个慈祥的老人，多年来他见过不少像我这样的新推销员。在结结巴巴、汗如雨下地讲了一番施乐复印机的性能后，我听到了他的笑声。透过他的笑声，我听到他说："孩子，你是我见过的最糟糕的推销员。但如果你能克服你的恐惧，你就会有光明的前程。如果你中途放弃，你就只能像我一样，1 天 14 小时，1 周 7 天，1 年 365 天坐在柜台后面等待顾客光临。我坐在这里，正是因为我害怕站出来像你这样去推销。只要你克服了恐惧，世界就会展现在你的面前；屈服于恐惧，你的世界就会变得越来越小。"那一天的经历，我记忆犹新，我深深感谢那位睿智的老人。

当我学会了克服销售时的恐惧心理后，富爸爸便让我加入演讲俱乐部，教我克服在众人面前说话的恐惧。当我为此事向富爸爸抱怨时，他对我说："无论是伟大的领导者还是成功的企业家，都必须是一个真正的演说家。如果想成为领导者，你就必须是个演说家！"今天，我可以在会议厅里，面对着成千上万的陌生人，口若悬河，全赖于当年的销售训练以及在演讲俱乐部的培训。

如果你想成为一个 B 象限的人，那么我向你推荐这两项技能。首先，你必须克服自己的恐惧，不要害怕被拒绝，然后向别人介绍你的产品和服务的价值。其次，提高你在大众面前演讲的能力，并让他们对你所讲的话感兴趣。富爸爸说过："有些演讲者没有听众，有些推销员卖不出产品，有些广告无人收看，有些企业家筹不到资金，有些企业领导者无人追随！假如你想在 B 象限成功，就不要成为他们中的一员！"

我的"富爸爸"系列的第一本《富爸爸穷爸爸》登上澳大利亚《悉尼晨报》畅销书排行榜超过 2 年。在美国，登上《华尔街日报》畅销书排行榜近 9 个月。1999 年 9 月，又登上了《纽约时报》的畅销书排行榜。当其他作家问我怎样取得这些成绩时，我引用《富爸爸穷爸爸》中的一句话来回答他们："我不是最好的作家，但我是一个畅销书作家！"我还告诉他们，高中时我两次考试不及格，就是因为我文字表达能力差；我也从未吻过一个女孩，因为我很害羞。最后我用富爸爸的话告诉他们："失败者总是很容易发现他们的优势，并力求不断增强优势，而往往忽略了自己的弱点。当他们发现自己的弱点时，已经无力回头了！成功者往往是先看到自己的弱点，再加以改正，以使自己变得强大！"

对于沟通来说，一个人的外表往往比他的言辞有更大的影响力。经常有人带着商业计划书来找我为他们的项目投资，但他们见到我时就像是老鼠见了猫。不管他们的计划书有多好，他们的表现就已经成了他们的限制因素。据说，在公众面前讲话时，肢体语言的交流大约占 55%，声音占 35%，语言占 10%。如果你回忆一下美国前总统肯尼迪，你就会发现他完全具备了以上所有的素质，因此他是一个伟大的沟通者。当然，不可能我们每个人都像肯尼迪那样有魅力，但都应尽力而为，你也可以用最好的打扮和训练增强你的沟通能力。

在一个电视调查节目中，一些有相同资历的人面试同一个职位。结果是，那些外表更有吸引力的人获得工作的机会比外表没有吸引力的人大得多。

我的一个做银行董事的朋友告诉我，他们刚刚聘请了一名总经理，仅仅是因为他长得像个总经理。当我问他那个人有什么有利条件时，他说："他的长相就是他的条件。他的举止、他的言谈，都具有总经理的风范。事实上我们是由董事会负责企业运营，我们只希望利用他吸引新的顾客。"我想用这个例子来告诫那些说"外表不重要"的人。在商界，好的形象是非常有利的沟通条件。最后我要老生常谈：你只有一次机会建立你的第一印象。

# 推销与市场营销的区别

在沟通课上，富爸爸一定要让我和迈克明白推销与市场营销的区别。他告诉我们："最大的错误是，许多人分不清推销与市场营销，这为他们的沟通带来了障碍。从而导致了他们销售额的降低以及与投资者和员工的误会。"富爸爸进一步区分二者为：

推销

市场营销

他说："要理解最重要的一点：推销应该建立在市场营销的基础上，而不是推销和市场营销等同。"他解释道："如果一个企业有强大而令人信服的市场营销体系，那么它的推销将会很容易。如果一个企业市场营销系统疲软，那么它的推销只能是事倍功半！"

富爸爸还对我和迈克说过："如果你要学习推销，就要学习市场营销。一个S象限的企业主通常善于搞推销，但一个成功的B象限企业主，就不仅要擅长推销，还要擅长市场营销。"

然后他画了这样一幅图：

他说："推销只是在人与人之间，一对一地进行。而市场营销是通过一个系统来销售。"许多 S 象限的商人对这种"一对一"的推销方式很在行，可如果他们想向 B 象限过渡，就必须学会通过一个被称为"营销"的系统来销售。

总之，沟通是一门值得毕生修炼的课程。你不仅要善于谈话、写作、着装，还要学会展示你自己。就像富爸爸对我说的："你只能保证自己在说话，并不意味着别人都在听。"当人们问我建立良好的沟通基础是什么时，我鼓励他们从学习一对一的推销和公开演讲开始，这是两项基本的沟通技能。我还建议他们注意观察他们这么做的结果，并倾听反馈。善于运用这两项技能，你就能从一个笨拙的沟通者变成一个沟通高手，你的日常沟通能力就会提高，你的现金流也会随之发生可喜的变化。

## 莎伦评注

良好的第一印象十分重要。你在市场营销及推销方面的努力通常会给你的潜在顾客留下良好的第一印象。无论何时，你对工作的热情和尽力表现，都会对你的听众产生持续的影响。制作、分发宣传资料也十分重要，因为这些资料代表公司的公开形象。

就像罗伯特所说的，市场营销是通过一个系统来销售。确保了解你的客户需求，你的市场营销工具应该是为你的客户而设计。在推销和市场营销工作中，还要注意以下非常重要的 3 点：确认需求，提供解决方案，向客户解释利益关系。对客户需求作出快速反应也非常重要。

大多数的沟通是面向外界的，但企业内部的沟通也非常关键、必不可少。内外部沟通的例子有：

## 外部沟通

推销；

市场营销；

客户服务；

与投资者的沟通；

公共关系。

## 内部沟通

与团队分享成功；

定期召开的员工会议；

定期与顾问沟通；

人力资源政策。

有一种沟通方式对企业的影响非常大，但你又很难控制。这就是：现有客户与潜在客户之间的交流。我们现金流技术公司的成功，很大程度上归功于我们的顾客向别人传播我们公司的信息。这种口耳相传的广告方式，其影响力不容忽视。它可以非常迅速地影响到一家公司的成功与失败。由此可见，对任何一家公司而言，客户服务都起着至关重要的沟通作用。

当你购买一项特许经营权或者加盟一家网络营销公司时，他们会为你提供沟通系统。另外，他们的沟通系统已经被其他的加盟成员成功证明。因此，比起那些自己正在努力探寻的人，你将有更好的开始。那些人在付诸实践看到效果之前，不会知道自己的沟通系统是否成功。

就像罗伯特所说的，事业成功的关键要素之一是良好的语言表达能力。特许经营和网络营销组织提供的个人发展及培训课程对于个人成长是个不错的机会。

# 第 34 章
## 系统管理

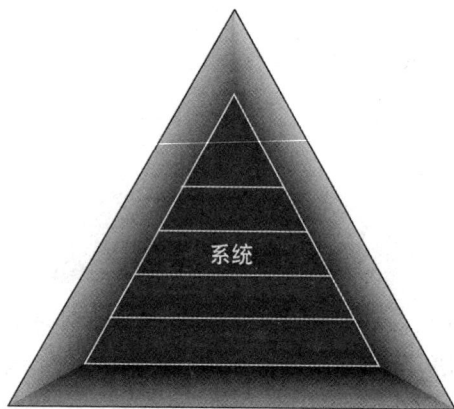

系统

人体是由各子系统构成的系统，企业也是如此。人体由血液循环系统、呼吸系统、消化系统、排泄系统等系统构成，其中任何一个系统停止运作，人体就会立即出现问题，甚至死亡。对企业而言也是同样的。每个企业都有自己的多套内部运作系统。事实上，一个企业的每一个分布在 B—I 三角形里的系统都是相对独立而又紧密相连的。我们不能将它们割裂开来，因为它们不能够完全孤立。我们也不能说它们孰轻孰重。

企业要健康成长，每个系统中的每个人都非常重要，并且得有一名总管来确保所有系统都能最大限度地发挥作用。在阅读一份财务报表时，我觉得自己就像是在驾驶舱里的飞行员一样，清晰地看到了所有的操作系统。如果有任何一个系统出了问题，我就会立即启动应急程序。许多刚成立的企业或 S 象限的企业失败，就是因为系统操作员没有足够的能力给予各系统必要的管理和关注。当一个系统出现问题时，比如说当现金短缺时，紧跟着其他系统也会出现问题。这就好比一个人患感冒，又不会照顾自己，如果不治疗就会患肺炎，再不及时控制病情，那这个人的免疫系统都会垮掉。

我相信，房地产应该是投资的一个很好的开始，因为普通投资者往往会把各种系统弄乱。房地产投资就是在一片土地上建起一座建筑物，由房客付给你房租。房地产投资相对来说比较稳定，入门者可以有更多的时间去发现问题，改正错误。学习物业管理一两年后，你就会学到很多企业管理技能。当人们问我，到哪里才能找到最好的房地产项目时，我说："找到一个差劲的企业管理者，就能找到一个廉价的房地产项目。"但是千万不要图便宜就买，因为廉价也有可能存在着什么不可告人的秘密，也许就是个圈套。

银行喜欢借钱给房地产投资，因为房地产投资一般是可以保值的稳定系统。其他一些行业因为被认为是不稳定的系统，所以很难融资。我经常听到这样的话："你不需要钱时，银行才愿意贷款给你。"我不这样认为。我的经验是：当你有一个有价值的稳定系统时，当你能证明你的偿债能力时，银行就会贷款给你。

一个好的商人能够很有效地管理多个系统，而并不成为系统的一部分。一个真正的企业系统就像是一辆汽车，并不因为没有某一个人就不能行驶了。任何一个懂得驾驶技术的人都能把它开动。B象限的企业就是这样的，但 S 象限的企业未必如此。多数情况下，在 S 象限中，开车的人也是系统的一部分。

有一次，我准备开一家专门出售稀有钱币的小商店。富爸爸对我说："一定要记住，一个 B 象限的人，能够从投资者那里筹到更多的钱，因为投资者总是投资于良好的系统和能建立良好系统的人。投资者不会喜欢将资金投到一个晚上就会倒闭的企业。"

## 莎伦评注

企业无论大小，都需要使各系统正常运行，以确保日常工作正常开展。哪怕是一家个人独资企业也必须用这种方式来管理。实质上，个人独资企业只是将各系统合而为一而已。

系统越好，企业对人的依赖性就越小。罗伯特这样形容麦当劳："世界每一个角落的麦当劳都一样，都靠年轻人经营。"正因为有优秀的系统才使这一切成为可能。麦当劳靠的是系统，不是人！

### 首席执行官（CEO）的角色

首席执行官的工作就是把握全局，监管企业系统，及时排除系统上的病症，防止系统发生"故障"。事情总是千变万化，当企业迅速发展时，稍不留意，有些事情就会让你手忙脚乱，不知所措。比如，企业的销售量迅速增加，你的产品或服务受到媒体关注，但是你一下子没东西卖了！为什么？因为你的运作系统跟不上增长的需求。你的电话线不够多，或者缺少接线员；你没有足够的生产能力或者不能按期完成订单；又或者资金周转不灵，没有钱建生产线或配备更多人手。不管什么原因，你都会失去进一步发展企业的机会，不为别的，仅仅因为系统的一个方面失败。

企业每上一个台阶，CEO就应该计划下一步该如何运作，小到电话线路大到生产资金。系统管理推动现金流管理和沟通。一旦企业系统运行良好，你和你的雇员都会感到做事轻松、事半功倍。假如一个企业没有良好的运行系统，它就会变成劳动密集型企业。当你拥有设计完善的、成功的运作系统时，你就有了真正有市场的企业资产。

## 典型的系统

下面一节我们将为大家列举一些成功企业必须具备的典型系统。有些情况下，下面所列举的系统与在实际运用中的会有所出入，但对于企业的经营而言，仍是必不可少的。例如产品开发系统，在服务型企业就是提供服务的过程。虽然这二者在某些细节上不一样，但基本要素是相同的。二者都需要企业开发产品或服务，最终也都是为了服务于客户。

在特许经营和网络营销组织中，这样的系统都会自动地提供给你。作为会员，你交纳了会员费，就会得到一本操作手册，手册将描述为你的企业提供的系统。这就是这些现成的商业系统如此吸引人的原因。

如果你希望建立自己的企业，就请认真看一下以下的系统列表。即使你已经在使用其中的某些功能，但你仍然可能没有把它们划分成独立的系统。你的运作越规范，你的企业就会越高效。

## 每个企业都需要有效的系统

**日常办公操作系统：**

- 800 免费服务热线和电话应答；

- 邮件收发；

- 办公用品和设备采购保障；

- 传真和电子邮件处理；

- 出入库处理；

- 文件备份和数据存档。

**产品开发系统：**

- 产品开发和法律保护；

- 产品包装及配送辅助宣传资料（如目录等）；

- 生产流程和工艺的改进；

- 生产成本控制和竞标处理。

**生产和库存管理系统：**

- 代理商选择；

- 产品质量保障或售后服务；

- 产品或服务的定价（零售和批发）；

- 建立库存产品的盘点程序；

- 接收和保存产品并记录清单；

- 通过会计记录协调日常库存。

**订单处理系统：**

- 通过邮件、传真、电话或网络接受并记录订单；

- 整理并履行订单；

- 订单发送。

**催收货款和应收账款管理系统：**

- 向客户催收货款；

- 收取货款（以现金、支票或信用卡等形式）并计算应收账款余款；

- 对逾期款项启动催收程序。

**客户服务系统：**

- 退货入库上账程序及向顾客退款；

- 处理顾客投诉；

- 退换不合格产品或提供其他保障性服务。

**应付账款系统：**

- 采购程序和审批；

- 供应和库存支付程序；

- 小额现金支付。

**市场营销系统：**

- 制订完善的市场营销计划；

- 设计并制作宣传推广材料；

- 制订总体规划，确定主打产品；

- 制订广告计划；

- 制订公共关系计划；

- 制订直接邮寄广告计划；

- 数据库的开发与维护；

- 网站的开发与维护；

- 分析、跟踪销售统计数据。

**人力资源系统：**

- 聘用程序和用人协议；

- 员工培训计划；

- 工资支付程序和奖金计划。

**一般会计系统：**

- 日报、周报、月报、季报和年报的会计程序；

- 现金管理，保证未来的支付需求；

- 资金预算和预测；

- 工资收入所得税的申报和代扣所得税。

**公司总体运作系统：**

- 谈判、起草和履行合同；

- 开发和保护知识产权；

- 掌握保险需求以及范围；

- 申报并支付联邦政府、州政府税款或其他法定税款；

- 制订支付联邦政府、州政府税款或其他法定税款的计划；

- 管理和保存档案记录；

- 保持与投资者及股东的良好关系；

- 确保法律安全；

- 计划和管理增长。


**日常管理系统：**

- 维护、设计电话及电力系统；

- 许可证及其费用支付计划；

- 执照办理；

- 确保日常安全。


你可以把上述系统的运作制定成政策和程序手册。这样的手册对你的员工而言是非常有价值的。在这个过程中，你将会发现令你的事业顺利发展的途径，并增强你的赢利能力。你也将一步步地建立起一家成功的 B 象限企业。

# 第 35 章
# 法务管理

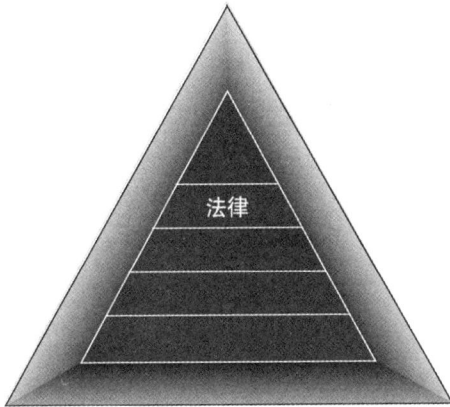

在 B-I 三角形中，法务管理这一项于我而言是教训深刻的一课。富爸爸指出我的企业中有一个严重的缺陷：在生产我自己设计的尼龙和维可牢搭扣钱包之前，我没有争取到对这个产品的法律保护。特别是，我没有申请专利权（因为我认为用 1 万美元去申请这么一项专利太昂贵了，而且我觉得我的产品不值得花那么多钱去申请专利）。不幸的是，另一家公司抄袭了我的创意并抢注了专利，结果是我对此无能为力！

今天，我特别热衷于向人们介绍这类问题。特别是我们正处于信息时代，你的知识产权律师和合同律师是你非常重要的顾问，他们帮助你创造最有价值的资产。如果他们十分优秀的话，可以保护你的创意免受不法之徒的侵害，你会从中受益匪浅。

在商业世界，有许多这样的故事：聪明的企业家在未申请法律保护之前就开始销售自己的产品，公开自己的创意。在知识产权盛行的今天，你的任何创意一经公开，就无法再对它进行保护。几年前，一家公司开发了一种小企业用的电子表格处理软件。我就购买过他们的产品供我的公司使用。但是几年之后，这家公司倒闭了。为什么呢？因为它在保护专利方面失败了！另一家公司，这里我不提它的名字，抄袭了这家公司的创意并申请了专利，并把这家公司挤垮了。而拿走这项创意的公司，今天已是软件行业的佼佼者了！

有人说比尔·盖茨靠一个思想火花而成为了世界上最富有的人。换句话说，他并不是靠投资房地产或开工厂而致富的。他是靠获取信息，保护信息，在30多岁的时候成了世界上最富有的人。更有讽刺意味的是，他甚至没有亲自创造微软操作系统。他从其他程序员那里买来程序，再出售给IBM，然后就高枕无忧了！

奥纳西斯靠着一份简单的法律合同，成了船运业的巨人。根据那份合同，一家大型制造公司把向全世界运送这家公司货物的专运权交给了他。当时除了这份合约，他连一艘船都没有。但就凭着这份合约，他向银行借到了贷款购买了船只。他又是从哪里买到这些船的呢？他是从二战结束后的美国政府那里买来的，因为当时美国政府正巧有多余的运送军需的船只需要处理。这里要提到的是，要想买下这些船只，你必须是美国公民，但奥纳西斯是希腊人。这阻止了他吗？当然没有。作为一个精明的B象限的人，奥纳西斯懂得运用法律，他以他控制的一家美国公司的名义成功购得了这些船只。这也显示出法律对不同象限的人而言是不一样的。

## 保护你的创意

我的知识产权律师迈克尔·莱希特是知识产权律师中的佼佼者。他负责保护现金流技术公司在全球的专利权和注册商标权。他也是我的合伙人莎伦·莱希特的丈夫。但即使他是莎伦的丈夫，我们仍像他的其他客户一样按小时付给他报酬。不管我们付多少酬劳给他，他带给公司的价值都是无可限量的。他为我们创造了许多财富，保护了我们继续赢利的权利，指导我们顺利地通过了一次次谈判。迈克尔著有一本《知识产权手册》的书，这本书不但逐一阐述了各种知识产权（如专利权、商标权、版权等），而且讲述了怎样综合应用这些知识产权来给你最大限度的保护。有关内容在我们的网站上可以查阅。

## 总结

很多企业都是从一份简单的合同起家的。一份法律文件，可能就是一颗世界级企业的种子。

## 莎伦评注

专利权、商标权、著作权等都是最有价值的无形资产。这些法律文件是你知识产权的保障。就如罗伯特在他的尼龙和维可牢搭扣钱包经营中所发现的，失去了这些保护，你就有失去一切的危险。一旦你保护了自己的知识产权，你就不仅可以防止他人盗用，还可以把这些权利出售或授权给他人，从而得到收入。授权给第三方，是用你的资产为你服务的完美范例。

然而，法律问题涉及企业经营的各个方面。拥有好的法律顾问，对企业的构成及顾问团队的完善，都极其重要。法律费用乍看起来比较昂贵，但是，如果与你因失去合法权利而造成的损失相比，或与为此事到法院诉讼所花的诉讼费相比，这笔费用要少得多！此外，你还得花去时间成本。这样，你就不是关注你的企业，而是关注你的法律问题了。

这一领域，也是特许经营权和网络营销可以帮助你开创企业的地方。特别是，当你获得特许经营权或加入网络营销组织时，他们会为你提供许多必要的协助，为你提供创建、发展企业所需要的大部分法律文件。这不单为你节约了金钱，也节省了大量的时间，让你可以专注于企业的发展。尽管如此，你仍然需要有自己的律师来帮你处理一些法律问题。

合格的法律顾问可以帮助你避免下列领域的潜在法律问题：

**普通公司：**
- 企业实体的选择；
- 购买、销售协议；
- 经营许可证；
- 规章执行；
- 办公租约或收购合同。

**劳动法规：**
- 人力资源问题；
- 雇用合同；
- 雇用争议；
- 美国职业安全和健康法案（OSHA）；
- 员工薪金。

**客户权益保障法律：**

- 销售条款和条件；

- 直接邮递；

- 产品质量保障法；

- 广告真实性的法规；

- 环境法规。

**证券和债务文件：**

- 设备租用或购买；

- 贷款文件；

- 私募；

- IPO。

**合同：**

- 与供应商的合同；

- 与批发商的合同；

- 与雇员的合同；

- 统一商品标识；

- 担保书；

- 司法合同。

**股东问题：**

- 公司内部规定；

- 董事会权利；

- 股票发行；

- 兼并与收购；

- 分拆。

**知识产权：**

- 委托创作合同；

- 保密合约；

- 版权；

- 隐性作品；

- 专利权；

- 商标权；

- 知识产权授权。

# 第 36 章
# 产品管理

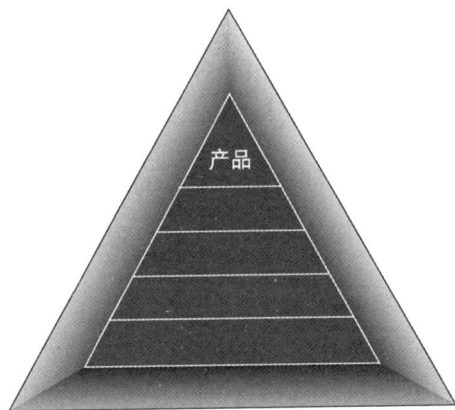

客户最终要从企业买走的是企业的产品。

企业的产品是 B-I 三角形中最后一个重要的方面。产品可以是汉堡包等有形的物体，也可以是咨询等无形的服务。

有趣的是，在评价一家企业时，许多普通投资者总是把眼光盯在产品上，而忽略了企业的其他部分。与此相反的是，富爸爸认为评价一家企业时，产品是最不重要的。

很多人问过我对新产品的看法，我的答案是：世界上到处都有好的产品，人人都说他们的新创意和新产品比现有的好。E 象限和 S 象限的人通常认为胜人一筹的产品和服务是最重要的，最好的质量对成功很重要；B 象限和 I 象限的人却认为，一家新企业最重要的是产品或创意背后的系统，或者说是 B-I 三角形的其他部分。我想指出的是，我们大多数人都能做出比麦当劳更好的汉堡包，但没有几个人能构建出比麦当劳更好的企业系统。

## 富爸爸的教导

1974 年，我决定以 B-I 三角形的模式学习建立企业。富爸爸警告我："用这个模式学习创建企业风险太高。有许多人尝试过，但成功者寥寥无几。然而，一旦你真正学会了如何创建企业，你就会财源滚滚。而那些不敢冒险、经不起挫折的人，可能风险会很低，但一辈子也难以富有。"

我仍然记得在我学习创建稳固企业的过程中，经历的成功的波峰和失败的谷底。毫无作用的广告传单，晦涩难懂的产品简介，为筹集资金和聪明地花投资者的钱而疲于奔命，因损失资金而愧对投资者……我记得这一切，我永远感谢那些理解我的投资者。他们对我讲我再有投资项目时，可以再找他们投资。这期间，每次失误既是一次宝贵的学习经历，又是一种构筑人格的体验。就像富爸爸所说的，创业之初风险很高，但只要我能坚持学习、不断努力，回报也将是无限的。

在 1974 年，可以说 B-I 三角形中每个层面的管理都是我的弱项，我最不擅长现金流管理和沟通管理。现在，虽然我仍不擅长所有层面，但我已经能够很好地把握现金流管理和沟通管理。我的公司之所以成功，是因为我在所有层面之间建立起了一种协同关系。在这里我想指出的是，虽然创业之初我没有实力，现在仍然实力不强，但我会继续学习。我要鼓励那些想以这种模式致富的人们行动起来，去实践，犯错误，改正错误，学习并不断提高。

当我看到 10% 的美国人，掌握了美国 90% 的股票和 73% 的财富时，我明白了他们的生财之道。许多人是以相同的方式致富的，如亨利·福特和托马斯·爱迪生（在他那个时代，他的价值远远超过比尔·盖茨）。以相同的方式致富的人还包括比尔·盖茨、迈克尔·戴尔、沃伦·巴菲特、鲁珀特·默多克、安妮塔·罗迪克、理查德·布兰森等。他们找到了他们的精神和使命，建立起企业，与别人一起分享梦想、风险以及回报。如果你愿意也可以做到这样。只要你接受富爸爸的理论：B-I 三角形。

海伦·凯勒说过："真正的幸福不是从自我满足中获得的，它源于对目标忠贞不渝的追求。"

## 莎伦评注

产品位于 B-I 三角形的顶部，因为它是企业使命的体现，企业最终向顾客提供的就是产品。B-I 三角形中除产品之外的其他部分，为企业的长久成功打下了基础。如果你与市场沟通顺畅，你的系统就会更容易生产、接受指令并履行。如果你有一个好的现金管理制度，产品销售就会看好，企业就会强劲发展。

## B-I 三角形与你的创意

富爸爸认为，是 B-I 三角形使你的创意成形。B-I 三角形的知识使人们去创造一种可以购买其他资产的资产。富爸爸引导我去搭建多个 B-I 三角形，这个过程中有过很多次失败，因为我不能将各个部分协调统一。当人们问我是什么因素导致我的某些失败时，我说是因为 B-I 三角形的一个或多个层面出了问题。但我从不像其他失败者那样垂头丧气。富爸爸鼓励我不断实践，不断构建三角形。

当我第一次大冒险失败后，富爸爸鼓励我继续努力，学习如何搭建新的三角形。他说："你练习搭建 B-I 三角形的次数越多，你就越容易创造出可以购买其他资产的资产。如果你勤奋努力，你挣的钱就会越来越多，并且会越来越容易。一旦你擅长获得创意，擅长根据这些创意建立 B-I 三角形，人们将会愿意给你投资。那时，你就真的是赚钱不必花钱了，而是用投资者的钱为他们也为你自己挣更多的钱。你将拥有能够为你赚钱的资产，而不是整日拼命地为钱工作。"

## B-I 三角形和 90 ／ 10 法则并肩作战

一天，富爸爸为我讲解 B-I 三角形时，有一句话引起我的兴趣。他说："人人体内都有一个 B-I 三角形。"我问他那是什么意思，虽然他解释得十分详尽，但我仍然很久以后才明白了这句话的意义。今天，每当我发现一个人，一个家庭，一个公司，一个城市乃至一个国家，出现财政困难时，我就知道他们体内的 B-I 三角形的某部分出现了问题或与其他部分失去了协调。当 B-I 三角形中的一个或几个部分失去作用时，个人、家庭或国家就会加入 90% 的那一群人，去分享那 10% 的钱。因此，如果现在你、你的家庭或企业遇到财务困难，就分析一下 B-I 三角形，看看有哪些地方需要改进。

## 解开 B-I 三角形之谜

富爸爸给了我学习掌握 B-I 三角形的另一个原因。他说："你爸爸认为努力工作就能赚钱。可是一旦你学会建立 B-I 三角形的艺术，你将发现你工作越少，挣钱就越多，你建立的企业就越有价值。"开始，我不大明白这句话，但多年的实践让我有了深刻理解。今天，我遇到过很多人，他们努力工作，希望得到晋升，或者靠信誉开创自己的事业。一般来讲，这些人都来自 E 象限和 S 象限。对我而言，要致富就得学会建立 B-I 三角形系统，并使之协调一致，即使没有我，企业也能正常运转。在我的第一个 B-I 三角形建立并出售后，我领悟到了富爸爸"工作越少赚钱越多"的含义。富爸爸说这样思考就是在解 B-I 三角形之谜。如果你是一个工作狂，或者是富爸爸所说的那种"终日劳碌却两手空空"的人，那我建议你和那些终日忙于工作的人坐下来，探讨一下如何工作更少赚钱更多。E 象限和 S 象限的人与 B 象限和 I 象限的人的差异在于：前者太忙了。富爸爸过去常常说："成功的秘诀在于'偷懒'。你越忙于工作，挣钱就越少。"为什么那么多人不能跻身 90／10 的行列呢？一个原因就是，当他们本应该寻求事半功倍的办法时，却忙得顾不上思考了。如果你想成为创造资产以获取财富的人，就必须找到工作少却能赚大钱的方法。正如富爸爸所言："成功的秘诀在于'偷懒'。"所以，他创建了许多可以购买其他资产的资产。如果他像我亲爸爸那样整日忙于工作，是不可能成功的。

## 总结 B-I 三角形

B-I 三角形代表拥有多个分系统的一个强大的系统，这个系统由一个人领导下的团队所支持。团队中的每个人都为一个共同的使命而努力工作。如果团队中的某个人能力较差或出了问题，就会影响到整个企业的成功。我想着重指出以下 3 点作为对 B-I 三角形的总结：

1. **金钱总是追随管理。**如果5个层面中的某一个层面管理职能出了问题，整个公司就会出问题。如果你个人财务出现困难或现金流不足，可以通过分析每一个层面找出问题。一旦你找出问题，就得想办法解决，或者雇一个人帮你解决。

2. **有些最好的投资对象和企业往往是你不愿意投资的。**如果B–I三角形中的5个层面都很差，又不能管理整顿，那你最好离开这项投资。很多次当我考虑是否投资时，与管理那个企业的团队讨论B–I三角形的5个层面，但我听到的总是争论而不是讨论。当企业所有者或管理团队在5个层面中的任意一个层面出现问题时，他们会极力为自己辩护，而不是接受对自己工作的置疑。如果他们一再辩护而不是积极地找出缺点，改正错误，我通常就会取消这个投资项目。在我家里的一面墙上贴着一张猪的照片，那是我从斐济带回来的。照片下印着："不要教猪唱歌。你浪费了时间，猪也不高兴。"不要浪费你的时间试图教猪唱歌，世界上还有太多非常好的项目等待你去投资。

3. **个人电脑和互联网使B–I三角形可以为每一个人所用。**在我的谈话中，我提到过获得巨额财富从没有像现在这么容易。在工业时代，建一家汽车工厂需要数百万美元。而现在，只要一台千元二手电脑、一点头脑、一部电话和一些B–I三角形的教育，世界就是你的。

如果你还想依靠个人力量创建企业，那么你成功的机会就不大了。最近，一个年轻人告诉我，他把自己的小型互联网公司以2800万美元的价格卖给了一家大型电脑软件公司。他对我说："我28岁时就挣了2800万美元，我48岁时会挣多少钱呢？"

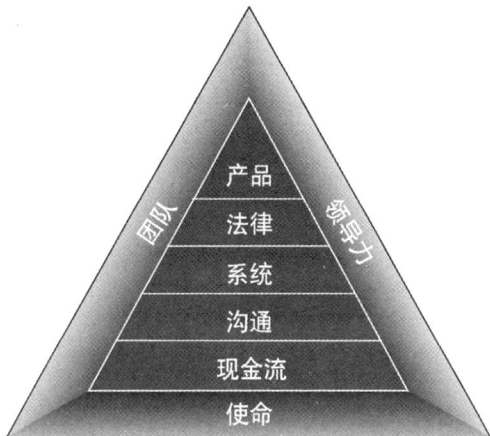

## 莎伦评注

如果你想成为一个在企业经营或投资上成功的企业家，B-I三角形的各个层面都要强大并互相依赖。这样，企业才会兴旺发达。好消息是，如果你是一个团队运动员，就没必要成为B-I三角形5个层面的专家。只要成为一个有敏锐目光、坚定使命和坚强意志的团队的一员就足够了。

## 从B-I三角形到企业四面体结构

当特定的使命、果断的领导、团结而高素质的团队有机地结合在一起时，B-I三角形就会变为三维立体形状，进而变成一个四面体。

最后指出的是完整性。完整指的是整体的统一性、完善的条件和健全的结构。完整更普遍地是指人格上的诚实或忠诚。虽然这两个定义有所不同，但本质意义是一致的。

靠 B-I 三角形原则建立起来的、诚实运营的企业，无疑是完整
而健全的。

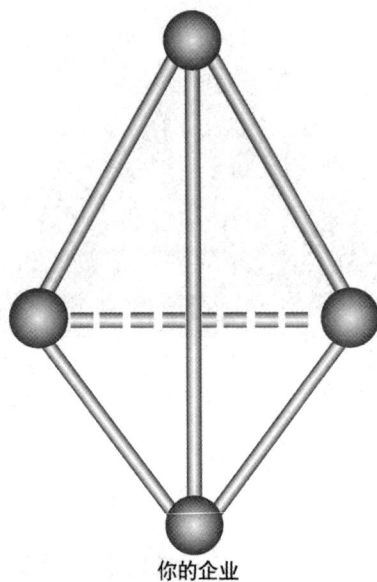

你的企业

# 谁是成熟投资者

Rich Dad's Guide To Investing

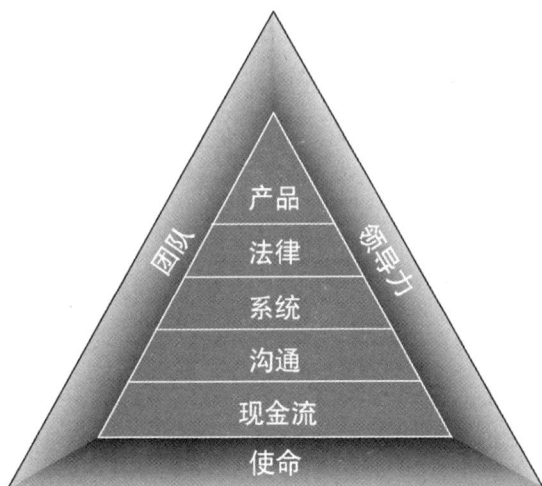

产品

法律

系统

沟通

现金流

使命

团队

领导力

# 第 37 章
# 成熟投资者的独到见解

"现在你已经理解了 B-I 三角形，那么，你准备好创建企业了吗？"富爸爸问我。

"是的，准备好了。虽然要记住那么多内容有点吓人。"我回答。

"这就是关键，罗伯特。要知道一旦建立起一家成功的企业，你就可以运用经验建立起更多的企业。同时，当你打算投资其他企业时，也能够利用这些经验，从外部分析那些企业。"

"这听起来仍然像一个不可能完成的任务。"我回答。

"也许这是因为你想一下子就建立起一家大企业。"富爸爸接着说。

"我当然这样想，因为我想发大财。"我兴奋地说。

"但是千万不要忘记，要想从 B-I 三角形中学会这些必备的技巧，你需要从小企业开始。甚至是一个热狗贩卖车或一套小出租房产，都需要有它自己的 B-I 三角形。你会发现 B-I 三角形的每个部分都能为哪怕是最小的企业服务。你或许会犯一些错误，但只要从中吸取教训，你的公司就会越开越大。在这个过程中，你将逐渐成为一名成熟投资者。"

"你是说学习创建企业会使我成为成熟投资者，是吗？"我问。

"是的，如果在创业的路上，你能不断吸取教训并建立起一家成功的企业，你就能成为一名成熟投资者，"富爸爸一边说，一边掏出他的便笺本，"开始的 100 万美元最难赚，只要赚到这关键的 100 万，接下来的 1000 万就很容易了。现在让我们来讨论一下是什么使一名成功的商人和投资者成为成熟投资者。"

## 谁是成熟投资者

"成熟投资者是那些懂得十大投资者控制的投资者。这些投资者懂得象限右侧的优势，并受用其中。让我们浏览一下每条投资者控制，这样你能更好地领悟成熟投资者的独到见解。"富爸爸说。

### 十大投资者控制

1. 自我控制；

2. 收入 / 支出比及资产 / 负债比控制；

3. 投资管理控制；

4. 纳税控制；

5. 买卖时机控制；

6. 经纪交易控制；

7. E-T-C（实体、时机和收入特性）控制；

8. 协议的条款和条件控制；

9. 信息渠道控制；

10. 财富回馈、慈善事业和财富再分配控制。

"有一点必须明确，成熟投资者可以不是内部投资者或终极投资者，他们只要了解每一条投资者控制的好处就行了。"富爸爸接着说，"投资者拥有越多的控制，投资的风险就越小。"

## 投资者控制 1　自我控制

"一个投资者最重要的是自我控制。"自我控制能力决定投资者能否成功，所以，本书第一部分着重突出自我控制的意义。富爸爸还经常说："投资不是冒险，投资者才是冒险！"

我们大多数人都被学校培养成雇员。在学校只有一个正确答案，犯错误是相当可怕的。我们在学校没有学到财务知识，所以要改变理财观念，需要大量的努力和时间。

成熟投资者知道，正确答案不止一个。最好的学习方式就是从错误中汲取经验和教训。财务知识是成功的必备条件。成熟投资者很清楚自己的财务报表，深知自己的每个决定最终会怎样影响到自己的财务报表。

为了致富，你必须学会富人的思维方式。

## 投资者控制 2　收入／支出比及资产／负债比控制

财务知识能够保证这项控制的实现。富爸爸告诉过我穷人、中产阶级、富人的 3 种不同的现金流模式。早在少年时期，我就决定选择富人的现金流模式。

穷人的现金流模式见下页上图。

穷人花光了他们挣来的每一分钱——他们既无资产，也无债务。

中产阶级的现金流模式：

中产阶级事业日渐成功，与此同时也积累了更多的债务。薪水的增加使他们有资格从银行贷款，购买名车、度假屋、游艇和野营房车等物品。他们得到工资，然后将其用于生活开支并偿还个人债务。

工作

| 收入 | |
| --- | --- |
| 　薪水 | |
| | |
| 支出 | |
| 　税 | |
| 　食物 | |
| 　租金 | |
| 　衣物 | |
| 　娱乐 | |
| 　交通 | |

| 资产 | 负债 |
| --- | --- |
| | |

工作

| 收入 | |
| --- | --- |
| | |
| 支出 | |
| | |

| 资产 | 负债 |
| --- | --- |
| | |

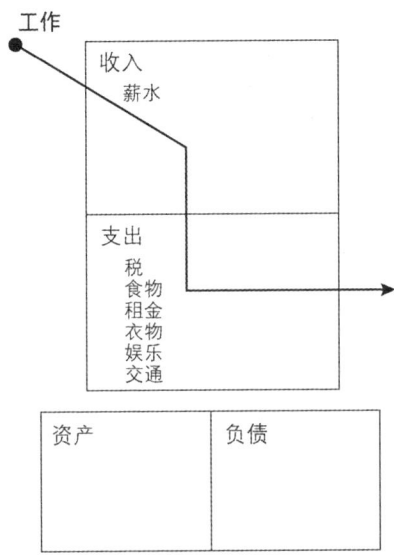

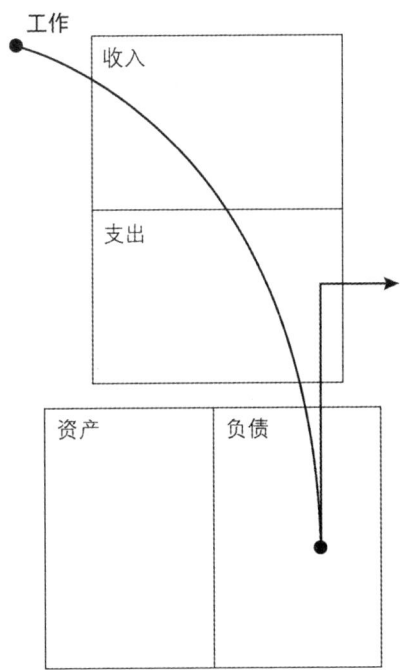

收入增多，个人债务也随之增多，这就是我们所说的"老鼠赛跑"。

富人的现金流模式：

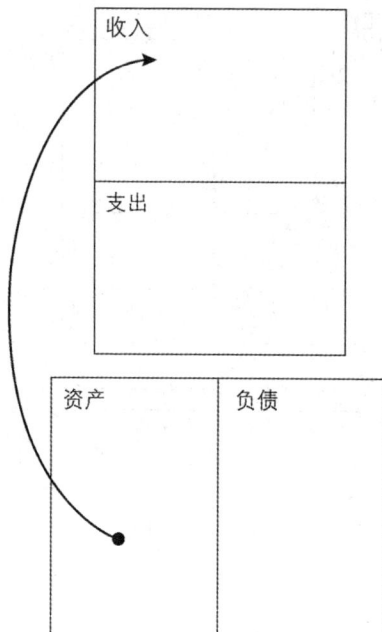

富人让资产为他们工作。他们懂得控制支出，致力于获得或建立资产。他们的企业为他们支付大部分支出，并且，他们几乎没有私人债务。

你也许有另一种现金流模式，这种模式是以上3种类型的结合。你的财务报表说明了什么？你控制了你的支出吗？

## 购买资产而不是负债

成熟投资者购置那些能将钱装进他们口袋的资产，一切就这么简单。

## 变私人支出为企业支出

成熟投资者明白，因开展业务而支付的必要支出应该从收入中扣除。他们分析各项支出后，将不可抵扣的个人支出，转为可以抵扣的企业支出。但要记住，不是每笔支出都可以抵扣。

再回过头来和你的财务与税务顾问好好研究，怎样通过企业使可抵扣支出最大化。个人支出变为合法企业支出的例子有很多，比如：

| 个人支出 | 企业支出 | 理　由 |
|---|---|---|
| 电脑摇 | 企业设备 | 用于业务 |
| 电话 | 企业设备 | 用于联系客户 |
| 在外就餐 | 工作餐 | 注明何种商业目的、与谁一起就餐 |
| 医药费 | 员工医药费报销 | 采用医疗报销计划 |
| 学费 | 教育培训费 | 业务需要的资格、证书 |
| 家庭开销 | 在家办公费用 | 遵循的原则：记录所有的家庭支出，按照家中用于办公的面积与家庭总面积的比例进行计算 |

以上只是几个可以扣减的企业支出的例子，说明了企业主的一些个人支出是可以转化为企业支出的，而雇员的个人支出通常是不可扣减的。你必须适当地将支出列为企业支出并有合法的商业目的。如果你拥有一家企业，你能想象将个人日常支出变为可以扣减的企业支出吗？

## 投资者控制 3　投资管理控制

内部投资者对投资拥有足够的股权，这样他们能控制管理决策，因此他们拥有这项投资者控制。个人企业主和拥有足够股权的投资者将参与决策制定过程。

运用 B-I 三角形，创建成功的企业，掌握其中的技巧，这种能力对投资者尤为重要。

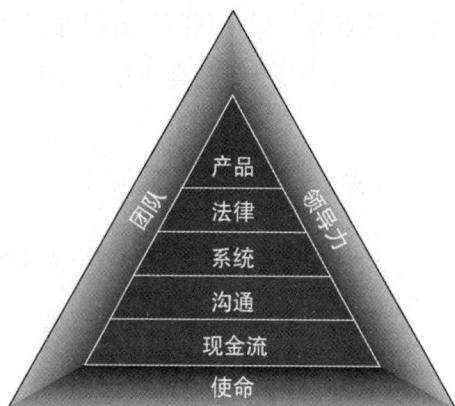

一旦投资者掌握了这些技能，他就能更好地观察和分析其他潜在投资的管理有效性。如果其管理有竞争力而且被证明是成功的，那么投资者就能更放心地投资。

## 投资者控制 4 纳税控制

成熟投资者早已熟知税法，要么是从正规学习中得来的，要么是从税务顾问那里请教来的。现金流象限右侧明确显示出了它具有合法避税这一优势。成熟投资者精打细算，一有时机，就最小化他的纳税支出，并尽可能地延期纳税。

税务上很多的优惠

税务上很少的优惠

在美国，右侧象限的人享受着许多的税收优惠政策，而左侧象限的人只能望洋兴叹。以下是3点具体优惠政策：

1. 政府不向被动收入和证券收入（现金流右侧象限的收入）征收"社会保险"税（在美国，社会保险税目包括医疗税、失业税、失能收入损失等），但劳动收入（现金流象限左侧的收入）必须纳税。

2. 利用法律，房地产所有者及公司所有者可享受延期或无限延期纳税的待遇（如由公司法人发起的分红计划）。

3. 普通公司可以用税前收入抵消一部分支出，而雇员的个人支出必须建立在纳税之后。一些案例可参见投资者控制2。

成熟投资者对每个国家、地区和省市的不同税法了如指掌，哪里对他们的业务发展最有利，他们就把投资转向哪里。

因为意识到E象限和S象限的人要支出大笔的税款，成熟投资者会尽可能减少个人收入，以此达到少纳税的目的。同时，不断加大投资的力度。投资者控制7中将有案例进一步说明这一点。

## 投资者控制5　买卖时机控制

无论市场行情是涨还是跌，成熟投资者都懂得如何赚钱。

在创建企业的过程中，成熟投资者具有极强的耐心。我有时候把这种耐心称为"延迟享乐"。成熟投资者心里明白，真正的收益是在投资之后，企业开始赚钱或能公开上市之时。

## 投资者控制6　经纪交易控制

像内部投资者那样，成熟投资者能主导如何卖掉投资或扩大投资规模。

作为向其他公司投资的外部投资者，成熟投资者仔细跟踪投资表现，并指示经纪人买进或卖出。

现在许多投资者过分依赖他们的经纪人，买进或卖出时，全由经纪人决定。这样的投资者不是高明的投资者。

## 投资者控制 7　E-T-C 控制

"重要性仅次于自我控制的，是 E-T-C 控制。"这是富爸爸常挂在嘴边的话。要控制实体、时机和收入性质，你必须熟悉公司法、证券法和税法。

富爸爸很明白，选择恰当的企业实体、合适的会计年度，将尽可能多的劳动收入变为被动收入和证券收入，就能从中获益。与此同时，富爸爸精通阅读和分析财务报表，能根据财务报表思考问题。这些都帮助他迅速地建立起他的财富王国。

为了解释掌握 E-T-C 的好处，我们接下来看看詹姆斯和凯茜是如何做的。

第一种情况：

詹姆斯和凯茜拥有一家不用自己打理的餐厅。

餐厅是独资经营的。

他们有两个孩子。

餐馆为他们带来的净收入是 6 万美元。

他们填写了一张财务报表。

### 詹姆斯和凯茜的财务报表

| 收入 | |
|---|---|
| 净营业收入 | 60000 美元 |
| (扣除 12 万美元的餐馆分期付款和折旧费) | |

| 支出 | |
|---|---|
| 社会保险税 | 9200 美元 |
| 所得税 | 5000 美元 |
| 税金总额 | 14200 美元 |
| 住房分期付款 | 10200 美元 |
| 生活支出： | |
| 　设施 | 3000 美元 |
| 　汽车 | 3000 美元 |
| 　食品 | 12000 美元 |
| 　健康保险 | 8000 美元 |
| 　法律 & 会计费用 | 2000 美元 |
| 　教育 | 1000 美元 |
| 　慈善 | 1000 美元 |
| 生活支出总额 | 40200 美元 |

| 净现金流 (净营业收入 - 税金总额 - 生活支出总额) | 5600 美元 |
|---|---|

| 资产 | 负债 |
|---|---|
| 　餐馆建筑 | 　家庭住房分期付款 |
| 　餐馆内部设施 | 　餐馆分期付款 |

第二种情况：

詹姆斯和凯茜向财务和税务顾问咨询，重新建立企业结构，以最大化现金流，并最小化纳税额。

詹姆斯和凯茜拥有两家公司；一个人拥有餐馆，另一个拥有餐厅建筑。

詹姆斯是两家公司的总经理。

詹姆斯和凯茜有两个孩子。

詹姆斯和凯茜制作了 3 张与他们的财务状况息息相关的财务报表。

# 詹姆斯和凯茜如何从财务和税务顾问的建议中受益

答案是，靠双重企业结构。

1. 詹姆斯和凯茜能将个人支出变为合法的企业支出（健康保险、法律和会计支出、教育支出、家庭办公开支和汽车因公使用费）。

2. 他们能在税款支出上节约 7885 美元。

3. 他们可以将 1.2 万美元放入退休基金。

4. 即便他们将个人收入降低为零，第二点和第三点还是切实可行的。

5. 他们保护了个人资产。保护方式是：将他们的企业分成两家公司，一家为詹姆斯独有，另一家为凯茜独有。

再看一下他们是如何做到这些的：

## 詹姆斯和凯茜的财务报表

| | |
|---|---|
| **收入** | |
| 总经理工资 | |
| 餐馆 | 20000 美元 |
| 房地产公司 | 10000 美元 |
| 办公费用报销 | 1000 美元 |
| 汽车费用报销 | 1000 美元 |
| 收入总额 | 32000 美元 |
| **支出** | |
| 社会保险税 | 2300 美元 |
| 所得税 | 1500 美元 |
| 税金总额 | 3800* 美元 |
| 住房分期付款 | 10200 美元 |
| 生活支出： | |
| 设施 | 3000 美元 |
| 汽车 | 3000 美元 |
| 食品 | 12000 美元 |
| 生活支出总额 | 28200 美元 |
| 净现金流（收入总额－税金总额－生活支出总额） | 0 美元 |

| 资产 | 负债 |
|---|---|
| 餐馆公司 | 住房分期付款 |
| 房地产公司 | |

## 餐馆的财务报表

| 收入 | |
|---|---|
| 提供餐饮服务 | 180000 美元 |
| **支出** | |
| 总经理工资 | 20000 美元 |
| 社会保险税 | 1500* 美元 |
| 房租支出 | 155000 美元 |
| 报销 | 1000 美元 |
| 法律和会计费用 | 1000 美元 |
| 所得税 | 225* 美元 |
| 净收入 | 1275 美元 |

| 资产 | 负债 |
|---|---|
| | |

## 房地产公司的财务报表

| 收入 | |
|---|---|
| 房租收入 | 155000 美元 |
| **支出** | |
| 总经理工资 | 10000 美元 |
| 社会保险税 | 750* 美元 |
| 分期付款＋折旧 | 120000 美元 |
| 报销 | 1000 美元 |
| 法律和会计费用 | 1000 美元 |
| 退休金计划 | 12000 美元 |
| 健康保险计划 | 8000 美元 |
| 教育费 | 1000 美元 |
| 慈善支出 | 1000 美元 |
| 所得税 | 40* 美元 |
| 净收入 | 210 美元 |

| 资产 | 负债 |
|---|---|
| 餐馆建筑 | 建筑抵押贷款 |
| 内部设施 | |

*税款总计＝6315

现在，我们比较一下第一、二种情况：

| | 情况 1 | 情况 2 | 差额 |
|---|---|---|---|
| | 独资经营 | 个人＋ | |
| | | 两家公司 | |
| **税款** | （14200 美元） | （6315 美元） | 7885 美元 |
| **收入** | | | |
| 退休金 | 0 | 12000 美元 | |
| **利润** | | | |
| 个人 | 5600 美元 | 0 | |
| 餐厅 | | 1275 美元 | |
| 房地产公司 | _____ | 210 美元 | |
| **总现金流** | 5600 美元 | 13485 美元 | 7885 美元 |

詹姆斯和凯茜的财务计划最终显示：他们节省了7885美元的税款，增加了7885美元的个人健康保险。更重要的是，通过将企业一分为二的方式，他们保护了个人资产。由于拥有两家依法建立的公司，那么即使一家公司倒闭了，他们还是能保住另一份个人资产。例如，一位顾客在餐馆里病倒了，他可能会向法院控告餐馆老板，不利于餐馆的判决会导致巨额赔偿。餐馆倒闭了，但房地产企业，以及詹姆斯和凯茜的个人资产，将得到保护。

詹姆斯和凯茜的例子简单而生动地说明了E-T-C控制的好处。最重要的是，在构建你的财务计划前，要先向专业的法律和税务顾问请教。为了确保你的业务符合法律规定，你必须考虑许多复杂的问题。

上边那些数字让人眼花缭乱，因此我想再加一张简单的表格进行说明，这张表格是富爸爸讲解他的餐厅和房地产公司时，画给我看的。通常我借助表格会理解得更好，希望它帮助你。

## 控制管理，多多益善

富爸爸说："有朝一日，你能够自然而然地运用财务报表进行思考时，你就能经营多家企业了，而且可以对其他投资项目作出评估。最重要的是，一旦你能够运用财务报表进行思考，你就能更好地控制你的财务生活，赚到一般人无法赚到的钱。"

接着，他画了下面这张图：

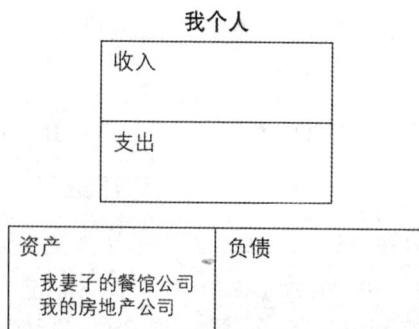

**我个人**

| 收入 |
| --- |
| 支出 |

| 资产 | 负债 |
| --- | --- |
| 我妻子的餐馆公司<br>我的房地产公司 | |

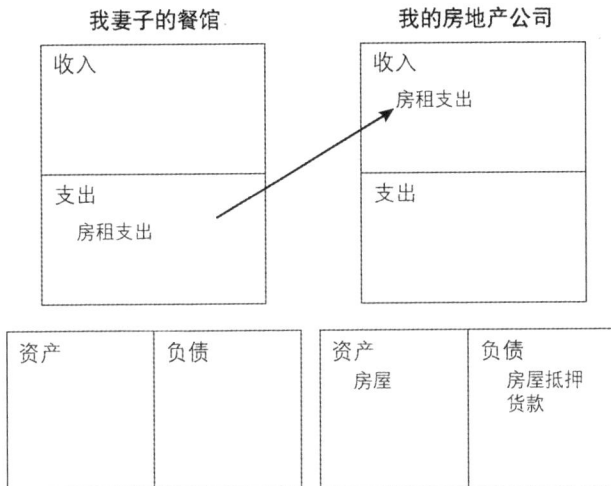

| 我妻子的餐馆 | 我的房地产公司 |
|---|---|
| 收入 | 收入<br>房租支出 |
| 支出<br>房租支出 | 支出 |

| 资产 | 负债 | 资产<br>房屋 | 负债<br>房屋抵押<br>货款 |
|---|---|---|---|

我看着这张图说："你的支出流到了你能够控制的地方。在这里，你们的餐厅租金流到了房地产公司。"

富爸爸点头说："所以从技术上讲我在做什么呢？"

"你是把餐厅赚到的劳动收入转变为你房地产公司的被动收入。换句话说，你是在支付自己。"

"这仅仅是开始而已，"富爸爸说，"但是，我想警告你，你需要最好的会计和法律顾问。不成熟投资者就在这里遇到了麻烦。他们陷入麻烦，是因为我画给你的这张图表可以合法实施，也可能是非法实施。公司之间的合作必然要有商业目的，当你在多家公司中拥有股份时，必须仔细考虑拥有企业所有权的恰当方式。用合法的方式致富实际上很容易，因此，要雇用最好的顾问，从他们那里，你将知道富人是怎样依靠法律变得更加富有的。"

## 投资者控制 8 协议的条款和条件控制

当成熟投资者进行内部投资时，他们能控制合约的条款和履行合约的条件。例如，当我将我的几间小屋卖掉后，再投资一栋小型公寓楼时，我依照税法的 1031 条款进行交易，这使我可以通过把收益再投资而延期纳税。在这次出售中我可以不必纳税，因为我控制了合约的条款和履行的条件。

## 投资者控制 9　信息渠道控制

作为内部投资者，成熟投资者能控制信息来源。在这里，投资者必须理解美国证券交易委员会（其他国家也有类似的监管机构）对内部人的要求。

## 投资者控制 10　财富回馈、慈善事业和财富再分配控制

成熟投资者意识到，在财富问题上要履行社会责任，要让钱回到社会去。捐赠慈善事业是一个好办法。通过市场经济的作用，靠提供就业机会和扩大经济规模也可以实现这种控制。

# 第38章
## 投资分析

富爸爸说："数字会告诉我们事实真相，如果你能学习阅读财务报表，就会看到任何一家公司或一项投资内部发生的事情。"

富爸爸教我他是如何运用财务比率去管理他的业务的。无论是投资一家公司的股票还是购买房地产，我总是要分析财务报表。通过分析财务报表和计算财务比率，我可以判断出一家企业的赢利能力或它的杠杆比率。

对于房地产投资，我可以根据我应该支付的定金估算出现金回报率。

但追根究底还是要回到财务知识上。本章将介绍每一位成熟投资者在为财务计划选择投资项目时的一些重要的思维过程：

公司的财务比率；

房地产的财务比率；

自然资源；

是良性债务还是不良债务；

储蓄不是投资。

## 公司的财务比率

毛利率是毛利除以销售总额，这可以告诉你减去已销售商品成本后，销售总额剩下的百分比。销售总额减去已销售商品的成本就是毛利。我记得富爸爸说："没有毛利润，就没有纯利润。"

毛利率应该达到多少，取决于企业的组织状况和它必须支付的其他成本。计算出毛利率之后，富爸爸的便利店还必须支付房租、雇员工资、设施费用、税款、获得政府许可证的费用、浪费或受损货物的费用和一长串的其他费用，再加上足以保证富爸爸的原始投资获得好的回报的部分。

对于今天的互联网电子商务网站来说，这些额外成本通常比较低，所以他们能够以较低的毛利率经营并赢利。

实际上毛利率越高越好。

$$毛利率 = \frac{（销售总额 - 已销售商品成本）}{销售总额}$$

净经营利润率能告诉你在纳税和支付资金成本之前的净经营利润。EBIT 是指息税前利润（Earnings Before Interest and Taxes），即销售总额减去企业所有成本，但不包括资本成本(利息、税、股息)。

EBIT 与销售总额的比称做净经营利润率。净经营利润率高的企业实力比净经营利润率低的企业要强得多。

净经营利润率越高越好。

$$净经营利润率 = \frac{息税前利润}{销售总额}$$

实际贡献是指毛利（销售额减去已售商品成本）减去变动成本（区别于固定成本，随销售额的变动而变动）。固定成本包括不随销售额变动而变动的销售成本、一般成本和管理费用。例如，与全职雇员有关的人工成本以及与设备有关的大多数成本，都被认为是固定成本。一些人把这称做"经费"。

若一家企业的营业杠杆值为1，就表明这家企业的收入刚刚够支付固定成本，这意味着企业没有赢利。

营业杠杆值越高越好。

$$营业杠杆 = \frac{实际贡献}{固定成本}$$

使用资本总额就是所有股东权益与生息债务的账面价值（除去应付转卖货物账款及未付的工资、支出和税款）之和。所以如果你有5万美元债务和5万美元股本，那么财务杠杆值就是2（即10万除以5万）。

$$财务杠杆 = \frac{使用资本总额（债务和股本）}{股东的股本}$$

一家正在运行的公司的总风险就是营业杠杆与财务杠杆的乘积。总杠杆显示出企业已知的变化会给业主（股东）带来什么样的影响。如果你是企业主，因此你在内部，那你至少应对公司的总杠杆有所控制。

如果你正在观察股市，总杠杆会帮助你决定是否应投资。为了保证运营良好，保守管理的美国公司通常将总杠杆值保持在5以下。

总杠杆＝营业杠杆 × 财务杠杆

负债权益比是用来衡量公司外部融资额（负债总额）与内部融资额（股东权益总额）间的比例。绝大部分企业都尽量保持该比率在1∶1或以下。一般来说，负债权益比越低，公司财务结构越保守。

$$负债权益比 = \frac{负债总额}{股东权益总额}$$

速动比率与流动比率的意义，在于它们能显示出公司是否有足够的流动资产来支付来年的负债。如果一家公司没有足够的流动资产来支付流动负债，这通常就是企业将面临困境的一个信号。另一方面，流动比率与速动比率的值为2～1之间是再合适不过了。

$$速动比率 = \frac{速动资产}{流动负债}$$

$$流动比率 = \frac{流动资产}{流动负债}$$

通常认为股本回报率是最重要的比率之一。有了它你就能把该公司的股东投资收益和其他项目作对比了。

$$股本回报率 = \frac{净收入}{平均股东权益}$$

## 这些比率揭示了什么

富爸爸教我必须考虑至少3年的数据。我们通过边际利润、边际贡献、杠杆比率和股本回报率的发展方向和趋势，可以了解许多有关公司及其管理甚至其竞争对手的情况。

很多公司报告不包括这些比率和指标。一个成熟投资者要学会计算这些比率（或雇用懂得这方面知识的人）。

成熟投资者精通比率术语，并能用它们评估投资。但这些数据不能孤立使用。它们是公司表现的指示灯。它们必须与对整个公司和行业的分析联系起来考虑。通过对比公司至少3年的数据和同一行业的其他公司的比率，你能够很快得知公司的相对实力。

如果一家公司最近3年的比率都很理想，并且赢利颇丰，那么看起来这是一个好的投资。但如果你观察行业状况，发现公司主打产品已处在落后状态，取而代之的是主要竞争对手的新产品。此时，考虑到在市场占有率上的潜在损失，这家历史表现良好的公司就不是一项明智的投资。

虽然这些比率初看起来很复杂，但你会吃惊地发现你能够很快学会利用它们去分析一家公司。记住，这些比率是成熟投资者的语言。通过学习财务知识，你也能学会"用比率说话"。


# 房地产投资：房地产财务比率


关于房地产，富爸爸有两个问题：

1. 这些资产带来的现金流为正吗？

2. 如果是，你做尽职调查了吗？

富爸爸认为最重要的房地产财务比率是现金回报率：

$$现金回报率 = \frac{净现金流}{定金支出}$$

假设你买了一栋价值50万美元的房子，首付定金为10万美元并获得 40 万美元的抵押贷款。付清所有支出和偿还贷款后，你每月还有 2000 美元的现金流。那么你的现金回报率就是 24%，即 2.4 万美元（2000 美元 × 12 个月）除以 10 万美元。

在购房之前，你必须决定采取什么方式购买它。你是通过普通公司或有限责任公司购买呢，还是通过有限合伙企业购买？咨询你的法律和税务顾问，以确定你所选择的实体能够给你提供最大的法律保障和税收优惠。

## 尽职调查

我认为，尽职调查是财务知识中最重要的词组之一。成熟投资者正是通过尽职调查过程看到硬币的另一面。当人们问我是怎样找到好的投资项目时，我简单地回答："我是通过尽职调查这个过程找到的。"富爸爸说："你越早对投资项目进行尽职调查，无论投资项目是企业，还是房地产、股票、共同基金或债券，你就越能找到最安全且具备最大可能性获得现金流和资本回报的项目。"

《财务知识：成熟投资者怎样发现普通投资者忽略的投资项目》是一套学习用磁带，它教给你许多非常成熟的尽职调查方法，使你能很快地评估投资。有关这套录音带和配套手册的情况，请登陆我们的网站。在这套磁带中，你不仅可以听到成熟投资者传授投资奥秘，而且可以学会如何运用这些尽职调查方法。这些很少公开的尽职调查方法，不仅能帮助你成为一个更成熟的投资者，还能为你节省投资分析时间，帮你找到你所要寻找的高收益的投资项目。

例如，即使你已确认某处房地产会给你带来现金流入，你仍需要进行尽职调查。

富爸爸有一张他一直使用的清单，我自己也有一张由辛迪·肖甫夫创制的尽职调查清单。这张清单非常全面，甚至包括了 30 年前不存在的条款（如环境审计）。这里我给大家罗列了辛迪·肖甫夫的清单作为参考。

要是我对我的投资项目有疑问，我一般都要咨询专家，并让我的律师和会计师重新审查这个项目。

**尽职调查清单**

_____1．按时间付费的临时雇用人员名单。

_____2．保证金清单。

_____3．抵押贷款支付信息。

_____4．个人财产清单。

_____5．建筑平面图。

_____6．保险政策与保险代理人。

_____7．维修合同和服务合同。

_____8．住户资料：租契、总账卡片、申请表、烟雾探测器规格。

_____9．买主和物业公司名单，包括账号。

_____10．房屋结构更改清单。

_____11．测量图和工程文件。

_____12．佣金协议。

_____13．租赁或与地产经纪的协议。

_____14．土地使用协议。

_____15．进展计划，包括计划表、规格和规划建筑、结构、机械、电力、土木工程的图纸。

_____16．政府许可或影响房地产发展的区域限制。

_____17．管理合同。

_____18．税单和房产税报表。

_____19．物业账单。

_____20．与房产有关的现金收入和支出。

_____21．过去 5 年内与房产有关的资本支出。

_____22．2 年内与房产有关的收益表（以提交日期为准）。

_____23．财务报表和联邦与州政府的纳税申报表。

_____24．白蚁检查和购房者满意程度。

_____25．卖方掌握的对房产所有权、运营或维护有益的所有记录和文件。

_____26．市场调查或地区研究。

_____27．施工预算和实际支出。

_____28．住户简介或概况。

_____29．工作通知单。

_____30．反映 2 年内房产营运状况的银行报表。

_____31．房屋居住证明。

_____32．产权说明书。

_____33．所有有效担保和抵押清单的复印件。

_____34．每项投资的第一阶段环境审计（若存在的话）。

## 自然资源

成熟投资者把地球上的自然资源（如石油、天然气、煤、贵重金属等）作为他们投资组合的一部分。

富爸爸坚信黄金的价值。黄金作为一种自然资源，储量是有限的。正如富爸爸说的那样，很多世纪以来，人们都非常珍视黄金。富爸爸还认为黄金可为你赢得其他更多财富。

## 是良性债务还是不良债务

成熟投资者可以识别良性债务、支出和负债。我记得富爸爸问我："如果每间出租房你都要赔 100 美元的话，你能拥有多少间这样的出租房？"我当然回答："没多少。"富爸爸又问："如果每间出租房挣 100 美元的话，那么你能拥有多少间呢？"答案是："能找到多少就有多少。"

分析一下你自己的支出、负债和债务吧！每项单独的支出、负债和债务都产生了相应的收入和资产了吗？如果是，还要衡量从收入和资产中产生的现金流入是不是比从支出、负债和债务中产生的现金流出要多呢？

例如，我的朋友吉姆有 60 万美元的房屋抵押贷款，为此他每月要支付 5500 美元抵押贷款和利息。但他每月可从住户那得到 8000 美元的租金收入。这样，再除去其他所有的支出，他每月从那套房子中得到的净现金流为 1500 美元。我认为吉姆的抵押贷款是一笔良性债务。

## 储蓄不是投资

成熟投资者知道储蓄与投资的区别。让我们来看看我的两个朋友约翰和特里的例子吧！他们都认为自己是成熟投资者。

约翰是一位高收入专业人士，他忙于最大限度地投资于他的 401（k）退休金计划。约翰 42 岁，已投资 401（k）退休金计划 11 年，累计金额有 25 万美金。直到他退休时，才能获得回报或现金流，但他又要对他的劳动收入全额纳税。

约翰的明细表：

工资 10 万美元

税——最低 25% 的税率

投资——401（k）退休金计划

最高 15% 的贡献，或 1.5 万美元

退休金计划——每年收入为总额的 8%

从投资中得到的当前现金流为零

特里与约翰年龄相仿，有几乎同样的高收入。她已投资一系列的房地产业务 11 年，刚刚花了 25 万美元的定金得到了 100 万美元的房产。特里一直有 10% 的现金回报收入，并保守估计房产以每年 4% 的比率增值。特里打算退休后利用 1031 条款，把高资产净值和现金流投资于另一处房产。特里从未投资过 401（k）退休金计划，她的财产收入税是即付的。

特里的明细表：

工资 10 万美元

税——最低 25% 的税率

投资——100 万美元房地产的 25%，即 25 万美元的定金

房产——现金回报率为 10%

每年 4% 的房产增值

当前现金流量——从房地产投资中每年可得 2.5 万美元

下面的表格显示了约翰和特里的资产积累情况，每年税后用于消费的现金流和每年税后的退休金现金流。我要感谢我的税务顾问注册会计师黛安娜·肯尼迪准备了这份分析表，让我能与你一起分享。

| | 起初 | | 1~19 年 | | 20 年 | | 退休后 |
|---|---|---|---|---|---|---|---|
| | 资产 | 现金流 | 投资 | 现金流 | 资产 | 现金流 | 每年净现金流 |
| 约翰 | 250000 美元 | 63750 美元 | 15000 美元 | 63750 美元 | 1968000 美元 | 63750 美元 | 118100 美元 |
| 特里 | 250000 美元 | 73560 美元 | 0 | 73560 美元 | 2223000 美元 | 73560 美元 | 342700 美元 |

正如你所看到的，特里的家庭在今后20年里每年都可以比约翰的家庭多支出1万美元。此后，他们在62岁时退休，他们的工龄都是31年。

一退休，约翰就开始从他积累的401（k）退休金计划中提取8%的比例，每年118110美元（纳税前有157400美元）。他打算不动他的本金。经过整整31年，每年付1.5万美元给退休金计划，他获得成功：拿回工作收入的150%。

虽然特里只为房地产付定金25万美元，但她每年可得到总资产100万美元的4%的增值。在这20年里，特里用租金收入偿还了75万美元的抵押贷款。所以当特里退休后，她就能够把100万美元的资产净值滚入更大的房地产投资中（经计算价值8892000美元）。这处新的房产每年会给特里产生342700美元的现金流。

约翰退休后将会很舒适，但特里会更富有。

假设，由于某种原因，约翰退休后需要更多的收入，他就不得不开始动用退休金计划的本金。而特里只需投资另一笔免税房地产业务，就可由房客偿付抵押贷款本金，以此得到更高的收入。

约翰给孩子们树立的榜样是：上学、得高分、找到好工作、努力工作、定期"投资"退休金计划、最后退休，过舒适生活。

而特里给孩子们的榜样是：学会从小笔投资开始，关注自己的事业，让钱努力为你工作，最后过富有的生活。

不难看出投资房地产能比在401（k）退休金计划中存钱产生更多的现金流和收入。我把特里归为投资者，约翰则是个储蓄者。

成熟投资者懂得投资与储蓄的区别，并能把二者作为他们财务计划的一部分。

# 第 39 章
## 终极投资者

这里有个问题，像比尔·盖茨这样的人是怎样在他 30 多岁时就成为全球最富有的商人的呢？沃伦·巴菲特是怎样成为全美国最富有的投资者的？两人都出生于中产阶级家庭，他们的父母并没有给他们通向家庭金库的钥匙，都没有巨大的家庭财富做后盾，但他们在很短的时间内就跃上了财富的顶峰。这是怎么回事呢？因为他们做了很多超级富翁们过去做的和将来还会做的事。他们通过创造价值数百亿美元的资产成为了终极投资者。

1999 年 9 月 27 日，《财富》杂志刊登了一篇题为《年轻和富有——40 位 40 岁以下最富有的美国人》的封面文章。其中一些亿万富翁的名单如下：

| 排名 | 姓名 | 年龄（岁） | 财富（美元） | 企业 |
| --- | --- | --- | --- | --- |
| 1 | 迈克尔·戴尔 | 34 | 215 亿 | 戴尔电脑 |
| 2 | 杰夫·贝佐斯 | 35 | 57 亿 | 亚马逊网站 |
| 3 | 特德·韦特 | 36 | 54 亿 | Gateway 电脑 |
| 4 | 皮埃尔·欧米迪尔 | 32 | 37 亿 | eBay |
| 5 | 大卫·菲洛 | 33 | 31 亿 | 雅虎 |
| 6 | 杨致远 | 30 | 30 亿 | 雅虎 |
| 7 | 亨利·尼古拉斯 | 39 | 24 亿 | Broadcom |
| 8 | 罗布·格拉泽 | 37 | 23 亿 | RealNetworks |
| 9 | 斯科特·布卢姆 | 35 | 17 亿 | Buy. com |
| 10 | 杰夫·斯科 | 33 | 14 亿 | eBay |

你或许已经注意到这40位中的前10位都来自计算机或互联网公司。然而也有从事其他行业的，如：

| 排名 | 姓名 | 年龄（岁） | 财富（美元） | 公司 |
|---|---|---|---|---|
| 26 | 约翰·沙特纳 | 37 | 4.03 亿 | 约翰爸爸比萨饼 |
| 28 | 马斯特·P | 29 | 3.61 亿 | 唱片明星 |
| 29 | 迈克尔·乔丹 | 36 | 3.57 亿 | 体育明星 |

有趣的是，我发现与网络无关的这些富人来自比萨饼公司、说唱音乐企业或体育行业，其他人则都来自计算机或网络行业。

比尔·盖茨和沃伦·巴菲特没有名列其中，是因为他们已超过了40岁。据《福布斯》1999年的数据，比尔·盖茨43岁，拥有资产850亿美元；沃伦·巴菲特69岁，拥有财富310亿美元。

## 他们走的是老路

那么这些人是怎样在如此年轻的时候，就跻身于超级富翁的行列的呢？其实他们还是走老路。通过这条路，洛克菲勒、卡内基、福特等成为了昔日的超级富翁，而未来的超级富翁还将走这条路。他们建立公司，并出售公司股票给公众。他们努力工作成为献售股东而不是股票购买者。换句话说，他们通过成为献售股东合法地为自己"印钞票"。他们创建价值很高的公司，然后将股份所有权卖给股民。

我在《富爸爸穷爸爸》这本书中提到过，我9岁时，通过把牙膏皮上的铅融化后放入熟石膏模子造钱。那时穷爸爸告诉我"伪造"的含义。所以我的第一笔生意还没开始就结束了。

相反，富爸爸说我与终极投资者的致富模式非常接近：合法地为自己印钞票或发行钞票。这就是终极投资者所做的。换句话说，当你能为自己印钱时，为什么不去努力地做呢？在《富爸爸穷爸爸》

一书中，富爸爸的第五课是"富人的投资"。富爸爸教我去投资房地产和小公司来创造自己的钱。内部投资者和终极投资者都精通这一技巧。

## 10% 的人怎样拥有 90% 的股份

正如《华尔街日报》报道的那样，最富有的 10% 的人拥有 90% 的股份，原因之一，是这 10% 最富有的人很多都是终极投资者，他们创造了股份。另一个原因，是在公司 IPO 之前，只有这 10% 的人有资格（根据 SEC 规定）在早期投资它们。这些精英们往往都是公司创始人（即创始股东）、创始人的朋友或精选的投资者。当他们变得越来越富有时，其他人却在为收支平衡而奋斗，若能有几美元的盈余，他们顶多也只能用来购买股票，成为股民。

## 买与卖的区别

换句话说，终极投资者是建立公司并出售公司股份的人。你若读过 IPO 章程，就会发现终极投资者被定为献售股东，而不是购买股票的人。正如你从这些个人的净资产中看到的一样，买卖股份的人之间在财富上有着天壤之别。

## 最后一条腿

到 1994 年，我觉得我已经成功地完成了我和富爸爸在 1974 年制订的计划的大部分内容。我能够比较自信地处理 B–I 三角形的各个组成部分。我对公司法了如指掌，能与律师和会计师随意交谈。我还知道实体类型的区别（独资公司、无限责任公司、有限责任公司、普通公司和有限合伙），并懂得什么时候用其中一个实体去对抗另一个。我能够成功地购买和管理房地产投资，我对我的能力毫不怀疑。到 1994 年，我能控制我们所有的支出，能把它们尽可能地变为税前企业支出。从一般意义上来说，我们算是没有工作的，因此我付很少的所得税。我们的被动收入少部分来自证券收入，大部分来自共同基金投资。我们还有一部分收入是投资其他公司得来的。

但有一天，我评估我的"四面体"，很明显地发现四面体的一条腿非常"虚弱"，那就是纸资产。

我的四面体是这样的：

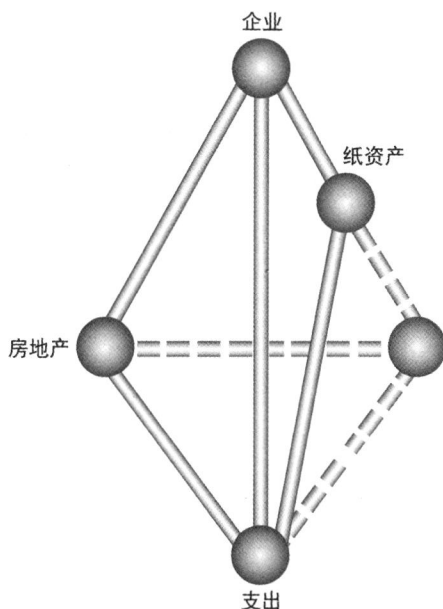

在 1994 年，我对我的成功感觉很好。我和金已获得财务自由，不用工作也能承担下半辈子的生活，而且不会出现财务困难。然而，我的四面体的一条腿已明显地越来越"虚弱"，我的财务王国出现了不平衡。

从 1994 年到 1995 年，我在山上休了一年大假，花了大量的时间思考如何强化纸资产这条腿的问题。我不得不决定，我是否真的有必要去强化它。我一度认为，我的财务状况很好，我真的不需要用纸资产这样的方式来使我的财务状况更安全。我能和以往一样生活得很好，没有纸资产也能变得更富有。

经过一年的思想斗争，我还是决定加强投资组合中的纸资产这一薄弱环节。我若不这样做，就是遇难而退了。这样的结果会使人很烦恼。

另外，当购买其他公司股票时，我还得决定是否也应像大多数人那样从外部投资。也就是说，我需要决定我应该成为从外部投资的持股者，还是应该成为从内部投资的投资者。两者都需要经历一个学习过程，几乎就像重新开始一样。

进入房地产交易的内部和收购一家小公司相对容易一些。这也是我建议那些急于掌握十大投资者控制的人以这种形式的小交易开始的原因。当然，在公司 IPO 前进入公司内部又是另一回事。一般来说，只有精英人士才有可能被邀请在公司上市前投资，我在精英行列之外。我不够富有，也不是来自很好的家庭和大学。我的血是红色，而不是蓝色的，我不是白种人，诸如哈佛的天才学院也没有我的记录。我不得不学着成为精英行列的一员，只有这样才有权在公司 IPO 之前被邀请去投资。

有一阵子我很难过，瞧不起自己，失去了自信。富爸爸早已去世，我求助无门。一段痛苦之后，我意识到这是一个自由国度。如果比尔·盖茨可以辍学，建立公司，并公开上市，我为什么不可以？这不就是人们想生活在自由国度的原因吗？难道我们不能想富就富想穷就穷吗？难道这不就是 1215 年贵族们强迫约翰国王签订《大宪章》的原因吗？1994 年末，我决定既然没有人叫我参加圈内人的俱乐部，我就必须去找人邀请我参加或开办我自己的俱乐部。但问题是，在这离华尔街约 3200 千米的亚利桑那州凤凰城，我不知该从何开始。

1995 年新年，我和我最好的朋友拉里·克拉克徒步爬上我家附近的一座山。我们继续每年新年的惯例：讨论过去一年的得失，计划第二年，并写下来年的目标。我们在岩峰上花了大约 3 个小时来讨论我们的生活、过去的一年、我们的希望、我们的梦想、我们未来的目标。我和拉里是过去 25 年最好的朋友（1974 年我们在火奴鲁鲁施乐公司相识）。在我生命的那个阶段，我和拉里比我和迈克有更多的相似之处，因此拉里是我新的最好的朋友。那时迈克已经很富有了，而我和拉里还没有起步，但我们真的渴望变得非常富有。

拉里和我作为搭档过了许多年，我们创办了一些企业，但很多企业甚至在我们还没来得及做时就失败了。当我们回忆起那些创意时，我们都感到可笑，那时我们多么天真啊！当然，也有些企业做得很好。例如，1977 年，我们合伙创办了尼龙和维可牢搭扣钱包公司，后来发展成一家国际性企业。我们通过一起创业成为了最好的朋友，并保持至今。1979 年，尼龙和维可牢搭扣钱包公司失败，拉里作为一名房地产开发商回到了亚利桑那州，开始建立他的声望和财富。1995 年，《公司杂志》提名他为发展最快的住宅建筑商，把他列入最有名望、发展最快的企业家名单。1991 年，我和金搬到凤凰城，不单为那里的天气和高尔夫球，更重要的是为联邦政府赠送的只需花很少钱就可以买到的价值上百万美元的房地产。现在，金和我是拉里和他妻子莉萨的邻居。

在 1995 年阳光灿烂的元旦，我给拉里看了我的四面体图，跟他说我需要增强纸资产这一环节。我道出了我的愿望：要么在别的公司上市前投资它，要么自己建立公司并使其上市。在我解释完后，拉里只说了一句话"祝你好运"。我们在 3 厘米 ×5 厘米大小的卡片上写下目标，握手道别，这一天就结束了。我们写下目标，是因为富爸爸常说："目标必须清晰、简单，要形成文字。如果不把目标写下来，每天都温习的话，它们就不是真的目标，而只是愿望。"坐在寒冷的山顶上，我们讨论着拉里的目标，卖掉他的公司，然后退休。在他解释完后，我握着他的手说："祝你好运！"然后我们徒步下了山。

我定期温习我写在小卡片上的目标。我的目标很简单，它是这样写的："在一家公司还未公开上市前投资它，获得至少10万股每股价格不到1美元的股票。"1995年，什么都没有发生，我没有达到目标。

1996年元旦，我和拉里坐在同一座山顶上，讨论那年的成果。拉里的公司就快卖掉了，但还没有最后的结果。所以我们都没有完成1995年的目标。但无论如何拉里已经接近目标了，而我似乎离得还很远。拉里问我是否要放弃目标或者定一个新目标。当我们再次讨论这个目标时，我开始意识到虽然我写下了我的目标，但我觉得它对我来说是不可能实现的。我从内心觉得我真的不够聪明、不够优秀，没有人会认为我能成为精英队伍中的一员。我对目标谈得越多，就越自我怀疑、自我贬低，并越为此感到气愤。"毕竟，"拉里说，"你已经还清了你的债务。而且知道如何建立和经营一家赢利的私人公司，那么你为什么不去成为一名向公众出售股票的团队的骨干呢？"再次写下我们的目标并握手后，我带着紧张和疑虑走下了山。因为那时我比任何时候都更想实现目标。我带着实现目标的更坚定的决心走下山去。

接下来的6个月什么也没发生。我每天早晨都要看一遍我的目标，然后开始工作，创作桌面"现金流"游戏。 一天，邻居玛丽敲开我的门说："我有一个朋友，我觉得你应该认识一下。"我问她为什么。她说："我不知道。我只觉得你们俩可以处得来，他也像你一样是一个投资者。"我相信玛丽，所以我同意和她的朋友共进午餐。

一两周之后，我和她的朋友彼得在亚利桑那州斯科茨代尔的一家高尔夫俱乐部吃午饭。彼得个子很高，是一位有着良好口碑的、很优秀的人。如果我爸爸还在的话，他们应该年纪差不多。在午饭时，我从交谈中得知了彼得的一些情况。他在华尔街度过了大部分成年时光，拥有自己的经纪公司，还不时组建一些公司并公开上市。在美国证券交易所、加拿大证券交易所、纳斯达克和纽约证券交易所都有他公司的名字。他不仅是一个创造资产的能手，而且是一个从股市"硬币"另一面投资的高手。我知道他能引导我进入一个只有极少数投资者才能看见的世界，能使我透过镜子看到表象后面的本质，并能增进对世界最大资本市场的了解。

退休后他和妻子搬到亚利桑那州，在离新兴城市斯科茨代尔市中心很远的沙漠庄园里，过着隐居的生活。当彼得告诉我在他的职业生涯中，他参与了几乎100家公司的上市时，我明白了和他共进午餐的意义。

我尽量控制着自己，不想表现得太兴奋、太鲁莽。彼得是一个不太喜欢和他人交流思想感情的人，他只跟少数人相处。（那就是我用彼得这个名字代替他的真名的原因，他继续过着隐居生活。）午餐在愉快的气氛中结束了，我没有提起我想讨论的问题。正如我说的那样，我不想表现得太热切、太幼稚。

接下来的两个月，我多次要求与他再会面。但彼得总是礼貌地说"不"，或是尽量回避安排会面的时间。最后他终于同意了，并给我指出他在沙漠里的庄园的路线。我们约定时间，我开始预先准备我想说的东西。

一星期的等待后，我开车去了他家。在路上第一个迎接我的是写着"小心狗"的牌子。当我沿着长长的车道前行时，看见一个巨大的黑团卧在路中间，我心跳加速。这正是我一直警惕着的那条狗，一条非常大的狗。这条狗根本不让路，所以我只好把车停在它面前。我的车离房子前门大概6米，它正好趴在中间。直到我意识到那条狗已经熟睡，我才慢慢打开车门，小心地从驾驶室里下来。当我的脚刚刚落地时，大黑狗突然醒来并直立起来，它盯着我，我盯着它。当我准备跑回车里时，我的心跳更快了。突然，狗摇着短粗的尾巴和屁股，跑过来欢迎我。狗使劲地舔着我，和我亲热了5分钟左右。

当涉及生意上的事时，我和金有一个人格信条："不要与你不信任的宠物做生意。"多年来，我们发现人们和他们的宠物非常相似。有一次，我们和一对夫妇做房地产生意，这对夫妇养了许多宠物。男主人非常喜欢像哈巴狗这样的小狗，女主人则喜欢五颜六色的外国鸟。当金和我进他家时，小狗和鸟儿表现得很机灵很友好，但一旦我们接近它们，它们立即变得凶恶起来，狗凶狠地叫着，鸟粗鲁地嘎嘎着。一周后，这笔交易接近尾声，金和我发现主人和他们的宠物一样，外表很友善，但内心很凶恶。我们在这份打印好的合同上吃了个大亏，即使我们的律师也没有看出那精心的设计。从那以后，我和金就定下了一条新规定：如果我们对与我们做生意的人有所疑虑，而他们养有宠物的话，那就想办法去观察他们的宠物。人们善于展示自己好的一面，并能面带微笑说一些言不由衷的话，但动物不会。许多年来，我们发现这个简单的指导方针非常准确。我们发现一个人的内心品质能通过他的宠物反映出来。因此我和彼得的见面有了一个好的开端。对了，这条大黑狗的名字叫"甜甜"。

开始，我们的会面进行得并不顺利。我问彼得能否做我的老师，让我和他一样成为内部投资者。我对他说如果他能教我如何使公司上市，我愿意免费为他工作。我解释说："我已经实现了财务自由，我为你工作不需要报酬。"彼得犹豫了大约一小时。我们反复讨论着，他强调他的时间很宝贵，并问我能不能很快地学会，是否愿意坚持学下去。当涉及像华尔街这样的金融和资本市场时，我的实力还不够雄厚，所以他担心我一旦发现困难太大就会退出。他还说："我从来没有碰到过因为想从我这儿学点什么而要求免费工作的人，人们向我要求的东西只有钱和工作。"我再次强调我想要的只是和他一起工作和学习的机会。我告诉他富爸爸指导过我很多年，并且我大部分时间都是免费为他工作。最后，他问："你学这件事的兴趣到底有多大？"我正视他的眼睛，说："我非常想学习。"

"那好吧，"他说，"我正在关注坐落在秘鲁安第斯山脉的一家倒闭金矿。如果你真的想从我这里学点什么，就在这周四飞往利马，和我的团队一起考察金矿，与银行会谈，看看他们想要什么，回来后汇报你的成果。顺便说一句，你的所有费用由你自己支付。"

我呆呆地坐着："周四飞往秘鲁？"

彼得笑道："还想加入我的团队学习公司上市吗？"我的肠子似乎开始打结，并开始出冷汗。我知道我的诚意正在接受考验。今天星期二，星期四我已有安排。彼得耐心地坐着，我思忖着该如何选择。最后，他带着愉快的口吻和笑容平静地问我："还想学吗？"

我知道我正处在一个是继续还是放弃的决定性时刻。我正在考验自己。我的选择与彼得无关，但与我的个人发展密切相关。像这种时候，我总会想起伟大的哲学家歌德的智慧：

> 直到下了决定，似乎还有一丝犹豫，
> 但退缩在坚定面前显得那么苍白无力。
> 关于所有的激情和创造力，
> 只有一点是真的，
> 忽略了的，
> 破灭了无数的梦和美好的愿望。
> 此时一个人一定要坚定，
> 神会帮助我们的。

多年来，每当我想停下来休息时，正是这行诗"神会帮助我们的"（then Providence moves too）激励我继续前进。《韦氏字典》

中"Providence"的定义是"神灵的引导和关怀。上帝拥有维持和引导人类命运的力量"。现在我没有布道或认为上帝在支持我，我只是想说，当我处于心灵世界的边缘或进入一个未知世界时，我拥有的一切就是对一种远超过我自己的力量的信任。也就是在那时，我明白我必须走出边缘，于是我深深吸了口气，迈开了步伐。这可以被称为信仰的跳跃，而我称之为对我的信仰的考验。我认为，正是这些最初的步伐创造了我生活中的不同。起初的成果并不总是让人满意，但从长远来看我的生活会得到改善。

> 我怀着深深的敬意吟诵这行诗，
>
> 无论你想做什么，你的梦想是什么，去做吧！
>
> 勇气会赋予你创造力、力量和魅力。

诗句在我的脑海里逐渐模糊，我抬起头说："我这周四去秘鲁。"

彼得平静地笑了一下："这是你要见的人的名单和地址。回来后，给我电话。"

## 这不是一个建议

对于想学习使公司上市的人来说，我绝对不推荐这条路，因为还有其他更明智、更容易的路。但毕竟这条路已摆在了我的面前，所以我想通过我自己达到目标的经历，来给大家直观地讲述这个过程。我认为每个人都必须非常了解他在精神和情感上的长处和弱点。我只是简单地讲述一下，一旦我知道我生活的方向，我就会怎样做。这在精神方面不难做到，对情感来说却是一个挑战，正如我们生活中的许多重大变化一样。

富爸爸常说："个人的现实是信仰与自信的分界线。"他画了这样一幅图：

$$现$$
$$自信 \quad 信仰$$
$$实$$

他说："个人现实的分界线，只有一个人抛弃了他的自信，然后坚定地追随信仰时，才会发生变化。很多人不会变富，是因为他们为自信所限，而没有永恒的信仰。"

星期四那天，也就是在 1996 年夏天，我踏上了去安第斯山脉的征途，去考察原来由印加人后来由西班牙人开采的金矿。凭着我的信仰，我勇敢地踏入了未知的世界。然而，正是因为那一步，一个崭新的投资世界呈现在我眼前。从那以后，我的生活发生了很大的变化。我的财务状况也和以前迥然不同，我对一个人能变多富的认识也拓宽了。我和彼得以及他的团队一起工作的时间越长，我关于财富极限的想法就拓展得越开。

现在，我依然在不断扩展我的极限。我能听到富爸爸说："人们常常局限于他们可能的财务现实。如果一个人的现实没有改变，那他什么都不会改变。直到他愿意超越自我施加的恐惧和怀疑时，他的财务现实才会改变。"

## 彼得很守信用

考察回来后，我向彼得汇报情况。这是个储量非常丰富的大金矿，但财务问题和其他一些运营问题导致它不景气。我建议不要收购它，因为开采它会带来一些社会和环境问题，需要花数百万美元去治理。要想使金矿有效运行，新老板至少要裁减 40% 的人员。这样会破坏城镇的经济。我对彼得说："几个世纪以来，那里的人们都住在海拔 5000 米的地方。他们世代安息在那里。强迫他们离开祖先的家园，到山下城市去寻找工作，我认为并不明智。我们将会遇到很多麻烦。"

彼得同意我的调查结果，更重要的是，他答应教我投资。很快，我们去看了一些世界上其他地方的矿井和油田。我接受教育的新篇章拉开了序幕。

从 1996 年夏到 1997 年秋，我一直跟着彼得学习。他那时正忙于开发他的 EZ 能源公司（化名），当我加入时，那家公司正要在加拿大艾伯塔证券交易所公开上市。因为我加入得晚，所以不能以内部人的价格得到 IPO 前的股票。也因为我还是新手并没有得到承认，所以我以创始人的身份投资也不合适。但我能以每股 0.5 加元的 IPO 价格购买大量股票。

在哥伦比亚发现石油，并且有迹象表明可能在葡萄牙也有大油气田之后，EZ 能源公司的股票价格上涨到大约每股 2 ~ 2.35 加元。假设在葡萄牙的发现被证实与探测结果一样，那么在 2000 年每股价格可能会涨到 5 加元。再假设，当然这假设是合理的，如果证实了葡萄牙的油田与我们希望的一样大，EZ 能源公司的每股价格在最近两三年里将上涨到 15 ~ 25 加元。这些都是积极的一面。当然这些小盘股还有消极的一面，它们有可能在两三年里一钱不值。当公司处于发展阶段时，任何事情都有可能发生。

虽然 EZ 能源公司只是一家小公司，但彼得称之为"前期资金投入者"的价值增长规律到现在为止都很有用。若事情像希望的那样发展，投资者就会赚到许多钱。"前期资金投资者"（IPO 前的特许投资者)投资 2.5 万美元购买 10 万股，即每股 25 美分。换句话说，由于彼得的声誉、董事会的实力和石油勘探队的专业技术，他们投资了这笔钱。在私募，甚至是公开上市时，一般没有什么保证或确定值得投资的价值。也就是说，刚开始，所有投资都只有 P（价格）

而没有 E（收入）。这种投资机会起初仅仅提供给彼得的朋友和他的投资者圈子。

在投资周期的这个阶段，投资者往往投资于团队中的人。人（不是像石油、黄金、网络产品或其他新产品那样的产品）比其他任何因素都重要。黄金法则"金钱追随管理"，在公司的发展阶段尤其重要。

IE 能源公司的管理做得非常好。但与其吹嘘这家公司的希望和梦想，我认为最好还是向你展示这家已上市公司的真实的一面。

公司创始人把时间和知识花在了去交易公司的股票上。换句话说，很多创始人都是无偿工作，投入时间和知识只是得到一大堆股票。当股票发行时，价值很小，所以他们没赚多少，也几乎没有工资收入。他们无偿工作，意在提高股票价值，这样产生的证券收入比工资收入多得多。也有一些创始人可得到一点工作报酬，但他们实际上是为更大的报酬而工作，这些报酬来自使公司成长并更有价值的有效工作。

因为大部分董事都不拿工资，所以他们最大的兴趣就是增加和不断增加公司价值。他们的个人兴趣与股民一样，那就是不断增长的股票价格。公司的高层管理人员也是一样。他们可能得到很少的工资，但他们真正感兴趣的是上涨的股票价格。

创始人对公司的成功启动有着举足轻重的作用。因为只有他们的名誉和专业技能才能给仅仅存在于纸上的项目以信誉、信心、动力和合法性。一旦公司成功上市，一些创始人就会带着股票退出。一个新的管理团队会取代他们，而他们又继续创建公司，重复这个过程。

## EZ 能源公司的历史

以下是公司成立后发生的一系列事件：

1. 前期投资者投资 2.5 万美元购买 10 万股，即每股 25 美分。在这个阶段，公司有一个试验性的计划，但没有任何勘探契约，也没有任何资产。前期投资者只是投资于管理。

2. 目前公司股票交易的价格在每股 2 ~ 2.35 加元之间。

3. 所以，前期投资者的 10 万股股票目前价值为 20 万 ~ 23.5 万加元，即 16 万 ~ 17 万美元。现在，董事长的工作就是通过发现更多的石油储量，钻出更多的油井，给市场带来更多的石油，来保证股票价格和公司价值上涨。从账面上看，前期资金投入者以 2.5 万美元的本金赚了 14 万美元。他们做这笔交易已 5 年，所以如果他们卖掉股票的话，年回报率应该是 45%。

4. 投资者头疼的是公司规模太小，股票交易不旺盛。不降价的话，一个投资者很难一次卖掉 10 万股。所以在此时，这些股票的价值只能是账面价值。


如果一切都按计划进行，公司规模就会扩大，更多的人就会开始追随公司和股票。此时，大宗股票交易就变得容易了。一般来说，如果得到了发现油田这种好消息，大多数大宗股票交易的投资者会继续持有，而不是急于售出。


## 为什么选加拿大交易所

当我和彼得第一次开始合作时，我问他为什么选加拿大交易所而不选很有名的纳斯达克或华尔街。在美国，加拿大交易所被认为是北美证券行业的危险地带。但彼得的理由是：

1. 对于小型资源类企业的上市来说，加拿大交易所处于世界领先地位。彼得用它们是因为他主要开发的是这种类型的公司。彼得和沃伦·巴菲特一样，喜欢做自己比较精通的业务。彼得说："我精通石油、天然气和金银，即自然资源和贵重金属。"如果彼得开发的是一家科技公司，他可能就会在一家美国交易所上市。

2．对一家小公司来说，纳斯达克和华尔街显得太大而不能得到任何关注。彼得说："20世纪50年代我开始从事这种业务时，小公司也能在大交易所引起经纪人的注意。如今，互联网公司（很多没有赢利）比许多工业时代有名的大企业更能吸引投资。所以，很多大型的经纪行对那些只需要几百万美元的小公司不感兴趣。在美国，经纪行主要对上亿美元的上市感兴趣。"

3．加拿大交易所可以让小创业者留在这个行业。我想，彼得用加拿大交易所主要是因为他退休了。他经常说："我不需要钱，所以没必要去建立一家大公司来赚大钱。我只是喜欢这个游戏，它使我保持活力，并且，我的朋友还能在别的什么地方只投资2.5万美元就能买到10万股IPO的股票吗？我干这个是因为它依然很有趣。我喜欢挑战，喜欢金钱的奖励。我喜欢建立公司，使其上市，看着它们发展。我也喜欢看到我的家人和朋友们变富。"

4．彼得给了我一句忠告："不要因为加拿大交易所小，就觉得每个人都可以去里面玩游戏。实际上，加拿大的一些交易所由于过去的一些交易而名声不佳。要进行这类交易，必须非常熟悉公司上市的来龙去脉。"

好消息是，加拿大证券交易系统要加强管制了，具体管理办法已在严格地贯彻。我想在今后的几年里，随着越来越多的世界各地的小公司来这里上市融资，加拿大交易所将发展壮大。

了解股票发起人：在之后的几年里，我一直积极地参与这一业务。在此期间，我曾遇到3个人，他们都有合法的资格证书，并且在名字后面都有合法的字母编号。他们对我说，他们从投资者那里募集了数千万美元的资金，但他们实际上根本不知道怎样去进行一项业务和从头开始创立一家企业。几年来，这些人用投资者的钱乘头等舱或私人飞机飞遍各地，住最豪华的酒店，举行奢侈的晚宴，喝最好的酒，可以说是鱼肉投资者。这样，公司很快就倒闭了，因为它没有实质性的发展，现金流断了。这些人于是又建立另一家公司，重复上面的过程。那么你怎样辨别发起人是个诚实的企业家还是个只知道花大钱的空想家呢？我不知道。事实是直到他们的公司倒闭了，我才确信他们3个欺骗了我。所以我能提供的最好的建议是去了解他的经历，查一些资料，然后跟着直觉走。

5. 如果一家小公司已经壮大并且前景辉煌，那么公司可以从小交易所迁到大一些的交易所去，如纳斯达克和纽约证券交易所。从加拿大交易所换到美国交易所，公司价值平均增长是相当大的（有时超过200%）。

许多当今大名鼎鼎的公司，都是从不起眼的小公司发展起来的。1989年，微软还是一家每股价格仅为6美元的小公司。从那以后，同一股票增值8倍。1991年，思科的股票每股价格为3美元，后来也增值了8倍。这些公司聪明地运用投资者的钱，逐渐成为在世界经济中具有影响力的公司。

## 莎伦评注

在美国，主要股票市场的准入要求使IPO对于大多数公司来说是很难的一个过程。正如《公司上市指南》一书中描述的那样，纽约证券交易所要求一家公司拥有有形资产净值1800万美元和税前收入250万美元。美国证券交易所要求股东权益为400万美元，和IPO的市场价值至少为300万美元。纳斯达克国内市场也要求至少400万美元的有形资产净值和市场价值至少为300万美元的IPO股票。

另外，据估计在这些主要交易所中任何一家IPO的成本为40万～50万美元。这些成本包括注册费、律师费、会计师费和付给证券包销商的费用。

很多不具备这些资格的中小型公司，就去寻找"反向并购"的机会，以便能够并购一家现存的上市公司。通过这个过程，公司由于控制了新合并的上市公司，而成为一家公开交易的公司。

一些公司也可以留意一下其他国家的交易所，如加拿大交易所，那里的上市规定不是那么严格。

## 谁买加拿大交易所的股票

两年前，我在澳大利亚做了一次关于投资的报告。在会上，一位听众认为投资贵重金属和石油很傻。他问："别人都在买高科技或互联网公司股票，你为什么还做这些大不如前的生意呢？"

我解释道："做一个逆向投资者付出的代价要小点，这样的投资者一般都去找过时的或不受大众青睐的股票。"我继续说："很多年前，当每个人都去投资金、银和石油时，那时能使公司起步的勘探费非常高，所以找一笔价格很理想的生意非常困难。现在石油、金银的价格下跌，找到一个好项目就非常容易，并且因为这些商品已不如以前受欢迎，所以他们也愿意议价。"

油价开始上升，使我在石油公司的股份更有价值。无独有偶，这期间巴菲特宣布他大量投资了银。1998 年 2 月，这个亿万富翁投资者透露他得到了 1.3 亿盎司的银，并把它们储存在伦敦的仓库里。1999 年 9 月 30 日《加拿大商务》杂志刊登了一篇文章，称世界首富盖茨购买了银，投资于在温哥华证券交易所上市的一家加拿大银业公司，得到了价值 1.2 亿美元的 10.3% 的股份。其实盖茨自1999 年 2 月起就已悄悄地获得了这家公司的股份。当这个消息公布给所有的投资者后，我多年的自信都化为了欣慰。

## 不会总是全垒打

不是所有的新成立公司都经营得像 EZ 能源公司那样好。有些公司在上市后，股票价格从来没有上涨过，投资者损失了大部分甚至全部的前期投入资金。所以投资者需要经过官方认可，且被警告要小心投资。

作为彼得的合作者之一，我想告诉潜在的投资者怎样成为在新公司的前期资金投入者。在我谈论业务、涉及的人或报酬之前，我先给潜在投资者解释风险问题。我的开场白经常是这样的："我准备讲的是一种高风险的投机性投资，主要是为符合特许投资者条件的人提供的。"如果一个人不知道成为一名特许投资者的要求的话，我就会把证券交易委员会的规定解释给他听。我还强调他们有极大的可能性失去所有投资的钱，并且这样的话我重复了很多遍。如果他们还是感兴趣的话，我会继续解释：放在身边的钱从来都不应该超过总投资资本的 10%。然后，如果他们依然感兴趣的话，我就会给他们讲解投资、风险、团队以及可能的回报。

在演讲的最后，我要他们提问。回答完所有的问题后，我会再次重申风险这个话题。最后，我说："如果你们损失了钱，我所能提供的就是第一个投资于我们下一个业务的机会。"直到这时，所有的人都充分明白了风险的含义。我敢说有 90% 的人会决定不和我们一起投资。我们给这些仍然感兴趣的 10% 的人更多的信息和更多的时间去仔细思考，之后，如果他们愿意，再打退堂鼓也不晚。

我相信，许多今天正在飞涨的互联网公司的 IPO 股票在今后几年将会崩溃。投资者可能会失去不说是上亿至少也是上百万的美元。虽然网络是经济发展的巨大的前沿力量，但经济的压力只能使少数的先锋公司成为赢家。所以无论上市公司是金矿公司，还是自来水公司，或是互联网公司，公开市场的压力仍然存在。

## 伟大的教育

事实证明，决定飞往秘鲁对我来说是个伟大的决定。作为一名学徒和合作伙伴，我从彼得那里学到的东西和从富爸爸那里学到的一样多。在给彼得和他的团队当了一年半的学徒之后，他给了我成为他的私人风险投资公司的合伙人的机会。

从1996年开始，我就得到了一个实践的机会：观察EZ能源公司上市并发展成为一家有竞争力的公司（或许有一天它会成为一家大型石油公司）。因为我的参与，我不仅成为了一名更聪明的商人，而且还学会了不少关于股市运作的知识。我的一个原则是投资一个学习过程要5年时间，在这个阶段我已花了4年时间。此时，我依然没有赚到什么钱，至少不是我能立刻放进口袋的钱。我的赢利只是账面赢利，但是我获得的商业和投资教育却是无价的。或许有一天我也会建立一家公司并在美国交易所公开上市。

## 未来的股票IPO

目前，我作为彼得的合作伙伴，正和他以及他的私人风险投资团队准备使另外3家公司上市：它们一家是在中国得到开采权的贵重金属公司，一家是在阿根廷得到石油、天然气开采权的石油公司，还有一家是在阿根廷收购的银矿公司。

开发中国的贵重金属公司花的时间最长。我们和中国政府的谈判进行得很顺利，然而，1999年中国驻南斯拉夫大使馆发生了一场突发事件。这事件使我们的合作关系推后了两年。然而，我们还是缓慢却稳定地继续着这场谈判。

当人们问我为什么冒那么大的风险在中国投资时，我们回答："它很快将成为世界上最大的经济体，虽然风险很大，但潜在的回报也是惊人的。"

今天在中国投资，就像 19 世纪英国在美国投资一样，只不过，我们以合作和友谊的方式进行。我们知道这里存在着政治差异。但作为一家公司，我们在和中国的交往过程中，应尽量加强彼此联系，增进交流。希望我们能成为中美关系变革的一部分。这种教育经历对我来说是无价的。有时，它给人的感觉就像和哥伦布同乘一条船，共同驶向新世界一样。

使公司上市一般要花 3 ~ 5 年的时间，如果一切顺利，我们可以在来年使 3 家公司中的两家上市。要是这真能实现的话，我就可以成为一名终极投资者了。这家公司将是我的第一家上市公司，但对彼得来说可能是第九十几个了吧。虽然我还没有资格成为终极投资者，但我已经接近我在 1995 年为自己定下的目标。

考虑到所担的风险问题，我现在进行的每一个项目都有可能失败，都有可能永远不会上市。如果这种事真的发生了，我会振作起来去开始新的项目。我们的投资者明白所担的风险，也懂得他们的投资计划应该是把很少的钱放在几个这样的小冒险上。他们还明白我们会不断开始新的项目让他们投资。所有这些就是玩一个游戏：棒球本垒打。像这样的投资最好不要孤注一掷。正是因为风险太大，SEC 才对进行这一投机交易的投资者作出最低收入规定。

下一章将简要介绍创立公司、发展公司并使公司上市的基本步骤。虽然这对我来说不是一个容易的过程，却是令人非常兴奋的一个。


## 结束篇

公司上市，对于任何企业家来说都是一项隆重的仪式。就像一个大学体育明星被选入职业队一样。1999 年 9 月 27 日的《财富》

杂志上有这么一句话："如果你创立了一家公司，那么这家公司会证明你的价值。如果你使公司上市，那么市场——世界——会证明你的价值。"

　　这就是富爸爸称白手起家并使公司上市的人为终极投资者的原因了。他没有获得这个殊荣。虽然他投资了一些公司并且最终也上市了，但他自己建立的公司却从未上市。他的儿子迈克接管了他的公司，然后继续发展它们，但迈克也没有使任何一家自己创办的公司上市。所以这意味着我要去完成富爸爸的培养过程——成为一名终极投资者。

# 第40章
# 你会是下一个亿万富翁吗

1999 年出版的《福布斯》杂志的封面上，列出了 400 位最富有的人，他们被称为"邻家的亿万富翁"。杂志还刊登了一篇题目为《一个世纪的财富》、副标题为"巨额财富从何而来"的文章。许多年前，很多美国人财富的来源是石油和钢铁。而今天，更重要的是你能博得多少崇拜的眼球。

文中提到："要谈论巨富，必须将眼界放得更远，要靠越来越短暂的产品赚钱，以前所未有的速度成为亿万富翁。洛克菲勒花了 25 年的时间勘测、钻探和开采石油，才赚取了自己的第一个 10 亿。而去年，加里·温尼克投资了一家名为'全球十字'的公司，用以发展全球光缆电信网络，18 个月后，他就步入了亿万富翁的行列。"

那么，在今大要成为一个超级富翁到底需要多长时间呢？答案是"很短"。对我这类婴儿潮一代来说，只需看看新生亿万富翁的年龄，答案就显而易见了。比如，亿万富翁杨致远出生于 1968 年，那是我大学毕业的前一年。他的搭档大卫·菲洛 1966 年出生，正是我上大学一年之后。而他俩一起创建了雅虎！到现在其价值已超过 30 亿美元，而且还在上升之中。相比之下，我经常遇到这样一些人，他们将在 10 年内退休，却担心着自己的钱能否维持退休后的生计，谈论着富人和穷人之间差距。

# 我要让公司上市

1999 年，我听到和看到的都是关于 IPO 的消息。这简直是疯狂！当有人请你为他的企业投资时，我经常听到这样的推销辞："投资我的公司吧，两年之内就会上市。"一次，一个突然冒出来的未来的"亿万富翁"给我打电话，请我抽空去看看他的商业计划，并提供机会让我投资他的未来互联网公司。一番展示之后，他缓缓点着头，说："你当然知道，IPO 以后你手中的股票价格会发生怎样的变化。"那种狡黠而傲慢的语气，让我感到自己好像正在和一辆新车的推销员谈话。他正给我一个天大的恩惠，让我能"有幸"买到这种型号车的最后一辆，虽然是按已经标好的价格。

对 IPO 的狂热，即对"新题材"的狂热仍在持续。就在不久前，玛莎·斯图尔特的公司上市了，她也成了亿万富翁。她成为亿万富翁是因为她教会了那些认为自身需要更加文明和优雅的大众如何文明地、优雅地交际。我个人认为她的贡献是有价值的，但是否能值10 亿美元呢？如果按照《福布斯》杂志中对 400 名巨富的定义（衡量财富的标准是你能博得多少崇拜的眼球），玛莎·斯图尔特称得上是一个亿万富翁，她的确吸引了许多眼球。

对于所有这些新技术公司和互联网公司的 IPO，我的看法是：90/10 规律仍然适用。太多这类新公司是由商业经验极少的个人建立的。我估计，如果将来我们回过头来看看这段历史，会发现有90% 的 IPO 失败了，而只有 10% 幸存下来。对小企业的统计数据显示，5 年内，10 家小企业中将有 9 家破产。如果这些数字能正确地反映新现实的话，这种狂热可能会将我们带入下一次衰退甚至是萧条。为什么呢？因为几百万普通投资者都将受到打击，他们损失的将不仅是几百万资金，而且会波及其他。他们将无力负担自己的新房、汽车、游艇和私人飞机，并最终导致经济崩溃。1987 年华尔街股市崩溃以后流传着这样一个笑话："傻瓜和股票经纪人有什么区别？"答案是："傻瓜还有笔银行活期存款单。"

## 热门题材

早在1978年我就开始在夏威夷从事企业IPO的工作。当时我正在创建我的尼龙和维可牢搭扣钱包公司，富爸爸想让我学习建立一家公司并使其上市的过程。他告诉我："我从来没有让一家自己创立的公司上市，但是我投资的几家公司已经做到了。我希望你能从我投资的公司管理人那里学到这套程序。"他将马克介绍给我，一个和我的搭档彼得很像的人，他们的不同之处在于马克是个风险资本家。因为我是一名越战老兵，所以"风险资本家"这个词对我来讲有不同寻常的意义。

当需要风险投资或者公司发展资金的时候，一些小公司常常会找上马克。因为我需要很多钱去拓展公司业务，所以富爸爸鼓励我去见他，听听他的看法。这不是一次令人愉快的会面，马克比富爸爸更加强硬。他看了我的商业计划和实际的财务报表，听我说了不到半分钟对未来的远大计划后，就开始将我批评得一文不值。他说我是一个白痴，一个傻瓜，说他完全不想和我合作。他告诉我不该放弃我的正式工作，而且还说我很幸运，因为富爸爸是他的老主顾，否则，他不会在像我这样无能的人身上浪费一丁点时间。接着他谈了对我的公司的估值，他能为其筹集的钱，以及他出钱的条款和条件，他将以控股人的身份成为我的合伙人。就像我说的，他具有风险资本家的狠辣特性。

在公司IPO中，投资银行家和风险资本家会签署一份叫做"条款清单"的文件，类似于房地产经纪人说的"协议清单"。简单地说，条款清单列出了出售公司的条款和条件，就像协议清单中列述了出售房屋的条款和条件一样。

就像房地产交易中的协议清单一样，对不同的人，条款清单是不同的。在房地产买卖中，如果你出售的只是一所社区条件糟糕的房屋，并且想卖个好价钱的话，协议清单上的条件就比较严苛，变动余地很小。而如果你是一个房地产开发商，手中有成千上万的质高价廉且容易脱手的房屋时，房地产代理商就可能提出优厚的条件来促成这笔生意。风险资本家也是这样，你越成功，就能得到越优厚的合作条件，反之亦然。

看完了马克的"条款清单"，我觉得他的条件太苛刻了。我当然不愿将自己创建的公司 52% 的股份给他，自己则终身为他工作。但这些是他的条件。我没有责怪马克，回想起来，也许我当时本该接受它。相比于那时的无知，今天的我如果处在马克的位置上，也会提出同样的条件。我想他给我的任何东西都只是因为对我富爸爸的尊敬。我是一个做生意的新手，是一个成功的但无能的人。因为我有一家发展中的公司却没有能力去驾驭它。

虽然马克很严厉，我却很喜欢他，他似乎也喜欢我。我们商量好定期会面，他同意在我发展公司的过程中给我一些免费的建议。他的建议是免费的却总是毫不留情的。随着我的商业知识和理解能力的提高，他开始信任我的能力。我甚至和他短期地工作过，使一家石油公司上市，很像我现在参与的这家石油公司的上市工作。1978 年和他一起工作的那段时间，我第一次感受到了实现 IPO 的刺激。

一次我和他共进午餐的时候，他对我说了一些关于 IPO 的事，我永远也忘不了。他说："新题材股和IPO股票与其他商业领域一样，市场总是在寻找热门题材。"

马克的意思是，在特定时间，股票市场会特别"青睐"某些行业。他继续说："如果你想变得非常富有，作为一家公司的拥有者，你的一部分策略应当是在市场需求出现之前就创立好市场需要的公司。"

马克继续解释了历史上一些因为拥有"热门题材"而闻名的先驱者。他说，这就像在20世纪初石油和汽车成就了亿万富翁一样，电视机的发明创造了新的百万富翁。马克关于财富积累的观点和《福布斯》杂志上的简洁说明一致：

1. 20世纪头十年——安德鲁·卡内基从事钢铁业成为亿万富翁——4.75亿美元。

2. 20世纪第二个十年——约翰·D.洛克菲勒从事石油业成为亿万富翁——14亿美元。

3. 20世纪20年代——亨利·福特靠汽车发家成为亿万富翁——10亿美元。

4. 20世纪30年代——约翰·多兰斯生产听装饮料(坎普尔的汤)成为亿万富翁——1.15亿美元。

5. 20世纪40年代——霍华德·休斯承包军用飞机制造、工具生产和电影业成为亿万富翁——15亿美元。

6. 20世纪50年代——阿瑟·戴维斯从事铝业成为亿万富翁——4亿美元。

7. 20世纪60年代——罗斯·佩罗创立EDS公司（1962年）——38亿美元。

8. 20世纪70年代——萨姆·沃尔顿使零售业巨头沃尔玛公司上市——220亿美元。

9. 20世纪80年代——罗恩·佩雷尔曼作为华尔街市场交易者创造财富——38亿美元。

10. 20世纪90年代——杨致远与别人共同创建雅虎——37亿美元。

# 在 35 岁时落伍

1978 年以后我没有再和马克一起工作。就像他预测的，我的生意让人越来越失望，公司内部也出现了严重的问题。因此，我不得不将所有注意力转移到自己的公司上，而不再花时间来使别人的公司上市。但是，我从来没有忘记他给我上的关于成为热门的那一课。当我继续吃力地积累着基本商业经验的时候，我常常在想下一个热门行业会是什么。

1985 年，我在加利福尼亚的彭德尔腾海军基地作了短暂的停留。在去越南之前，我一直在那里驻扎，那时是 1971 年。我的朋友，当时也是一个飞行员的詹姆斯·特雷德威尔，现在已经是基地空军中队的指挥官了。我和金参观了我和詹姆斯 14 年前当新飞行员的那个中队。走在跑道上，詹姆斯指着一架飞机给金看，那架飞机看起来很像我们在越南驾驶过的飞机。打开机舱，他说："你和我现在已经落伍了，我们已经无法驾驶这些飞机。"

他这么说，是因为仪器和操作装置已完全采用了电子和视频定位。詹姆斯说："这些新飞行员是在电视、录像的环境中长大的，而你和我，却是在弹子机和台球桌旁长大的。我们的大脑与他们的不一样。这也是他们驾驶飞机，而我却坐在桌子后边的原因。作为一个飞行员我已经落伍了。"

我对那天的记忆仍然很清晰，因为那时我也感到落伍。在 37 岁时，我就感到自己老了，过时了。我想起了富爸爸在 50 岁的时候才感到落伍，而我发觉时只有 37 岁。那天，我完全体会到世事变化的速度有多快，也意识到如果不尽快改变的话，我将被远远地抛在时代的后面。

现在，我和彼得一起工作，继续学习 IPO 和风险投资。因为我购买了纸资产，所以我挣到了证券收入。但最重要的是，我从资本市场中获得了经验。虽然我为石油、天然气和贵重金属公司工作——20～30年前这些行业是热门行业，但我却在想：下一个热门行业会是什么呢？我能否成为下一次财富大爆炸的一员呢？谁知道？我现在52岁，但桑德斯上校（肯德基创始人）起步的时候已是66岁。我的人生目标仍然是成为亿万富翁。可能我做得到，也可能做不到，但是我每天都在为这个目标努力奋斗。如果有正确的计划，在今天成为一名亿万富翁是很有可能的。因此我不会放弃，我绝不打算变穷或者更加落伍。富爸爸说过："最困难的是赚取第一个100万。"如果真是这样，对我来说第二困难的就是赚取第一个10亿。

## 你会是下一个亿万富翁吗

对你们当中那些怀有类似雄心壮志的人，我就如何让公司上市这个问题提出一些建议。这些经验大部分来自我的搭档彼得，他已经使近100家公司上市。

虽然要学的东西很多，但这些指导方针会帮助你起步。

## 为什么要让公司上市

**彼得列出了这么做的6个基本理由：**

1. 你需要更多的钱，这是你让公司上市的一个主要原因。在这种情况中，你可能已有一家好的能赢利的公司，但需要资本来进一步发展。你已经拜访过各大银行，并通过私募和风险投资家筹到了一部分资金，但是眼下你更需要来自投资银行家的大额投资。

2. 你的公司，如互联网公司，刚刚成立，你需要一大笔钱来占领市场份额。虽然目前你的公司没有赢利，但市场会给你钱，因为市场总是投资于未来会赢利的公司。

3. 一家公司时常会利用自己公司的股票收购其他公司。富爸爸称这种行动为"给自己印钞票"。用专业词汇，叫做"并购"。

4. 你想卖掉公司，但又不想放弃控制权。在私营公司中，所有者在融资时常常放弃控制权或者寻找一个想指导自己如何经营企业的新搭档。在公开市场融资，所有者通过出售股票得到了现金，而仍然能保持对公司的控制权。对大多数的持股人来说，几乎无力影响他们所投资的公司的运作。

5. 遗产原因。福特汽车公司上市，是因为家族中有许多继承人却没有流动性。将公司的一部分卖给公众，就筹到了现金用来分配给遗产继承人。有趣的是，很多私营公司都采用了这种策略。

6. 致富并得到投资其他项目的资金。创建一家公司很像修建一幢房子并将其出售。当你创立一家公司，并通过公开上市卖掉它时，失去的只是一部分资产，它被分成了无数的小片卖给了无数的人。但创始人仍然拥有大部分资产，继续保持控制权，而且通过出售股票给无数个购买者获得了现金（不是只卖给一个人）。正所谓"好东西要分开小包装"。

## 莎伦评注

在公司的IPO中，对大股东和管理层会有一些限制。因为他们持有的公司股票的价值可能因为IPO而大大增加，所以他们出售手中的任何股票，都要受到严格的限制。他们的股票常常叫做"限售股"，这是指他们已同意在预定的时间内，不出售手中的股票。

股东可以通过卖掉公司来兑现，或者不采用IPO的方式，而是直接与一家已上市的公司合并达到上市融资的目的。

## 需要考虑更多的要点

**彼得提出下面这些在上市之前需要额外考虑的因素：**

1. 在团队中谁管理过公司？管理公司和梦想开发新产品、建立新公司有很大的不同。这意味着要处理好以下问题：薪水、雇员、税收、有关法律、合同、谈判、产品研发、现金流管理和融资，等等。

你可能注意到了，很多彼得认为重要的东西，在富爸爸的B-I三角形里都可以找到。因此，核心问题在于：你(或者你的团队成员)能够成功地管理整个B-I三角形吗?

2. 你想将公司卖多少钱？这里涉及条款清单。

我要提到的关于彼得的另一点是，在我与他共事的3年中，我注意到他在建立公司之前，总是明确地知道建立公司的目标是什么，即让公司挂牌上市。他可能不知道怎样才能达成目标，但目标是已经设定好的。我谈这个是因为，许多企业主对自己公司的未来在头脑中还没有一个具体的目标时，就开始创业。他们创业是觉得开公司是个好主意，但对怎样退出却没有任何计划。对一个好的投资者来说，退出战略非常重要，对想开创事业的企业家来说也一样。做之前，对如何退出就要有切实的计划。

创业之前，你还应该考虑以下几点：

- 你是要出售、保留，还是要将它传给子孙后代？
- 如果出售，是打算私下出售，还是公开出售？
  ①私下出售可能会和公开出售一样困难。
  ②找到合格的买家并不容易。
  ③公司融资可能很困难。
  ④如果新的所有者无力支付或者无法管理，你可能会收回企业。

3. 前景良好的上市公司有书面的、详尽的商业计划吗？这个计划应该包含这些内容：

- 团队和团队的经验。

- 财务报表：3 年内审核报表的标准。

- 现金流规划：我建议采用 3 年内非常保守的现金流规划。

彼得说投资银行家不喜欢那些高估未来利润的 CEO 和企业主。他还说微软的比尔·盖茨对公司的预期利润常常是轻描淡写，这是保持股价强势的一个绝妙办法。如果 CEO 夸下海口却没有实现预期利润的话，股价往往会下跌，投资者也会对公司丧失信心。

4. 市场是什么？到底有多大？公司的产品进入市场后增长的可能性有多大？

你的产品有市场，你的股票也有市场。在不同的时期，特定类型的公司对股票购买者来说比其他类型的公司更有吸引力。就像我前面所说的，高科技公司和互联网公司是市场的热点。

当某人拥有一家公开上市的公司后，我们可以说他有两家公司：一家面向常规的顾客，另一家面向投资者。

5. 谁是董事长？谁是顾问？

市场靠信心来支撑。如果公司有一位强有力的、受人尊敬的董事长或顾问，市场会对公司未来的成功更有信心。

彼得建议："如果有人对你说'我的公司即将上市'，你就问他'在你的团队中有谁曾使公司上市？他促成过多少家公司上市？'如果他不能回答，就让他找到答案后再来，而其中大多数人不会再来。"

6. 这家公司是否拥有一定的专有权？

一家公司应该拥有或者控制着一些其他公司没有的东西。它可以是一种新产品或者药品的专利权，也可以是一块油田的租契，或者是一种商标，比如星巴克或麦当劳。甚至企业主是在某一领域受人尊敬的专家，也能成为巨大的无形资产，例如玛莎·斯图尔特、创建新公司（苹果电脑）时的史蒂夫·乔布斯和创建新电影制作公司时的史蒂芬·斯皮尔伯格。人们为他们投资，看重的是他们过去的成功和今后的潜力。

7. 公司有伟大的故事吗？

我确信哥伦布肯定对他的资助者——西班牙国王和王后——讲过伟大的故事，为的是使他们资助自己的环球航行。这个故事必须有趣、刺激，至少能让人们在小小的梦想中企盼未来。在故事的背后，应该有诚实的一面，因为我们的监狱中已经关满了不诚实的说谎者。

8. 公司的参与者有没有热情？

这是彼得认为最重要的事。他说，在任何企业中他最看重的是所有者、领导者和团队的热情。彼得说："没有热情，即使有最好的公司、最好的计划、最好的人也不会成功。"

下面这一段摘自《财富》杂志的一篇文章，讲的是40位40岁以下最富有的人：

工商管理硕士（MBA）们不能适应硅谷的环境，他们是传统的风险规避者。大多数人上商学院，为的是毕业后能得到收入为六位数的工作。资深的硅谷人观察过从商学院毕业的人，从他们身上，看不到属于浪漫主义时期叛逆者的热情。MBA在硅谷看到的也和他们在学校里学到的完全不同。迈克尔·莱文毕业于伯克利海斯学校，后加入eBay公司。这位前投资银行家表达自己的方式和那些创业的中坚分子不同，他并不狂热。他工作的时间也比别人短，一星期60小时而不是通常的80小时。"如果在10～15年内，我通过合理投资能赚到1000万～1500万美元，那就很好了。"他告诉我，"但是我更愿意真正地'生活'。我不知道那是什么，大概我还没有做到。"

378

富爸爸会说他的确没做到。他经常提醒我注意成功的公司职员和成功的创业者的区别。他说："在公司阶梯向上爬的人，和自己建造阶梯的人是不同的。区别就在于站在阶梯上向上看的时候，视野不同。有的人看到的是大片蔚蓝的天空，而其他人看到的……嗯，你知道有句谚语就是'如果你不是领头羊，那么看到的东西都是一样的'。"

## 怎样融资

**彼得谈到了资金的4个来源：**

1.**朋友和家人**。这些人爱你，经常会不加考虑地给予你经济支持。彼得不推荐这种筹集资金的方式。彼得和富爸爸都说："不要给你的孩子们钱，这会使他们变得软弱而贫困。要教会他们如何融资。"

富爸爸以另外一种方式给我们钱。你也许还记得，尽管我和迈克为他工作，他却没有付一分钱给我们。他说："用报酬来促使人们工作，会将他们训练成雇员。"相反，他训练我们寻找商业机会，并从机会中创建企业。你可能还记得《富爸爸穷爸爸》一书中关于漫画书的故事。我到今天还坚持这样做，当其他人在寻找高薪工作时，我寻找的是创建企业的机会。

富爸爸不会委屈他的雇员，他热爱他们。他只是训练我和迈克养成与普通人不同的思维方式，使我们懂得老板和雇员的区别。他希望我们长大后能有更多的选择。

有些父母希望孩子在离家之后，能有更多的财务选择，而不是陷入债务之中，为此，我们设计了一个教育性的桌面游戏"现金流"（儿童版）。另外，它也为那些希望自己的孩子是下一个比尔·盖茨的家长们而设计。这个游戏提供了一种关于现金流管理的早期财务教育，每一位企业家都需要它。大多数小企业倒闭都是由于现金流管理不善。"现金流"（儿童版）会在你的孩子们自立之前教会他们现金流管理的基本技巧。

2. **"天使"**。"天使"是指那些热心帮助新创业者的富人。年轻的创业者们，大多数大城市都有"天使协会"，他们不仅在经济上支持新创业者，还就如何致富提供各种建议。

"天使"们认识到，拥有大量年轻企业的城市才是一个正在成长的城市。城市中创业精神的传播会使城市繁荣。不论城市大小，这些"天使"们为每个城市提供关键服务。即使是最偏僻的村镇，也可以通过计算机和因特网使创业精神在那里存活。

许多年轻人离开小村镇到大城市去寻找好的工作机会。我认为这些精英的流失源于学校，它教育年轻人去寻找工作。如果它教的是如何创业，许多小村镇可以继续繁荣，因为它们可以通过电子技术与世界上的其他任何地方联结在一起。大量的像"天使协会"这样的私人团体可能会创造奇迹，使各地的小村镇再度充满活力。

看看比尔·盖茨支持的西雅图，迈克尔·戴尔支持的得克萨斯州奥斯汀市，以及艾伦·邦德支持的西澳大利亚弗里曼特尔，你可以从中看到企业家精神的力量。企业家和"天使"们在一个城市的繁荣中都扮演着重要的角色。

3. **私人投资者**。在私营公司投资的人称为私人投资者。如期望的一样，这些特许投资者比普通投资者更成熟，他们伺机而动，尽可能地赚取最大利润，要不然就是最大损失。因此，在将大笔资金投入到私营公司之前，我建议你接受财务教育，并积累商业经验。

4. **公众投资者**。投资于上市公司公开交易股票的人称为公众投资者。这是一个大众证券市场。因为这些股票要面向大众销售，所以要经过 SEC 等机构的详尽审查。股票在这里交易的风险，一般比投资私营公司小。但是，投资总是有风险的。这似乎和我前面所说的"作为内部投资者掌握多一些控制权就能少一些风险"相矛盾。

但请记住，私人投资者不一定总能把握住局势。SEC 对报告和信息披露的条件有严格要求，降低了那些根本无法掌握自己投资的公众投资者的风险。

## 彼得的建议

当我向彼得请教公司上市的要点时，我问他对想学习如何募集一大笔资金的人有什么建议，他说："如果一个人想让公司上市，我建议他要熟知下述资金来源。"

1. **私募备忘录**。这应该是正式融资活动的开始。它是一种"自己动手"的融资方式。一个私募备忘录应列出你想要的合作条件，运气好的话，投资者会对它感兴趣。

彼得强烈建议，开始这个工作时一定要请一位精通证券的律师。如果你想由小到大，发展起来，这里就是你的正式教育开始的地方。从律师那里得到有偿建议，然后充满希望地按照他的建议去做。如果你不喜欢给你的建议，最好换一位新律师。

如果你肯请他们吃饭的话，大多数律师愿意无偿给你建议。这类专业顾问在你刚起步时和发展过程中对你的团队很重要。我个人领教过为省几个小钱而自己去做这些事的艰难，那些省下来的小钱最后导致我付出了巨大的代价。

2. **风险资本家**。这类人，像我的朋友马克一样，做的是为企业提供资本的生意。人们用尽了自己的、家人的、朋友的以及银行的钱后，常常会去找风险资本家。彼得说："风险资本家经常会吃掉一大截利润，但如果他们有职业道德，就只会赚应得的钱。"

风险资本家通常会成为你的搭档并帮助你的公司成形，以进入下一级融资。换句话说，就像一个人可以去健身房请私人教练塑造身材，使自己变得更有魅力一样，风险资本家可以像私人教练那样，使你的公司更具融资形象，从而吸引更多的投资者。

3. **投资银行家**。这是你准备让公司上市时要去的地方。投资银行家常常为IPO发行和二次发行募集资金。二次发行是指已经通过IPO融资的公司再次公开发行股票。当你翻开《华尔街日报》一类的报纸时，会发现许多大幅广告来自投资银行家，向市场宣布它们发起的上市融资。

## 莎伦评注

另有一类融资方式称为"中间融资"，有时也叫"桥梁融资"。当一家公司已经跨过初期发展阶段，但还没有准备好IPO的时候，常常会用这类融资方式。

## 重要的第一步

如果你已经准备好为你的公司融资，你可能会从"私募备忘录"开始。彼得建议从这里开始，有以下原因：

1. 你将开始通过拜访与专攻这个领域的律师面谈。拜访他们中的一些人。每次会面你的教育和知识都会增长。除了成功以外，也可以请教一些他们失败的先例。

2. 你将开始了解你能得到的不同类型的资金，并知道如何合法地使用它们。换句话说，不是所有的提供给你的资金都是一样的。不同的资金是为满足不同的需要。

3. 你将开始实现公司的价值，当你出售公司时，提出你想要的条件。

4. 你将开始正式与潜在的投资者洽谈，同时可以逐渐掌握融资的科学和艺术。第一，不要怕向别人提问题。第二，不要怕别人的批评意见。第三，你要学会如何应对拒绝或是没有回应的电话。

彼得有一个建议："我看见许多人投资计划做得很好，最后却拿不到钱。有一件事作为创业者都应该知道，要学会如何将钱拿到手。如果你不能，那么就去找一个能做到的搭档。"

彼得还说过富爸爸说过的同样的话："假如你想进入这个行业，一定要知道怎样推销。推销是一种你应该学会并不断提高的最重要的技能。融资就是将一种不同的商品推销给不同的顾客。"

人们在财务上不成功，一个主要的原因就是不会推销。而这又是因为他们缺乏自信，害怕被拒绝。如果你真的想做一名创业者，就需要不断提高推销技能和自信心，我强烈建议你找一家拥有良好培训计划的网络营销公司，至少为它工作 5 年，学着去做一个自信的推销员。一个成功的推销员不会畏惧与任何人打交道，不会畏惧批评或拒绝，不会没有开口要钱的勇气。

即使是现在，我仍在继续努力，克服自己对被拒绝的恐惧，提高自己面对挫折的能力，想方设法克服偶尔出现的妄自菲薄。我发现对我来说，应对困难的能力与我的财富直接相关。换句话说，如果我被困难打倒，我的收入就会减少。如果我克服了困难，我的收入就会增加。

## 如何找到像彼得或马克这样的人做顾问

在已经取得一些基本的商业经验和一定程度的成功之后，如果你认为自己准备好了让公司上市，你就需要专业指导。投资银行家彼得和风险资本家马克给我的建议是无价的，他们的建议为我创造了一个我从没有过的充满希望的世界。

可以找一本麦格劳·希尔出版公司出版的《标准普尔的证券交易者》，大多数书店或者当地图书馆都能找到。这本书按州列出了证券交易者的名字。拿到这本书，找到愿意听你讲述你的创意和你的企业的人。不是所有的人都愿意给你免费的建议，但有些人会。他们中的大多数人非常忙，如果你没有准备好，那么他们就没有时间帮助你。因此我建议，在找到愿意加入你的团队的人之前，要积累一些实际的商业经验，不要得意忘形。

## 那么你会是下一个亿万富翁吗

只有一个人能回答这个问题：那就是你自己。只要有正确的团队，正确的领导者和大胆创新的产品，没有什么是不可能的。科技发展已经到位，或者即将到位。

我知道自己赚取第一个100万美元的目标可能实现后，就开始考虑下一个目标了。我知道我可以以大致相同的方式继续赚到1000万美元。但是，赚取10亿美元就需要新的技巧和全新的思维方式。这就是尽管很多时候我还怀疑自己，但仍要设立目标的原因。一旦我有了确定目标的勇气，我就要学习其他人成功的经验。如果我没有确定目标，我会认为它实现的可能性相当渺茫，就不会写出这些受人欢迎的关于如何成为亿万富翁的书和文章。

几年前我负债累累时，我认为自己成为一名百万富翁是根本不可能的。那时，我不认为实现目标与先将目标定下来再执行一样重要。可一旦我制定了目标，我的意识就开始去寻找可能实现目标的方法。如果我当时认定自己当百万富翁的目标不可能实现，我相信它会成为现实。

确定了成为亿万富翁的目标以后，自我怀疑就开始困扰着我。

然而，我的意识开始为我指明了成功之路。在我致力于这个目标的时候，我不断发现成为亿万富翁对我来说可能性有多大。我常常对自己重复这样一句格言："如果你认为你能，你就能；如果你认为你不能，那你就不能。无论如何你都是正确的。"我不知道说出这句话的人是谁，但是我要感谢他。

## 为什么成为亿万富翁是可能的

一旦确定了成为亿万富翁的目标，我就开始发现存在许多因素使你今天比过去任何时候都更容易成为亿万富翁。

1. 只通过一根电话线，因特网就为我们大多数人创造了一个消费者的世界。

2. 因特网创造了比自身更多的商业机会。就像亨利·福特通过大规模地生产汽车从而带动了更多的公司出现一样，因特网无限扩大的影响力，使地球上的60亿人都可能成为亨利·福特或者比尔·盖茨。

3. 过去，富人和有权势的人控制着传媒。随着已经到来的科学技术的变革，因特网使我们每一个人都好像拥有了自己能控制的广播电台和电视台。

4. 新发明触发了更多的新发明。一种新技术的出现，会让我们生活中的其他领域都变得更好。每一项新技术的应用，都使更多的人去发展更新的产品。

5. 当更多的人变得富有的时候，他们会愿意为新成立的公司投入越来越多的资金。这不仅是为了帮助那些新公司，也是为了分享利润。今天，很多人都难以抓住这样一个现实：那就是每年都有成百亿美元的资金在等待着，向那些新成立的创新型公司投放。

6. 创造新产品不一定需要高科技。星巴克仅靠一杯咖啡，就让许多人变得富有。麦当劳凭借汉堡包和炸鸡，就成为了最大的房地产持有者。

7. 关键词是"低成本"。我认为，对任何想要变得富有或非常富有的人来说，那个词都是最重要的词语之一。韦氏词典对它的定义是：只持续一天，或者只维持非常短暂的时间。

而我的老师富勒博士使用这个词时的含义往往是"事半功倍"。一个更常用的词是"杠杆"，或者叫做"低成本高产出的能力"。富勒博士说，人类可以在成本越来越低的同时，为越来越多的人创造越来越多的财富。

换句话说，随着所有这些新技术的发明——这些发明实际使用的原材料很少——我们每个人现在都能只用极少的时间和精力，赚到相当多的钱。

与"低成本"相对，有些人仍在花费大量的原材料和高负荷的体力劳动来挣钱，他们能挣到的钱会越来越少。也就是说，财务未来属于那些事半功倍的人。

## 那么我成为亿万富翁的计划是什么呢

答案在"低成本"这个词中找到了。要成为一名亿万富翁，我既要能满足大多数人的需要，也要能适应少数人。我需要找到这样一个商业领域：目前它已经饱和，过度膨胀且效率很低，人们对它现有的体制不满意，它的产品亟待改进。对我来说，机会最好的行业就是所有行业中最大的：教育产业。如果你花点时间，想一下那些花在教育和培训上的钱数，这个数目会让你震惊。它还不包括花在公立学校、大学等上面的费用。当你把花在商业、军事、家庭和职业研讨会上的教育经费加起来时，会发现这个数目实际上最大。但是长期以来，教育又是深陷困境的一个行业。就像我们所知道的那样，它过时、昂贵，已到了应该改进的时候了。

今年早些时候，我的一个朋友丹·奥斯本送给我一篇从"经济学人"网站上下载的文章，丹是一个国际外汇交易商。下面是那篇文章的节选：

迈克尔·米尔肯是一位曾经在一年内赚进5亿美元的垃圾债券国王，他正在创建世界上最大的教育公司之———"知识空间"。科尔伯格·克拉维斯·罗伯茨，一家曾经引起全世界经理人恐慌的产权买卖公司，也拥有一家叫做"幼儿关怀"的教育公司。在华尔街，分析家们正以令人喘不过气的速度发表着报告，断言教育业正在经历私营化和合理化的巨大变革。

为什么每个人都对教育业突然变得这样兴奋？就是因为他们看到了教育产业和卫生保健业的相似之处。25年前，卫生保健业大多局限在公共和志愿部门。而今天，它已成了大规模的私营行业，其价值以亿万计。许多富人，不仅是米尔肯和克拉维斯，还有沃伦·巴菲特、保罗·艾伦、约翰·多尔以及萨姆·泽尔，都打赌说教育业正沿着与此相同的方向发展。而一些来自传统行业的公司也正在对其投资，其中包括Sun、微软、Oracle、苹果、索尼、Harcourt General 和华盛顿邮报集团。

美国政府宣称：一年中，国家花在教育上的经费总数达6350亿美元，超过退休金或国防拨款，并预计在下一个10年内，花在每个学生身上的教育经费会增长40%。私营公司目前占有13%的教育市场份额，且大多集中在培训方面，它们充满生机并将稳固发展。一家专门的顾问机构国际数据公司认为，在20年后教育市场中私营公司的份额将会增长到25%。

文章继续谈到：

美国的公立学校正在让家长们越来越失望，并已落后于国际平均水平。美国国内生产总值中，花在教育上的支出，多于世界上大多数国家，但结果并不理想。在标准化考试中，亚洲和欧洲的孩子们经常打败他们的美国同龄人。超过40%的10岁美国孩子无法通过基础阅读测试；同时有4200万成人在某种程度上是现代文盲。造成这种结果的原因很多，其中很重要的一部分是：花费在每个孩子身上的6500美元有近一半被毫无意义的服务消耗掉了，其中大部分是管理经费。

现在公立和私立学校之间的障碍正在消失。企业家被允许进入公立教育系统。有1128所（还在增长中）特许的学校有权尝试由私人来管理，而不会失去政府拨款。

文章还指出：

不要惊讶，私有化的阻力也很大。教师工会对挑战他们权力的人的反抗，已经给人们留下了深刻的印象。

## 不要去不想要你的地方

1996年，我将我设计的教育游戏"现金流"推荐给一所著名大学的老师们，以征求他们的反馈意见。他们口头上的答复是："我们不在学校里玩游戏，也没有兴趣教年轻人如何赚钱，他们有更重要的课程要学习。"

因此我们得出一个在商业中的结论："不要去不想要你的地方。"也就是说，在需要你和你的产品的地方，你才更容易赚到钱。

好消息是，越来越多的学校开始使用我们这个游戏作为课堂教学产品。但最让人高兴是，公众喜欢我们的产品。在那些想要提升自己的商业和财商教育的个人当中，我们的游戏销售得非常好。

我们终于回到了原地。2000年1月，美国雷鸟国际工商管理学院在他们的企业家课程中采用了《富爸爸穷爸爸》《富爸爸财务自由之路》和"现金流"游戏。这所大学的教育课程非常有名，并且得到国际上的承认。

## 回到计划上来

我发现对资金管理、企业和投资课程的需求极大，这些课程在学校里没有被教授。我预计在几年内，将会有主要的股票市场崩溃，其结果是许多人将没有足够的退休金，到他们年老时，这个问题就会凸显。我相信大约在10年内，人们会大声呼吁要求接受相关的财商教育。最近，联邦政府也告诫美国人不要一味地指望退休后的社会保险和医疗保险。不幸的是，这条消息对很多人来说已经太晚了，尤其是学校系统从来没有教过他们如何管理自己的钱。莎伦、金和我想要提供的就是这种教育——既使用我们现有的产品也通过互联网，其花费要比现有的学校系统所能提供的教育低得多。

当我们准备好通过互联网实施教育计划的时候，我们就会变成一家高科技和互联网公司，而不只是今天的出版公司。一旦我们可以用这种低成本的方式为更多的人提供我们的产品，公司价值就会成倍上升，因为我们能为国际市场提供更好、更方便和更便宜的产品。换句话说，我们可以用越来越少的付出，做越来越多的事，这是成为巨富的关键。

这样的话我就会成为亿万富翁吗？我不知道，但我正在朝这个目标努力。如果我能做到又该怎么做？我也不知道。然而它必须被指出来。我知道一点：许多年来，我一直抱怨学校没有教给我任何关于金钱、商业或者致富的知识。我经常觉得奇怪，他们为什么不讲授那些我一离开学校就会用到的课程，反而讲一些我知道自己永远也不会用的东西呢？后来有一天，一个人告诉我："不要再抱怨，做点事情来改变它。"今天我确实在这么做。因为我确信，如果我对没有在学校学到关于金钱、商业和致富的知识而感到不愉快的话，其他人可能也会有同样的不满。

总之，金、莎伦和我无意与学校系统竞争。现有的学校系统设计的目的是将人们培养成为雇员或专业人员。我们只是将我们低成本的产品，出售给那些需要我们产品的人，用以教育那些想成为企业家并拥有自己的企业，或者投资企业，而不是在别人的企业里工作的人，那才是我们的目标市场。我们把因特网看做是实现这一目标的完美系统，而不是通过传统的教育系统。这是我们的计划，只有时间能告诉我们3个人是否能够实现我们的目标。

如果你想实现财务自由，成为千万富翁甚至是亿万富翁，我们希望能做你的教育公司。

# 第41章
# 富人为什么会破产

我经常听到有人说："等我赚够钱，就不会有财务问题了。"实际上，他们新的财务问题才刚刚开始。那么多新兴富翁突然破产的一个原因，就是他们用旧有的金钱习惯去处理新的金钱问题。

1977年，我开始了我的第一家大企业——尼龙和维可牢搭扣钱包公司。就像我在前面章节中提到的，创造的资产超过了创造这项资产的人。几年后，我又创造了另一项迅速增值的资产，再一次，资产超过了创造它的人。所以我又失去了这项资产。直到第三次创业时，我才领悟到了富爸爸反复指导我并要我学习的东西。

我的穷爸爸对我在生意上的大起大落感到震惊。他是一个慈爱的父亲，看着我前一分钟站在世界之巅，后一分钟又跌入深渊，这对他来说实在太痛苦了。富爸爸却为我高兴，在我两次大的创业和失败后，他说："大部分百万富翁在成功之前都会损失掉3家公司。你现在只损失掉了两家，那些普通人则从未失去一家，这就是10%的人掌握着90%的财富的原因。"

讲完我赚进几百万又亏掉几百万的故事后，经常有人问我这样一个重要的问题："富人为什么会破产？"我提出以下一些可能的原因，它们全都来自我个人的经验。

第一个原因：那些在贫困环境中长大的人，不懂得如何管理大量的金钱。

我已经说过，钱太多的问题和钱太少的问题一样大。如果一个人没有学过如何管理大额资金，或者没有合适的财务顾问，就很有可能将钱存进银行或者干脆赔掉它们。

富爸爸说过："金钱本身不会让你变得富有。实际上，金钱同时具有让你变富和变穷的力量。数十亿的人每天都在证明着这个事实。大多数人有了一些钱后只会将它花掉，于是变得更穷甚至债台高筑。这就是在有史以来经济发展最好的今天，仍然有这么多破产报道的原因。这个问题的产生，也源于人们得到钱后买下了他们认为是资产的负债。在今后几年内，我确信许多今天年轻的或暴发的百万富翁将陷入财务困境，因为他们缺少金钱管理技能。"

第二个原因：当人们有了钱之后，愉快的情绪就会像毒品一样让人精神亢奋。

富爸爸说："得到很多钱的时候，人们感到自己很聪明，事实上他们已经开始变得愚蠢。他们认为自己拥有了全世界，便立刻出去开始花钱，就像用金子建造坟墓的塔特国王一样。"

我的税务顾问和注册会计师黛安娜·肯尼迪曾对我说："我为许多有钱人做过顾问，他们赚了大把钞票后就开始走向破产，在这之前，他们倾向于做3件事。第一件，买一架喷气式飞机或者一艘大游艇；第二件，他们不断旅游；第三件，和自己的妻子离婚，娶一个更年轻的女人。当看见这些事发生的时候，我就开始为他们的破产做准备了。"当然，这很像第一个原因，他们买进负债，或者与一项资产离婚，然后创造一项负债，之后，他们又和一项新的负债结婚。现在，他们就有了两项或者更多的负债。

第三个原因：当你有钱的时候，一些朋友和亲戚会想和你接近。

对许多人来说，当你爱的人向你借钱时，对他们说"不"是最难的一件事。虽然这种事还没有发生在我身上，但是我看见过当一个人突然变得富有后，他的家庭和友谊破裂了。就像富爸爸所说的："在致富过程中，一个非常重要的技能就是学会向你自己和你爱的人说'不'。"那些有钱后开始买游艇和大房子的人无法对自己说"不"，也不会对他们的家人说"不"。他们最后以负债累累收场，就是因为他们突然有了大笔的钱。

在你有钱后，不仅人们会想向你借钱，而且银行也想贷给你更多的钱，这就是为什么人们常说："你不需要钱时，银行才愿意贷款给你。"如果情况变糟，不仅向朋友和亲戚收回借款很困难，银行也会不停地催促你偿还贷款。

第四个原因：那些暴富者拿着钱摇身一变成为"投资者"，但没有一点投资知识和经验。

这又回到了富爸爸的话题上，当人们突然有了钱以后，他们会认为自己的财商也提高了，但事实上却是降低了。而且一个人一旦有了钱，就会突然接到股票经纪人、房地产经纪人和投资经纪人的电话。富爸爸讲过一个关于经纪人的笑话："他们被称为经纪人的原因，是因为他们还没你有钱。"在这里，我向那些觉得被冒犯的经纪人道歉，但是我认为富爸爸的笑话最初来自于他的证券经纪人。

我家的一个朋友得到了 35 万美元的遗产，然而不到 6 个月的时间，他所有的钱都赔在了股市里。不是因为市场，而是因为经纪人搅昏了这个认为钱已让自己变得更聪明的暴富者。在市场上，经纪人建议他定期买入，卖出，并在每一桩交易中抽取佣金，这种做法迫使顾客不恰当地增加了经纪人的佣金，因而是被明令禁止的。如果经纪人协会发现经纪人涉及这类行为，会向其处以巨额罚款，但是这种现象确实存在。

就像本书开头讲过的，只是因为你手中有钱，而符合作为一名特许投资者的要求，并不意味着你了解关于投资的任何事。

在今天火暴的股票市场中，许多公司也像个人一样盲目地投资。带着大量的资金投入市场，许多公司忙着购买他们希望能成为资产的其他公司。在业内这被称为并购。问题在于，这些新收购的公司中有许多都可能成为负债。盲目买下一家小公司的大公司往往以财务陷入困境收场。

第五个原因：患得患失。许多时候，用穷人的眼光看钱的人，会过着一种害怕贫穷的日子。所以当财富从天而降的时候，对贫穷的恐惧不但没有减少，反而增加了。我的一个朋友，主要研究专业当日交易商的心理。他说："你得到了你害怕的东西。"这就是许多职业投资者将心理学家列为团队一员的原因，至少我是这么做的。因为我也有和其他人一样的恐惧。就像前面所说的，赔钱有很多种方式，不只是赔在投资市场上。

第六个原因：人们不知道好支出和坏支出的区别。

我常常接到我的会计师或纳税筹划师的电话，他们说："你必须买下另一处房地产。"换句话说，我的问题在于赚钱太多，而且我需要不断在房地产这样的项目上投入更多资金，因为我的退休金计划中没有很多钱。富人更富，是因为他们能利用税法的优惠政策进行更多的投资。其实是本该纳税的钱被用来购买另外的资产，这样扣除了一部分收入，也就合法地减少了应交的税款。

对我来说，为了创造财富和使创造的财富保值增值，先前列出的四面体是最重要的图表之一。当我把这张图表给别人看时，人们经常问我为什么支出是结构中的一部分。原因在于不管我们挣多少钱，是支出使我们变得更加富有或者更加贫穷。

富爸爸经常说："如果你想知道一个人将变得更富有还是更贫穷，只要看看他的财务报表中的支出栏就行了。"富爸爸认为支出非常重要，他常说：“支出使你富有，也会使你贫穷。一个明智的企业主或投资者知道他们需要哪种支出，也知道如何控制支出。”

“我能创造资产的主要原因是，我会增加好的支出。”一天富爸爸对我说，“普通人的支出往往是不好的。”好支出和坏支出的区别，是富爸爸创造资产的最重要的原因之一，因为他创造的资产能买下其他的资产。当我还是小孩子的时候，曾经和他沿着海滩散步，看着他刚买下的一块昂贵的房地产，他对我说：“我也买不起这块土地，但我的企业买得起。”

如果你了解现有的适用于 B 象限的税法，你很快就会认识到富人更富的一个原因，就在于税法允许他们使用税前收入，去建立、创造或者购买其他的资产，而其他象限的人不能这样做。实际上，税法几乎就是要求你用税前收入进行更多的投资，这就是我接到那么多电话，要求我购买更多的房地产，或者收购其他公司的原因。而另一方面，E 象限的人必须使用税后收入去建立、创造或者购买其他的资产。

## 钱太多了怎么办

“如果你想致富的话，就必须对如何赚到很多的钱有一个计划，你还必须在赚到钱之前对怎样打理这些钱有个计划。如果你没有计划，那你失去这些钱的速度常常会比你赚到它们的速度更快。”富爸爸让我学习房地产投资的原因之一，是让我在赚到很多钱之前就了解怎样投资房地产。现在，当我的会计师打电话告诉我“你的收入太多了，你需要进行更多的投资”的时候，我早已想好了将钱投往何处，使用怎样的公司结构，以及用它购买什么资产。我会打电话给我的经纪人，让他们购买更多的房地产。如果我要买证券，我通常会打电话给财务规划师，先买保险然后买股票、债券或者共同基金。换句话说，保险业为那些富有的企业主提供了特殊的保险产品。当一家公司买了保险以后，这对公司来说是一项支出，但是它通常也能成为给业主带来许多税收优惠的资产。也就是说，当我的会计师打来电话的时候，大量的资金已经按预定计划花掉了。作为支出，这些花销会使我更富有、更安全。因此，对有钱人来说，财务顾问和保险代理人在团队中的作用非常重要。

这些年来，我目睹了许多原本利润很高的企业，最终以破产收场。为什么呢？因为他们没有管理好自己的支出。他们不是用钱购买其他的资产，比如房地产或者股票，而是将其消耗在无益的企业支出上，或者用来买更大的房子、漂亮的游艇、汽车以及去结交新的朋友。他们在财务上没有变得更强大，反而随着花出挣到的每一美元而变得相当拮据。

## 硬币的另一面

富爸爸经常说："通过支出栏，富人们看到了硬币的另一面。大多数人认为支出是不好的，认为它使人们变穷。当你发现支出能使你致富的时候，你就开始看到硬币的另一面了。"他还说："看支出栏就好像《爱丽丝漫游奇境记》中的爱丽丝，她透过镜子，看到了镜子另一面的奇异世界。"硬币的两面实际上对我来说没有多大意义，但是富爸爸说："如果你想致富，就必须从硬币的两面来看待希望、恐惧和幻想。"

在与富爸爸的一次谈话中，他谈到了一些事，改变了我的思维方式，使我从穷人的思维走向了富人的思维。富爸爸对我说："在制订好致富计划，熟悉了税法和公司法之后，我能通过支出栏变得富有，而普通人却因为支出栏而变穷。这就是一些人致富而另一些人穷困潦倒的最大的也是最重要的原因之一。如果你想致富并且保持富有的话，就一定要控制好你的支出。"

明白了这些以后，你就会理解为什么富爸爸要求"低收入高支出"，这正是致富之道。他说："大多数人最终失去了钱并走向破产，是因为他们仍以穷人的方式来思维，而穷人要的是高收入低支出。如果你不转变这种观念的话，就将一直活在害怕贫穷的阴影之中，并变得更加节俭，而不是通过提高自己的财商来使自己更加富有。一旦你明白了为什么有钱人要求'低收入高支出'，你就会开始看到硬币的另一面。"

## 非常重要的一点

最后这一段，是本书最重要的段落之一。实际上本书就是一直围绕着这一段来写的。如果你没有弄明白，我建议你和看过这本书的朋友坐下来，讨论一下以加深对本书内容的理解。我不期望你一定赞同本书的看法，只要你开始去思考这些问题就好了。你会开始认识到一个充满财富的世界，认识到你如何才能成为那个世界中的一分子。富爸爸说："那些在头脑中没有转变金钱观念的人，只能看到硬币的一面，一个金钱匮乏的世界。即便他们确实赚到了一些钱，仍有可能永远看不到硬币的另一面，一个金钱充足的世界。"

认识到确实存在一个充满金钱的世界，理解了一些税法和公司法的知识并了解了控制支出的重要性之后，你可以开始看到一个完全不同的世界，一个极少人看到的世界。这种看法将开始在你的头脑中出现。假如你的精神视野可以改变，那么你就会明白富爸爸总爱说的那句话："我通过支出变得越来越富有，而普通人通过支出变得越来越贫穷。"你要是明白了这句话，就会理解为什么我认为在教育系统中教授财务知识十分重要。所以，我的教育游戏"现金流"旨在帮助你发现一个极少人看到的世界。财务报表和《爱丽丝漫游奇境记》中的那面镜子很相像。在"现金流"这款游戏中，玩家通过分析财务报表，并将这些技能应用于现实生活，可以从"老鼠赛跑"的怪圈中跳出来，进入特许投资者的"快车道"。

## 怎样才能使"低收入高支出"行之有效

就像富爸爸所说的："金钱只是一种观念。"最后的这些段落包含了一些非常重要的观念。假如你完全理解了"低收入高支出"的益处，那么继续下去。如果没有，请花点时间和读过本书的人讨论一下。这种观念是本书的重点。它也解释了许多有钱人破产的原因。因此，尽你最大的努力去理解这一点，因为只顾创建资产、赚更多的钱并没有多大意义，最后你仍会失去。当我研究90/10规律时，发现那些只拥有10%财富的90%的人都是"高收入低支出者"。那正是他们处于目前状况的原因。

## 指导方针

所以问题是："怎样通过低收入高支出让你致富？"答案可以在那些成熟投资者身上找到，他们利用税法和公司法，把支出转化为收入。

举个例子。这是一个成熟投资者正在制作的图表：

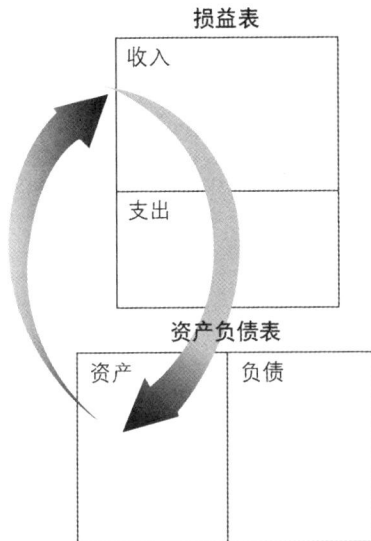

损益表

| 收入 | |
|------|------|
| 支出 | |

资产负债表

| 资产 | 负债 |
|------|------|
|      |      |

问题再次摆到了桌面上：怎样通过低收入高支出致富？

假如你开始明白这么做的方法和原因，那么你将发现一个越来越广阔、越来越富足的世界。将上面的图表和以下的图表进行比较：

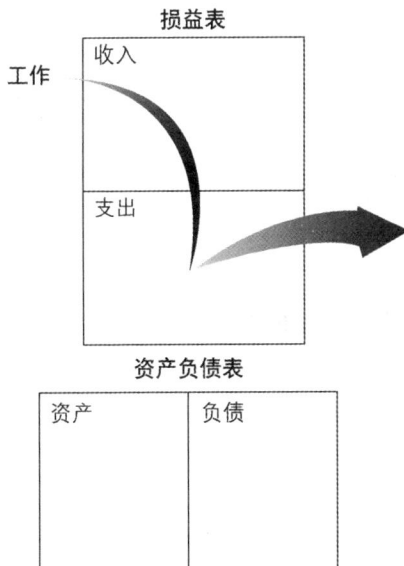

损益表

| 工作 收入 | |
|------|------|
| 支出 | |

资产负债表

| 资产 | 负债 |
|------|------|
|      |      |

这是反映世界上大多数人财务状况的图表。换句话说，就是钱进来之后又从支出栏出去并且再没有回来。这就是有那么多的人努力省钱、节俭，减少支出的原因。这张图表同样适用于那样一些人，他们强调"我的房子是资产"，即使这些钱已从支出栏出去并且再也没有回来，至少没有立即回来。或者有人会说："我每个月都在赔钱，但政府会为我的损失给予税收减免。"他们与其这样说还不如说："我通过投资赚钱，政府还给我税收减免。"

富爸爸说："在这个问题中你可以发现你能拥有的最重要的控制之一。问题是，在同一个月中，从你的支出栏出去的钱，又从收入栏回来的比率是多少？"富爸爸花了大量的时间和我讨论这个话题。理解了他的观点之后，我看到了大部分人没有看到过的完全不同的世界。我看到了一个财富不断增长的世界，这里的人不像其他人那样，一味地努力工作、赚钱、减少支出。所以请问你自己同样的问题："同一个月中，从你的支出栏出去的钱，又从收入栏回来的比率是多少？"如果你领悟到怎样做，你应该能够看到并创造出一个财富不断增长的世界。如果在理解上有一定困难的话，你不妨找其他人讨论一下应该怎样才能做到。如果你能开始理解的话，你将开始理解一个成熟投资者正在做的事。我认为它值得讨论，你可能会愿意经常阅读并讨论本书。实际上本书是用来转变人们观念的，从金钱匮乏的观念转变为创造一个充满金钱的世界的观念。

## 网络营销企业的价值是什么

当我和网络营销公司的人谈话时，我经常对他们说："你不知道你的网络营销公司的价值所在。"我这么说是因为许多这类公司，只看重能赚多少钱。我经常告诫他们，重要的是他们能有多少税前收入用于投资，而不是说能挣多少钱。E象限的人做不到这一点。就我看来，这是网络营销公司最大的优势之一。如果营运得当，一家网络营销公司会使你比单纯依靠公司剩余收入富有得多。我有几个朋友，他们在网络营销上赚了上千万美元，现在仍然破产了。我谈及这一行业时，常常提醒网络营销的领导，他们工作的一个重要部分不只是教育人们怎样赚钱，还要教育人们怎样保住赢利，是支出使人们最终变得富有或贫穷。

## 为什么多家企业比一家企业好

不仅网络营销业人士没有认识到他们企业的价值，我看到过许多善于创业的企业家也没有认识到他的企业的真正价值。发生这种情况的原因是"创建企业只是为了出售"这种观念的流行。成熟投资者了解税法和公司法，而企业主们不了解。因此，他们不是创建企业以购买资产，而通常只是建立企业，然后卖掉它，付完税将现金存进银行，又重新开始。

我有几个朋友，他们创办公司只是为了出售它。有两个朋友卖掉了他们的公司，得到了现金，但在下一次的商业冒险中他们又失去了所有的钱。他们失败是由于90/10规律仍然在起作用。这两个来自S象限的人，创建了B象限的企业，然后又将企业卖给了B象限的人。购买者当然认识到了这个B象限企业的潜在价值。因此，出售公司的那些朋友最终破了产，尽管他们已经拿到了几百万美元。而他们创建的那家公司在继续为新的所有者创造财富。

一个成熟的企业所有者和投资者会尽他们最大的努力，让企业留在自己手中的时间尽可能的长，让它购买尽可能多的稳定的资产，然后才卖掉企业并付尽可能少的税款，同时保留尽可能多的资产。就像富爸爸所说的："我创建一家企业的主要原因，是让它为我购买资产。"对于许多创业者来说，他们创建的企业是他们唯一的资产，因为他们采用的是单一公司策略，不能充分发挥多公司投资策略的作用（再次强调，采用这种策略需要一个专业顾问团队）。这指出了 B 象限的一大优势，就是可以利用适用于这一象限的税法以税前收入投资，从而使你更加富有。实际上，这是法律因你尽可能地进行投资而给予的回报。毕竟，是富人制定了规则。

## 支出的力量

这就是支出既能成为资产，又能成为负债的原因（不管你挣了多少钱）。90% 的人只占有 10% 的财富的一个原因，是他们不知道怎样去花掉他们挣的钱。富爸爸说过："有钱人能将垃圾变成金钱，而其他人将金钱变成垃圾。"

所以，"富人为什么会破产"这个问题的答案是什么呢？"这和穷人仍然贫穷，中产阶级在财务上苦苦挣扎的原因相同。"富人、穷人和中产阶级破产，都是因为他们无法控制自己的支出。他们没有通过支出使自己变得富有，而是因为支出变得贫穷。

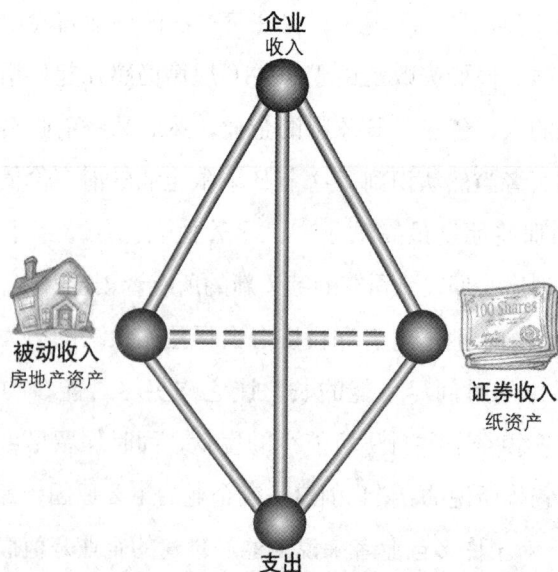

企业
收入

被动收入
房地产资产

证券收入
纸资产

支出

# 第五阶段

# 财富回馈

Rich Dad's Guide To Investing

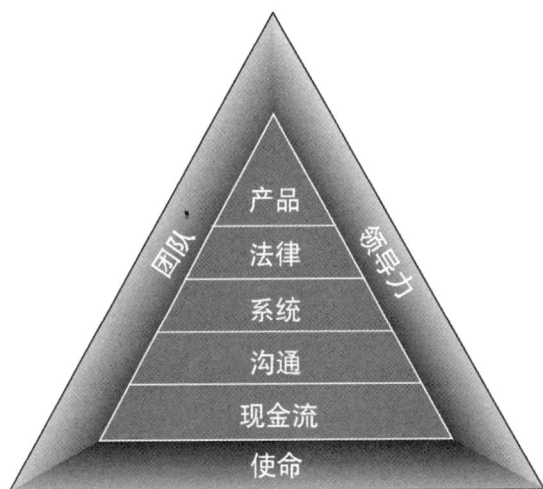

# 第 42 章
# 你做好财富回馈的准备了吗

## 第十大投资者控制：财富回馈控制

最近，我的一个高中同学丹路过我所在的小镇，问我要不要一起打高尔夫球。丹是个高尔夫球高手，而我好几个月没玩了，所以刚开始我犹豫了一下。但想到打球的目的是一起重温往日的友谊，而不是为了争夺一场高尔夫球比赛的胜利，我便答应了。

丹的高尔夫球技让我感到自愧不如。坐在高尔夫球车上，我们的谈话转移到了各自这段时间在做什么。当我告诉丹我已经退休，正在筹建两家公司，一家上市公司，一家私营公司的时候，他勃然大怒。愤怒使他口不择言，骂我贪婪，只想到自己而剥削穷人。我努力保持冷静，但是一个小时之后，我再也忍不住了。最后我问他："是什么让你认为富人是贪婪的呢？"

他回答说："因为我整天面对那些穷人，我从没有看到富人为他们做过些什么。"丹是一个为那些请不起律师的人提供法律援助的律师。"贫富差距越来越大，而这种状况并没有改善。现在有些家庭甚至已经失去了摆脱贫困生活的希望。他们看不到梦想，而美好的梦想正是美国的基石。还有像你这样的家伙赚的钱越来越多，那就是你的全部想法吗？开公司，挣大钱？你已经变得和迈克的爸爸一样坏了——一个只知道赚钱的贪婪的富人。"

随着比赛的进行，丹的情绪平静下来。最后在比赛结束的时候，我们约定第二天在饭店的餐厅见面，我会拿出一些正在做的东西给他看。

第二天，我拿给丹看我的游戏。"这个游戏是做什么的？"等我们坐下后，丹问我。

我向他展示了那个游戏，并向他解释我的"贫穷是由于缺乏教育"的理论。"它是一个学习环境，"我说，"可以在家庭中学习。因为学校没有教给你金钱方面的知识，所以只好在家中学习了。"

"那这个游戏可以教些什么呢？"丹问。

"它教授财务知识词汇，"我说，"在我看来，词语是人类拥有的最有力的工具或资产。因为词语影响我们的大脑，而我们的大脑又创造着我们的现实世界。许多人的问题是，当他们离开了家和学校时，还从来没有学过或理解关于金钱方面的词汇……结果导致一生都在财务上苦苦挣扎。"

当女服务生为我们添咖啡的时候，丹研究了这个色彩丰富的游戏。"那么你计划靠这个桌面游戏结束贫穷了？"他讽刺地问。

"不，"我轻轻地笑了，"我没有那么天真乐观。我设计这个游戏，主要为了那些想成为企业老板和投资者的人。现金流管理是任何一个想致富的人所必备的一项基本技能。"

"那么你设计它的目的是为了那些想致富的人，而不是为了穷人？"丹说，他的怒气又上来了。

看着他的情绪化反应，我又忍不住笑了起来。"不不不，"我说，"我设计这个游戏没有把穷人排除在外。我再强调一次，我创造这个游戏的目的是针对那些想致富的人，不管他现在是穷还是富。"

丹的表情看起来缓和了一些，虽然只是一点点。

"确实，"我温和地说，"我的产品是为那些想致富的人设计的。"我又重复了一次："但首先得他们自己想变得富有，否则，不管他们是谁或者他们的财务状况如何，我的产品都帮不了他们。我的产品也不一定能帮助富人和中产阶级，除非他们自己想变得更加富有。"

丹坐在那儿不断地摇头，他的怒气更大了。最后他说："你的意思是说我用了一生的时间去帮助别人，但实际上我帮不到他们吗？"

"不，我不是那个意思。"我说，"我不能评论你做的事情或者你的作用，何况那也不是我能评判的。"

"那你是什么意思？"丹问。

"我是说除非人们真的想帮助自己，否则谁也帮不了他们。"我说，"如果人们对致富没有兴趣，我的产品就没有价值。"

丹静静地坐在那里，领会着我试图指出的差异。"在司法界和法律援助工作中，我经常给人们一些建议。但许多人不予采纳，"丹说，"一两年以后我再见到他们，情况仍是老样子。他们又被关进监狱，或者再次以家庭暴力或其他什么罪名被起诉。你就是这个意思吧？除非人们真的想要改变自己的生活状况，否则建议是不会起作用的？"

"我就是这个意思，"我说，"这就是最科学的食谱和锻炼计划都不能起到减肥效果的原因，除非他们真的想减肥。同样的道理，让一个对这门课程根本不感兴趣的学生坐在教室里学习常常只是在浪费时间，而且会影响其他人。教一个对学习没有兴趣的人很困难。例如，我对学习摔跤没有兴趣，你就不能强迫我去学。但我对高尔夫球不一样，我愿意努力地学，每天用几个小时练习，花很多钱上课，这一切都因为我想学。"

丹坐在那里点点头，说："我明白了。"

"但我还没有给你看这个游戏中关于致富的那方面，"我说，"我想让你看看富爸爸是怎样教育我和迈克关于慷慨和财富回馈的。"

在接下来的10分钟里，我向丹说明了富爸爸计划中的第五个阶段，向他指出慷慨和慈善是富爸爸计划中的一大部分。当我回到游戏时，我对丹说："迈克的爸爸教给我们财富和金钱的5个不同阶段。第五阶段是你在赚钱之后有回报的义务。迈克的爸爸始终坚信，挣了钱然后将它存起来是对金钱力量的误用。"

"所以，你将迈克爸爸的计划中的第五阶段放在了你的游戏之中，"丹有点怀疑地问，"你的游戏不仅教人们致富，而且还教人们慷慨？"

我点头说："它是我计划的一部分，一个非常重要的部分。"

丹与迈克和我一起长大，他知道富爸爸是谁。他听说过我从越南回来后与富爸爸一起草拟的那份投资计划。丹清楚我是经受过怎样的磨难，才学会了做一个企业家和投资者的。因此，当我说到在第三和第四阶段，我投资其他企业并变得更有钱时，他没有对我发火。现在，他正在听我讲第五阶段。

"我说过，第五阶段有可能是富爸爸计划中最重要的一个阶段，我特意将它列入这个游戏之中。"我说。

"那什么是第五阶段？"丹问，"你在游戏板上指给我看。"

于是我指出游戏中"快车道"上的粉色方块给他看。游戏包括两条不同的路线。一条环形路线在内部，称做"老鼠赛跑"；一条矩形路线在外部，称做"快车道"，富人们就在这里投资。"这些粉色的方块就是第五阶段。"我指着其中一个方块说。

"建一座少儿图书馆。"丹读着我手指指向的角落上的方块上的字，大声地念了出来。

然后我指向另一个方块。

"建一所癌症研究中心。"丹高声念道。

"这一块也是。"我说着，手指移开指向了另一个方块。

"信仰。"丹读着我手指指向的下面一行小字。

"你的意思是你把慈善方块编入快车道？"丹问，"富人的投资车道？"

我点点头说："是的，在快车道上有两种梦想，满足个人的奢欲和用你的额外财富创造一个更加美好的世界。"

丹缓缓摇头道："你是说迈克的爸爸在教你和迈克如何致富的同时，也教你们做好慈善工作。"

我点点头，手指迅速地划过游戏板的"快车道"上那些代表慈善事业的方块，说："富爸爸说，最重要的投资者控制之一，就是控制财富回馈，将大部分财富回馈给社会。"

"他是一个出了名的贪婪的有钱人，"丹说，"许多人对他评价很糟，认为他太贪心。"

"大多数人是那么想的，"我回答，"但我和迈克了解的不同。他赚的钱越多，送出去的钱也越多，只是他从不愿引人注意。"

"这我不知道，"丹说，"难道他晚年一直在把自己积蓄的全部的财富回报给社会吗？"

"当然不是全部，"我说，"他还想留一些给他的孩子们。我想强调的是许多人都抱有这种看法，认为富人们很贪婪。这种看法蒙蔽了他们的双眼，让他们看不清事实或现实——不是所有的富人都贪婪。如果你睁开眼睛看看，会发现许多富豪为社会作出了巨大的经济贡献。看看安德鲁·卡内基通过兴建图书馆、亨利·福特通过福特基金会、洛克菲勒通过洛克菲勒基金会作出的回馈。我的偶像'量子基金'的创始人乔治·索罗斯，现在正投入巨额资金希望能建立一个全球组织，以增进国家间的经济了解。但是我们经常听到的只是政治家谈论的关于他和他的对冲基金引来的麻烦事。"

"约翰·D.洛克菲勒不但创建慈善基金，他还像许多有钱的校友捐助母校一样，大举捐资给芝加哥大学。还有许多超级富豪建立了他们自己的高等教育院校，比如斯坦福建立了斯坦福大学，杜克建立了杜克大学。富翁们对高等教育总是很慷慨的。"

"范德尔比特大学就是由一位非常富有的企业家创建的。"丹补充道。

"我知道富翁们创造了工作机会，提供食物和服务使人们生活得好一些。 而你现在告诉我的是，他们常常将财富回馈给社会。"丹说。

"那正是我所说的，"我回答，"但仍然有许多人只看到某些富人贪婪的一面。我知道有的富人很贪婪，但是也有贪婪的穷人。"

"因此你的富爸爸又把财富回报给了社会。"丹重复道。

"是的，"我回答，"所有阶段中第五阶段是最让他快乐的。此外，慈善事业使他的支出增加，收入减少，使他穿过了那面镜子。"

"什么？"丹被弄糊涂了，有些结结巴巴地说，"什么镜子？"

"没什么，"我说，"你只要知道慷慨在很多方面都让他开心就行了。"

"他做了些什么？"丹问。

"因为他自己的父亲死于癌症，所以富爸爸在基金中拨了一笔巨款来从事癌症研究工作。他还在一家小乡村医院建立了癌症病房，这样村民们在家人生病住院时，也可以就近照顾他们。作为一个非常虔诚的教徒，他还为教堂修建了一栋教学楼，这样教堂就能为孩子们开办一所更大的主日学校。他赞助艺术事业，在为博物馆捐款的同时，还收购许多有才华的艺术家的作品。最棒的是他建立的基金被管理得非常好，即使在他去世以后，还能继续赢利和不断捐款。所以说，即使在他死后，他仍然在为社会作着巨大的贡献。他建立的信托和基金在未来还会为许多有价值的事业提供资金支持。"

"他计划在活着的时候赚很多钱，也打算在死后财源滚滚。"丹说。

"他的确有这个计划。"我回答。

"所以你的游戏'现金流',确确实实地包括了你富爸爸教给你的所有东西。他教会你如何赚钱和如何回报社会。"丹说。

"我尽自己最大的努力将富爸爸教给我的关于财富的重要知识融入这个游戏中。财富回馈的重要性是他教给我的东西之一,"我回答,"他教我如何去获取财富,也教我如何控制好财富回馈。"

"我希望有更多的人这样做。"丹说。

"噢,会有更多的人回馈社会的,"我说,"你只要看看在婴儿潮出生的这一代人。在20世纪60年代,他们中的许多人都是嬉皮士,而今天他们正迅速成为千万富翁。未来几年,作为革命的一部分的他们,将带着现金流全力参与这一事业。这些旧日的嬉皮士和他们那一代中的其他人大多具有强烈的社会责任感。他们从60年代的学校生活中学到的东西,将在今后几年得到实现。财富加上理想,他们将成为世界上一股重要的金融、政治和社会力量。我认为他们会去做那些我们的政府无力负担的慈善事业。他们中的许多富翁会完成他们在贫穷时想完成的社会责任,因为今天他们已经变得富有。"

"是什么让你认为他们会慷慨解囊的?"丹问。

"因为已经发生了,"我回答,"特德·特纳承诺向联合国捐款10亿美元,还指责其他像比尔·盖茨这样的人不够大方。这一挑衅提出不到3年,比尔·盖茨一人就为各项慈善事业捐款40亿美元……盖茨还很年轻。你能想象他在以后几十年中会有多少捐款吗?"

"但这不是由于他正在和联邦政府打官司吗?"丹问,"他捐钱不是为了使自己的形象看起来好一些吗?"

"好吧,许多记者爱在他们的文章中指出这一点,关于他的慷慨背后的'目的'。但是让我问你一个问题,有多少记者捐过40亿美元呢?"我平静地问,"事实是,仅在1999年,盖茨就让他的全职工作人员捐款3.25亿美元。又有多少记者在1999年捐了3.25亿美元呢？所以，即使他这一举动的勇气来自于特纳的激将，事实仍然是他捐了款。事实就是这些在婴儿潮出生的富有的企业家会相互施压，让对方无法吝啬。为富不仁，会被看不起。"

"那么，迈克的爸爸是一个慷慨的人，并且他教你和迈克学会大方。"

我点头："即使镇上的许多人因为他的富有而批评他，他仍然暗中捐款。慷慨在让他快乐的同时也给了他独到的商业眼光。"

"我真的不知道这些，"丹轻声说，语调中几乎是带着一种敬意，已经对富爸爸有了不同的看法，"捐款让他快乐吗？"

我点点头："在他生命的最后几年里，我在他身上看到了以前从没看见过的平静。他一生做过许多善事，死后也会继续下去。他的人生是无憾的。"

"他为我和迈克感到骄傲，"我继续说，"他也说过他知道我更像我的穷爸爸。他知道我是一名教师，他希望我能把他教给我的知识传授给别人。他想要我同时像两个爸爸——一个富翁同时也是一名教师。"

"就是这些了吗？"丹问。

"不，"我回答，"这不是他留给我的话。他总是担心我会放弃这条路，或走不下去。他担心我不能持之以恒地将我的投资计划变成现实，那意味着我的财务梦想无法实现。他总是担心我会半途而废，去做那些容易而不必要的事。"

"坚持向前，坚持关注你自己的事业，始终要忠实于自己的理想，那么你所有的梦想都会成为现实。"我轻声地说，"那是他给我的最后一个建议。"

我仍沉浸在对往日的追忆之中，丹把我拉回现实，他问："那你所有的梦想都实现了吗？"

"大部分。"我回答，"我仍想成为终极投资者，而且我们刚刚建立我们的基金。"

"什么基金？"他问。

"当金、莎伦和我创建现金流技术公司的时候，我们的使命就是'提高人类的财务健康水平'。"

"那是一个很有野心的使命。"丹说着，扬起了眉毛。

"我知道你会说什么，但每天我们都在完成这一使命。每天我们都会接到那些开始行动起来改善自己财务生活的人的电话、信件和电子邮件。人们使用我们的产品的良好反响使我们精神振奋。每次听到有人的财务健康水平提高了，我们就觉得我们又在完成自己使命的道路上前进了一步。"

"那基金呢？"丹又问。

"我们建立了'财务教育基金'，这样就有了一个不以赢利为目的的实体来进行社会回馈。我们的学员和顾客这样眷顾我们，让我们想更多地回报他们。这个基金将尽力援助其他机构教授理财知识。"

"例如，我们有一位高中教师在印第安纳教授'现金流'的成人版和高级版给他的学生们。他帮助我们设计了一套其他教师也可以在课堂上使用的课程。今年春天，他打算把他的高中学生送到小学去，教小学生使用为孩子们设计的'现金流'游戏。实际上，我们在亚利桑那州的塔克森男孩和女孩俱乐部中，让年长的孩子教那些年幼的孩子玩'现金流'游戏。让'孩子教育孩子'的这个想法让我们相当振奋，并希望能在世界上推广这个项目。基金可以帮助这一项目的实施。"

"罗伯特，这听起来太棒了。看到你精力充沛地做善事，我真高兴。"丹说。

"我们仍在发展这个基金和它的项目，并去支持任何我们能提供教学支援的地方。金、莎伦和我得老天眷顾得以成功，我们希望能帮助更多的人学习财务知识，想方设法回馈社会。"

依据 1986 年修正的《国内税收法》第 501 条第 3 款规定而建立和运作的"财务教育基金",是一个从事慈善和教育事业的非赢利的公司实体,目的是扶助贫困,支援教育、慈善、宗教和科学项目,并支持进行理财教育的组织。

　　现金流技术公司为基金提供支持。在提供部分资金支持以外,还为基金提供工作人员、办公地点和服务。

# 总　结
# 为什么赚钱不需要花钱

最近，在给一个投资辅导班上课的时候，有人问我："能不能向我推荐一家可投资的互联网公司？"

我回答："为什么要为别人的互联网公司投资呢？为什么你不创建一家公司让别人来投资呢？"

就像本书前面提到的那样，有许多关于投资的书讲的是怎样购买资产。本书讲的是学习怎样创造能购买其他资产的资产。那么为什么不花时间考虑如何创建资产呢？我这么说，是因为创造资产从没有像现在这样容易。

## 这个世界 10 岁了

1998 年 10 月 11 日，美林银行在美国的几家大报纸上刊登了一幅整版广告，宣称这个世界只有 10 岁。为什么只有 10 岁呢？因为自从柏林墙拆除到当时大约有 10 年。一些经济历史学家把柏林墙的拆除看做工业时代结束和信息时代开始的标志。

直到信息时代来临，大多数人都还在从外部进行投资。既然这个世界才刚刚超过 10 岁，有越来越多的人能从内部而不是从外部进行投资，那么我回答："为什么投资别人的公司？为什么不创建自己的公司？"我的意思是："现在是信息时代，为什么要做外部投资者而不是内部投资者？"

# 3 个时代

在农耕时代，富人是那些能俯瞰大片肥沃农田的城堡主。他们被叫做君主和贵族。如果你没有出生在这个群体中，那么你就是局外人，也没有什么机会成为内部人。90/10规律控制着人们的生活。因此，10%的人因为婚姻、出身和武力而能够掌权；其他90%的人成为奴隶或者农民，耕耘土地而一无所有。

在农耕时代，如果你规规矩矩、努力工作，人们会尊敬你，勤劳的观念由父母传给孩子。同时人们憎恶那些无所事事的富人。90%的人努力工作来供养余下的10%的人，而他们看起来什么都不做。这一观念也同样从父母传给孩子。这些观念慢慢变成普遍的思想，代代相传下来。

然后，工业时代来临。财富不再是农田而是房地产。建筑物、工厂、仓库、矿产和工人住宅在土地上建立起来。突然之间，肥沃的农田开始跌价，因为财富开始转移到建在土地上的建筑的主人。事实上，一件有趣的事发生了。突然，肥沃土地的价值比不上不易耕种的岩石地。岩石地突然变得更有价值，是因为它比肥沃的土地更便宜。同时，它还可以承受得起像摩天大楼、工厂这些更高更大的建筑物，并且还常常蕴藏着石油、铁和铜这类推动工业时代发展的资源。当工业时代来临的时候，许多农民的实际收益降低了，为了维持生活，他们不得不更加努力地劳作，耕种比以前更多的土地。

在工业时代，去学校学习然后找工作的观念开始流行。在农耕时代，正规的教育不是必需的，因为职业可以由父母传给孩子，面包师教他们的孩子也做面包师，等等。在工业时代即将结束时，"一份"工作或者"一生一份"工作的观念变得很普遍。你去学校念书，得到一份终身工作，在公司或者社会团体中拼命工作并向上爬，当你退休后，公司和政府会照顾你的生活需要。

在工业时代，那些不是贵族出身的人也可以变得有钱有权。白手起家的传奇故事驱策着野心家们。创业者可以由一无所有成为亿万富翁。当亨利·福特决定大规模地生产汽车时，他发现在底特律(当时只是一个小镇)附近，有一些农民不想要的廉价的岩石地，这样，一个产业诞生了。福特家族在实质上成为了新贵族，和他们一起做生意的人，也变成了富有的新贵族。这些新名字变得和国王与王后的名字一样响当当，如洛克菲勒、斯坦福和卡内基。人们经常在蔑视他们的财富和权势的同时又对他们肃然起敬。

工业时代仍和农耕时代一样，只有一少部分人掌握着大部分的财富。虽然在这个时代，10%的人不是因为出身，而是依靠自身能力成为富人，但90/10规律仍然成立。它能起作用的原因是：创造和管理财富除了需要大笔资金、人力、土地和权力之外，还需要巨大的努力和合作。例如，建立一家资本密集型的汽车公司或者石油、矿业公司，要花费巨额资金、占用大片土地和雇用许多受过正规教育的具有聪明才智的人才。此外，为建立这样的企业，你必须长年累月地经受官僚们定下的各种考验——比如环境保护法、贸易协议、劳动法，等等。在工业时代，大多数人的生活水准有所提高，但真正的财富控制权仍在少数人手中。规则改变了。

## 90/10规律改变了

当柏林墙倒塌和互联网建立以后，许多规则发生了变化。最重要的规则改变之一是，90/10规律的改变。虽然可能仍只有10%的人掌握着90%财富，但是成为那10%的人的道路或机会却发生了改变。网络使加入那10%的人需要花的代价发生了改变。今天，不再像农耕时代那样，你必须出身于贵族家庭，也不再像工业时代那样，需要巨额资金、土地和人力的投入才能成为那10%的人。今天，加入10%俱乐部的代价就是思想，而思想是免费的。

在信息时代，是信息或者思想使你变得非常非常富有。因此，一个今年名不见经传的人，明年有可能就会出现在世界级富豪的排行榜上。这类人常常后来居上，超过了那些成年累月积累财富的人。从没有工作过的大学生成为了亿万富翁，而高中生又会超过与他们同时代的大学生们。

我个人认为，我们所有的人都有一个独一无二的、卓越的创造性思想，思想可以转化为资产。世界上大多数人的问题的关键在于，没有富爸爸这样的人指导他们理解B-I三角形的力量。所以我觉得教会更多的人成为创业者，教会他们实施自己独一无二的构想并将它们变成能创造财富的商机，是非常重要的。如果我们这样做，随着信息时代在全世界的扩展，我们的社会将更加繁荣。

在世界历史的这个非常时期的开端，财富的90/10规律可能不再适用。人们不再必须通过花钱去挣钱，不再必须凭借广阔的土地和资源来致富，不再必须依靠处于高位的朋友来变得富有。你的家人是否是乘坐"五月花"号来到美洲大陆的已不再重要，你上哪一所大学，你的性别、种族以及宗教信仰也已经无关紧要了。今天只需要思想。就像富爸爸经常说的："金钱是一种思想。"但是对一些人来说，最难改变的就是陈旧的思想。有一句老话是："你不能教会老狗玩新把戏。"我认为更贴切的说法是："你是教不会一个因循守旧的人去接受新东西的，不论他们年轻还是年老。"

所以当有人问我"你会投资哪家互联网公司"时，我仍然回答："为什么不投资你自己的互联网公司呢？"我不是一定要提问者去创建一家公司，我所做的一切只是要他们换个角度思考，思考建立他们自己公司的可能性。实际上，现在在网络上有许多特许权和网络营销机会可以利用。当人们去考虑创建自己的 B 象限企业时，他们的思维就从繁重的工作和物质的局限中，转向了获取无限财富的可能。获取财富的成本只是思想，而我们正处于充满思想的时代中。我不是在建议这些人放弃工作，立即去开办公司。但是，我希望他们在继续全职工作的同时，能够考虑利用业余时间创办企业。

## 挑战旧观念

在今天的股票市场上，你经常会听到公告人说："旧经济对抗新经济。"在很大程度上，跟不上时代的人正是那些继续沿用与新经济观念相对抗的旧经济观念的人。

富爸爸不断地提醒我和迈克，金钱就是一种思想。他还告诫我们要保持高度警觉，留意我们的思想并在它们需要挑战的时候挑战它们。因为那时候我还年轻，缺乏经验，所以并没有完全领悟到他的意思。现在，当我变得年长和明智后，对他"挑战旧观念"的忠告佩服得五体投地。就像富爸爸说过的："今天对你来说是正确的，明天就可能成为错误的。"

亚马逊网站是一家没有任何赢利或房地产的公司，但它在股票市场上的成长速度比许多固定的零售企业，如沃尔玛、希尔斯、J.C.Penny 和 K-Mart 等更快，价值比它们更高。一个新的无赢利的网络零售企业比那些属于工业时代的拥有稳定利润、多年经验和大量房地产的零售企业更有价值，比任何旧时代的君主都更有资产。其原因就是它不需要数额巨大的房地产、资金和人力去维持运营。在工业时代使零售企业更有价值的东西，正使它们在信息时代更没有价值。你常常听见人们说："规则已经改变了。"当越来越多的互联网公司以更低的价格出售同样的产品来争夺利润的时候，我就在想，未来这些传统的零售企业和他们的投资者将用什么来支撑呢？换句话说，虽然亚马逊网站今天不赢利，但是它正在介入并夺取那些现在赢利的公司的利润。将来，工作安全、薪水增加、员工福利和投资者的忠诚会意味着什么呢？房地产的价值会发生怎样的变化呢？只有时间能回答这一切。

我认为许多新的互联网公司将会倒闭，给投资者造成数十亿美元的损失。他们倒闭是因为一家公司能生存下去的最终原因，还是利润和净现金流。但是也会有许多工业时代的公司，因为与没有房地产的网上零售企业的价格竞争而倒闭。我最近听到一位传统商业领域的零售商说："我们会使购物成为一种娱乐。"这种想法的问题在于，让购物成为娱乐的代价高昂，许多购物者会来享受这种娱乐但仍旧在网上去搜寻和购买更为廉价的商品。

我有一个亲密的朋友，做我的旅行代理人很多年了。然而，这段时间以来，她不得不向我收取订票的费用，因为航空公司已经停止为她售票付佣金。她不得不解雇了几个忠心耿耿的员工，并且还在担心我会到网上去订购价格更低的机票。也是在这段时间，有个不是旅行代理人，也不受旅游业法规约束的人创建了一家互联网公司叫做"价格线"网。一夜之间，"价格线"公司的创始人杰·沃克凭借着一个创意进入了《福布斯》排行榜，成为了世界上最富有的400人之一，这一创意就是拍卖一件"垃圾"商品——众所周知的航线中的空位。

他做到这些只用了几年时间。而我的朋友却在解雇员工，并指望由于她的努力工作和良好服务能留住老顾客。我完全相信她会做得很好，但是她多年前开始的希望成为她退休保障的生意正变成一份没有保证的全职工作，而且当她准备退休时，这个生意可能已经没有任何价值了。

## 事情发生了变化

既然不必用钱去挣钱，那么为什么不走出去挣钱呢？为什么不去找投资者为你的创意投资并使你们都变得富有呢？答案是，因为陈旧的观念常常会阻碍你前进。

就像美林银行宣称的那样："世界只有 10 岁。"那么，改变你的想法还不晚，如果你还没有开始自己的事业，就要开始去追上时代的脚步了。但有的时候，最难改变的就是陈旧的观念。下面列出的是一些有必要改进的陈腐观念，虽然它们已经传了一代又一代了：

1. "规规矩矩做人，勤勤恳恳工作。"今天的现实是，从事最辛苦体力劳动的人，报酬最低，纳税最多。我不是说不要努力工作，我所说的是我们需要不断地向我们的老观念挑战，可能的话，考虑一些新的东西。考虑一下在业余时间为自己的企业努力工作吧！

今天，我们不应该只限于一个象限，而需要对"现金流象限"的 4 个象限都非常熟悉。毕竟，我们处于信息时代，一生只为一份工作而努力已经是陈腐的观念。

2. "悠闲的富人非常懒惰。"事实是，你在工作中花费的体力劳动越少，你致富的机会就越大。再强调一下，我不是说不要努力工作，我的建议是，在今天我们都需要学会更多地通过智力而不是单纯靠体力来挣钱。那些钱赚得最多的人体力劳动最少，因为他们是为被动收入和证券收入工作，而不是为劳动收入工作。现在你应该明白，一个真正的投资者所做的，是将劳动收入转化为被动收入和证券收入。

在我看来，今天悠闲的富人并不懒惰，只不过是他们的钱在为他们努力地工作。如果你想加入 10% 的群体，你必须学会更多地靠脑力而不是体力赚钱。

3. **"上学然后找份工作。"** 工业时代，人们在 65 岁退休，因为他们常常由于精疲力竭而无法搬动轮胎，也无法在流水线上把引擎装配到汽车上。今天，信息和技术发展如此之快，如果你在技术上已经落伍，18 个月甚至更快你就会面临被淘汰。许多人说今天的学生，从学校刚一毕业，技术就已经过时了。现在看来，富爸爸的观点"学校智慧很重要，但街头智慧也很重要"可能更加符合社会现实情况。我们正处在一个自学的社会，不再是从父母（比如在农耕时代）或者学校（比如在工业时代）那里学到知识。孩子们正在教他们的父母使用计算机，许多公司也正在更多地招聘有高技术的年轻人，而不是有大学学历的中年管理人员。

要想站在时代的前端，从学校和社会中学习仍然极为重要。和年轻人谈话时，我建议他们学习职业运动员和大学教授的思维方式。职业运动员明白，一旦更年轻的运动员超过了他们，他们的职业生涯就会结束。大学教授们知道，如果他们不断学习，那么年龄越大，他们的价值就会越高。在今天这两种观点都非常重要。

## 富爸爸的建议在今天更加正确

你们中那些读过我们前两本书的人知道，同时听取两个不同的爸爸关于金钱、企业和投资的意见，我经历了怎样的困难。1955 年，我的穷爸爸坚持说："去学校读书，拿到好分数，毕业后找一份安稳的工作。"另一方面，我的富爸爸坚持说："关注你自己的事业。"穷爸爸认为投资并不重要，因为他相信："公司和政府会为你退休后的生活和医疗负责。退休金计划是你应得的利益的一部分，你有权享受它。"而富爸爸仍会说："关注你自己的事业。"穷爸爸坚信应该做一个规规矩矩的、努力工作的人。他说："找份工作，努力工作并争取晋升。记住，公司不喜欢换工作太频繁的人，它按资历和忠诚度给奖励。"而富爸爸依旧会说："关注你自己的事业。"

富爸爸认为，你必须不断地向你自己的观念挑战。穷爸爸则坚信，他所受的教育非常有价值且最为重要。他相信有正确的答案和错误的答案。富爸爸认为世界在发展变化，我们需要不断地学习。他不相信正确答案或错误答案，而是相信旧答案和新答案。他说："你无法避免生理上的衰老，但那并不意味着你在精神上也必须变得衰老。假如你想青春常驻，只要接受更新的观念就行了。人们变得衰老和落伍是因为他们紧抓着已经过时的'正确'答案。"

这儿是一些例子，一些过时的"正确"答案：

1. 人类能飞吗？1900年以前的正确答案是不能。而在今天，显而易见的，人类可以飞向任何地方，甚至是太空。

2. 地球是平的吗？1492年以前的正确答案是"是的"。但在哥伦布发现新大陆以后，这个过去的正确答案过时了。

3. 土地是所有财富的基础吗？在工业时代以前，正确答案是"是"。而现在，答案是一声响亮的"不"。来自B象限和I象限的观念和知识更证明了这一点。一旦你证明了你知道怎样做，这个世界就充满要将他们的钱给你的富有的投资者。

4. 赚钱要花钱吗？我经常被问到这个问题。答案是"不"。在我看来，它一直都是"不"，不管在哪个时代。我总是这么认为："不必靠花钱去赚钱。是信息帮你赚钱，并留住钱。"唯一的变化在于，不需要用钱和艰苦劳动去赚钱这一事实在今天比以往任何时候都更加明显了。

我不知道明天会给我们带来什么，也没有人会知道。这就是富爸爸传授给我的最重要的理念之一，是要挑战和更新旧观念的根本原因。

今天，我看见那么多的朋友在财务和职业上落在后面，就是因为他们没有向自己的旧观念挑战。他们的观念通常是那些世代相传的从一个经济时代到另一个经济时代的非常非常陈旧的"正确答案"。现在一些高中的孩子们不打算找工作，而是打算越过整个工业时代的工作安全这一想法，成为财务自由的亿万富翁。这就是我要人们考虑建立他们自己的互联网公司——独自创立或者购买特许权或者加入网络营销公司——而不只是找别人的公司去投资的原因。现今的思维方式与以往不同，它可能会挑战一些极度陈旧的"正确"观点。正是那些旧观念经常使我们改变的过程变得非常困难。

## 构想不需要新意，但求更好

谨记一点，一旦你掌握了建立 B-I 三角形的指导方针，你就能从无到有，创造出资产。当人们问我，我第一份成功的投资是什么时，我简单地回答："我的漫画书业务。"或者可以说，我利用别人要扔掉的漫画书创建了一份资产，用的就是建立 B-I 三角形的原则。星巴克在一杯咖啡上做了同样的事。因此构想不一定非要新颖和独一无二，它们只需要比原来的更好。几个世纪以来一直如此。换句话说，事物不见得是高技术就更好。实际上，许多我们今天认为理所当然的事物，在昨天却是高科技。

许多人把他们的生命耗费在抄袭别人的构想上，而不去创造自己的构想。我认识两个要诡计抄袭别人构想的人。他们在没有得到他人允许和没有给构想的首创者应有的荣誉的情况下，利用了他人的构想去赚钱。尽管他们可能赚到很多钱，但当人们知道他们不经允许就采用他人构想的时候，他们付出的代价是失去了人们对他们的尊敬和信任。这两个人我过去和他们有过合作而现在不再来往，因为他们不经允许就使用别人的构想并据为己有。

就像富爸爸常说的："抄袭和偷窃的区别只在一线间。如果你是原创者，你必须小心剽窃构想的小偷，他们和入室行窃的人一样坏。"由于有越来越多的人在剽窃而不是创造，因而在你的团队中安排一名知识产权律师来保护你的创造就变得更加重要了。

西方世界历史上最重要的技术变革之一发生在"十字军"东征时期。当时基督教士兵们接受了阿拉伯数字。阿拉伯数字是因阿拉伯人在侵略印度期间发现了这种数字而得名，它取代了罗马数字。当时，没有几个人赞赏这种新的数字给我们的生活带来的改变。但阿拉伯数字使人们可以更精确地出海远航、可以将建筑物建得更加宏伟、可以把时间计量得更加精确、人类的意识也因此变得更加敏锐，人们可以更加准确、抽象和批判地思考问题。它是一个重大的技术变革，给我们所有人的生活都造成了巨大的影响。

阿拉伯数字并不是一个新的构想，它只是一个更好的构想——除此之外，它还是别人的构想。许多在财务上非常成功的人士都不一定非常有创意，他们中的很多人只是经常模仿他人的构想，并将构想转化成数百万甚至数十亿美元。时装设计师们观察年轻人穿着怎样的流行服装，然后就大批量地生产那些时装。比尔·盖茨并不是使他成为世界首富的计算机操作系统的发明者。他只是从真正发明操作系统的计算机程序员那里把它买下来，然后作为产品授权给IBM公司。还有其他的例子。亚马逊网站采用了萨姆·沃尔顿的沃尔玛的构想，并将它应用于互联网，结果杰夫·贝佐斯比沃尔顿更快地致富。这就是说，谁说你需要依靠自己的创造性的构想才能致富呢？你只需更好地理解B-I三角形，并吸收他人的好构想，就能将它们变成财富。

## 沿着父辈的足迹

《追求卓越》的作者汤姆·彼得斯一次又一次地在书中提到："工作安全失效了。"但是，还是有许多人继续告诉他们的孩子："去上学然后找一份安稳的工作。"许多人在财务上苦苦挣扎，只是因为他们沿用了父辈的金钱观念。可我们父辈中的大多数人并不是去创建资产，而是去为钱工作，然后用钱买来负债，并天真地以为它们是资产。我们中的许多人使劲地读书、然后找一份好工作，就是因为他们的父辈这样做或者建议他们这样做。结果他们和父辈一样在财务困境中挣扎，依靠劳动收入为生。我在上投资培训课时，有一个非常重要的练习，是让学员们把他们目前所做的事情和父辈所做的，或者父辈建议他们做的事情作一个比较。许多时候，学员们会发现，他们若不是几乎完全沿着父辈的足迹在走，就是基本上按照父辈的建议在做。在这一点上，我认为他们完全有权质疑这些一直控制着他们生活的旧观念。

假如一个人真的想改变，接纳更好的观念通常会是个好主意。我的富爸爸总是说："如果你想更快地致富，只要找到那些比你现在采用的观点更好的观点就行了。"所以，这些天来，我阅读富有的企业家的传记，听有关他们生活的录音带并听取他们的观念。富爸爸说过："构想不必是新的，只要更好就行——富人总是在寻找更好的构想。而穷人经常为他们的旧观念辩护，或是批评新观念。"

## 只有偏执狂才能生存

英特尔的董事会主席安迪·格罗夫为他的书取名为《只有偏执狂才能生存》。他从奥地利前任财政部长、哈佛商学院教授约瑟夫·熊彼特博士那里得到了书名的灵感。在《资本主义、社会主义与民主》一书中，熊彼特博士阐述了"只有偏执狂才能生存"这一观点。熊彼特博士是现代发展和变革经济学研究之父——就好像凯恩斯是静态经济学研究之父一样。熊彼特博士认为，资本主义是创造性的毁灭；这是一个摧毁陈旧的、效率低下的产品和服务，代之以新的、更有效的产品和服务的永久循环过程。熊彼特博士相信，允许资本主义存在，以使小的和低效率的公司破产的政府会幸存下来并繁荣昌盛；而保护低效率公司的政府将会落后。

富爸爸同意熊彼特博士的看法，这是他成为资本家的原因之一。富爸爸要求迈克和我不断地向我们自己的观念挑战。因为如果我们不这样做，其他人就会做到并淘汰我们。今天，虽然世界只有10岁多一点，但抱有陈旧观念的人仍会快速落伍。我们所面对的世界让我想起了一首歌《时代在变化》。其中一句唱道："你最好不断地游动，否则你会像石头一样沉下去。"虽然这首歌是大约40年前写的，但是它越来越反映出下一个40年的情形。换句话说，在今天你是富是穷并不意味着在不远的将来还会是这样。

## 你过去的成功不能代表什么

在不远的将来，那些不敢冒险、惧怕失败的人最终会失败。我的穷爸爸把失败看做一个名词，而富爸爸把它看做一个动词，这种观念上的区别使他们的人生完全不同。在《未来的边缘》一书中，乔尔·巴克写道："当巨变出现时，每个人都会回到起点。你过去的成功不能代表什么。"在这个迅速变化的世界，生活模式会发生越来越快的变化，你以往的成功可能完全失去意义。那就是说，仅仅因为你今天为一家好公司工作，并不能保证明天它仍是一家好公司。因此，格罗夫将这个观点作为他的书的标题：《只有偏执狂才能生存》。

其至员工的福利也在发生变化。信息时代不仅改变了退休金计划的规则——由固定收益退休金计划，变为固定缴费退休金计划，而且这一变革还影响到其他一些员工福利。最近我的一位在航空公司工作的朋友说："过去我能很容易地坐免费飞机，这是作为航空公司员工的一项福利。但是现在，由于拍卖航线空位，飞机常常是载满了乘客，我发现很难再使用这个我喜爱的福利了。"

## 两个得克萨斯人的故事

我们大多数人都听说过罗斯·佩罗和迈克尔·戴尔。他们都是得克萨斯人，都在信息时代的经济大潮中赚到了很多钱。但是最近一本金融杂志中的一篇文章提到，佩罗的财富实际上在减少，而戴尔的财富仍在继续猛增。区别在哪里呢？不是在于行业，因为两个人都处于信息产业，我将让你自己得出结论。

## 规则改变了

本书接近尾声，我将给你一些有关我们今天都要面对的变革的观念，一些自从柏林墙倒塌和因特网建立以来出现的变革。《纽约时报》外事专栏作家托马斯·弗里德曼在他的书《凌志和橄榄树》中，描述了工业时代和信息时代之间的几大变革。以下是其中一些变革：

1. $\dfrac{\text{冷战}}{\text{爱因斯坦的 } E = mc^2}$     $\dfrac{\text{全球化}}{\text{摩尔定律}}$

冷战期间，爱因斯坦的相对论——$E = mc^2$ 占统治地位。1945年，美国在日本投下原子弹时，美国变成为了世界经济中心，并从英国手中夺取了军事上的支配地位。20 世纪 80 年代，人人都认为日本将在经济上打击美国，东京股票市场十分火暴。但是日本经济处于支配地位的时间却非常短暂，因为美国修正了自己的不足之处，即将 $E = mc^2$ 方程转向摩尔定律。摩尔定律认为信息的力量每 18 个月会翻一番。今天美国因为在技术和军事实力上所处的领先地位，成为世界领导力量。

假使美国仍只停留在军备竞赛阶段，我们可能会像苏联那样成为一个破产的国家。1987 年柏林墙倒塌时，美国的资本市场迅速进入了信息时代。能这样迅速地转变，是由于一个自由资本主义社会提供的金融力量。日本和英国一样，无法迅速转变，因为这两个国家都和封建制度有着千丝万缕的联系——或者说都有着农耕时代君主专制体制的残留。潜意识中那些国家在等待着某个君主来领导他们。换句话说，革新被传统阻碍。这一观点对每个人和每个国家都是适用的。就像富爸爸所说的："旧观念挡着新观念的路。"我不是在建议废除一切老传统，但是由于我们处于信息时代，因此需要拓展一些观念并改变已经不合时宜的旧观念。

2. $\dfrac{冷战}{导弹的当量}$      $\dfrac{全球化}{调制解调器的速度}$

柏林墙倒塌之后，$E = mc^2$ 被摩尔定律替代。掌握世界的权力象征，从核弹头的当量转向你的调制解调器的速度有多快。好消息是，一个高速的调制解调器比体积庞大的导弹造价低得多；速度比当量更重要。

3.

| 冷战 | 全球化 |
|---|---|
| 两股力量控制世界 | 没有人控制 |

在冷战期间，有两个超级大国：美国和苏联。今天，网络将无国界的世界和经济全球化的想法变为了现实。

今天，控制着巨额财富的电子一族（成千上万的基金管理人），用比政治家们更加强大的力量去影响世界。假如电子一族不喜欢一个国家管理经济事务的方式，他们就会以光速将他们的资金移走。几年前，马来西亚、泰国、印度尼西亚和韩国就发生了这样的事。任何国家都有可能发生这样的事。今天，政治家们不再像在工业时代那样掌握实权。在信息时代，影响一个国家事务的常常是全球性的电子货币的力量。

有一次比尔·盖茨从美国穿越国界去加拿大。当海关官员问他是否有有价值的东西需要申报时，他拿出一堆用胶带包裹起来的软盘："这至少值 500 亿美元。"海关官员耸耸肩，以为他在开玩笑，便让这个世界首富不付一分钱税就越过了国界。关键在于，那一堆包在胶带里的软盘的确至少价值 500 亿美元，它们是微软的 windows95 的原型。

目前，像盖茨这样的超级富豪常常比许多大国更有经济实力，更能影响世界。这样的实力迫使世界上最强大的政府——美国政府将盖茨告上法庭，起诉他有垄断行为。当这个官司开始的时候，我的一个朋友说："可怕的是，盖茨能付比美国政府更多的钱去请到更好的律师。"这是因为美国政府是工业时代的一个组织机构，而盖茨是信息时代的一名超级富豪。

无独有偶，乔治·索罗斯在《全球资本主义的危机》一书中写道："许多公司比有些西方国家更有钱有势。"这就是说，今天有许多公司可以只是为了让几个股东获利，而去破坏一个国家的经济。许多公司都具备这样的实力。

在不远的将来，许多变革不论好坏都将发生。自由经济最大限度地延伸，陈旧和落伍的行业会被无情地淘汰，竞争和合作则将日益增强（例如，会出现更多的像美国在线和时代华纳这样的巨额并购），会有更多的新兴公司收购老牌公司。这些变革正在发生。因为高科技这个魔鬼已经从瓶子中被释放出来，信息和技术现在已经廉价到每个人都可以负担。

## 好消息

好消息是，破天荒的第一次，90/10 规律不再适用。现在越来越多的人有可能进入无限广阔的财富世界中去。财富建立在信息之上，而信息是无限的，不再像过去一样受到土地和资源的限制。坏消息是，抱着旧观念的人们，将会被即将到来的变革和已经发生在我们身边的变革，无情地打击。

如果富爸爸还活着，他会说："互联网的流行，就像 19 世纪 50 年代的加利福尼亚淘金热。区别只在于你不必离开家去加入它，那么为什么不加入呢？"他可能还会继续说："在任何经济繁盛时期，只有 3 种人：使事情发生的人、看着事情发生的人和口中说着'发生了什么事情'的人。"

虽然我开始于一个将爱因斯坦的相对论列为冷战时期陈旧观念的时代，但我仍然认为爱因斯坦是一个真正的理想主义者。因为在他那个时代，他就能够认识到并指出了一个在今天更显正确的观念——"想象力比知识更重要。"

真正的好消息是，有史以来第一次，因特网使越来越多的人能看到硬币的另一面，如果他们愿意睁开眼睛去看的话。

我经受过的最好的挑战之一，就是采用我的创新构想并用那些构想去创建一份资产。虽然不会总是成功，但随着每一个新的冒险，我的技能得到了提高，我能看到一个只有极少数人能够看到的充满可能性的世界。所以好消息是，互联网使更多的人更容易进入财富的世界，而在过去的许多世纪，这只有少部分人能够做到。互联网使更多的人有可能采用他们的构想，创建能增值的资产并将他们的财富梦想变成现实。

## 我们只是刚刚开始

卡朋特兄妹唱过一首名为《我们只是刚刚开始》的歌。对你们中那些以为自己从头再来为时已晚的人，要记住桑德斯上校是在66岁时才从头开始创建他的肯德基王国的。而我们比上校更有优势，因为我们现在处于信息时代，在这里，重要的不是你生理上有多老，而是你的精神有多年轻，正如美林银行的报告所说："世界只有10岁。"

## 你最重要的投资

不论你是否同意，不论你有没有理解，也不论你有没有采用过本书中的信息，你读本书就是在进行一项重要的投资。在今天这个不断变革的世界，你能做的最重要的投资，是进行持续的教育和寻找创新的构想。因此，要坚持寻找，不断挑战旧观念。

本书的主要观点之一是，你有能力创造一个金钱匮乏的世界，也有能力创造一个金钱富足的世界。创造一个金钱富足的世界确实需要一定程度的创造力、高水平的财务和商业知识，同时要寻找机会而不是寻找安全保障，去寻求更多的合作而不是竞争。富爸爸的话引导着我形成了自己的思想："你可以选择在一个金钱匮乏的世界中生活，也可以选择在一个金钱富足的世界中生活。选择权在你的手中。"

## 最后的话

在本书的开头，富爸爸对普通投资者的建议是："不要太普通。"不管你投资是为了求得安全、舒适，还是为了变得富有，请为每一个层次制订一个计划。在信息时代，变革更快、保障更少、机会更多，你的财务教育和投资知识极为重要。所以富爸爸的"不要太普通"的建议在今天显得更加重要。

# 附　录
# 罗伯特的教育方式

## 怎样创建你自己的资产以及怎样从内部和外部购买其他的资产

在本书的前言中，我说过证券交易委员会将"特许投资者"定义为年收入20万美元以上的人。我还讲到，每年至少有20万美元的收入才可以让你进行一些全世界最好的投资，当然也有可能让你参与的是世界上最差劲的、最冒险的投资。这就是富爸爸认为一年只挣20万美元还不够的原因。他认为进行这一类的投资，需要特殊的技能来将好的投资和冒险性的投资区别开来。

我的教育游戏"现金流"就是为想做到以下情况的人设计的：

1. 掌控他们个人的财务。

2. 学习怎样保住他们挣到的钱。

3. 学习运用他们的构想并将其转化为资产的基本技能。

4. 学习建立年收入20万美元以上企业所需的基本技能。你可能还记得在B-I三角形中的基本技能是现金流管理。有9/10的新建公司在最初的5年内会倒闭，原因就在于公司的所有人没能通过管理好现金流来使公司发展。

5. 获取一些必要的财务知识，更安全地投资于世界上一些最好的投资项目。

6. 学习做一名自信的投资者，不管股市是涨还是跌。

7. 训练你的思维，认识到生活在一个金钱富足的世界中是完全可能的。

8. 提高你的财务知识，扩大你的财务词汇量。

9. 学会通过让你的钱努力为你工作，而不是你努力为钱工作来解决财务问题。

10. 寓教于乐，能教你爱的人一些你正在学习的技能。

这些是你从玩《富爸爸现金流》游戏中可以得到的一些益处。游戏中包含了我建立能为我带来财富的企业的基本技能，以及安全地投资房地产和其他企业的基本技巧。正是通过这些投资中产生的现金流，我和我的妻子金得以退休。那年她37岁，我47岁。要了解更详细的内容，你可以阅读后面关于2个不同游戏的说明。

读完本书后，显而易见你会知道，安全和舒适的投资应该有一个自动的计划，一个为你量身定做的计划。你可以选择将你的资金交给一位财务顾问，让他依据你的计划进行投资。但是，以投资致富常常需要一套不同的个人技能，一套实现低风险、高投资回报以及获取财务成功的技能。也就是说，要知道怎样创建能增值的资产。问题在于，接受基本的教育和获取必要的经验常常会花费很多时间，代价也惊人地高昂，特别是当你用自己的钱犯了错误的时候。因此，我设计了这个教育桌面游戏，它已取得专利，商标叫做"现金流"（CASHFLOW）。

## 2个不同的游戏

### 《富爸爸现金流》游戏（成人版）

《富爸爸现金流》游戏（成人版）主要教你投资的基础知识。

但它还能教你更多的东西。《富爸爸现金流》游戏（成人版）会教你如何控制你的个人财务，如何通过正确的现金流管理建立企业，学习怎样更自信地投资房地产和其他业务。

这个教育产品是为你设计的，如果你想促进企业发展，提高投资技巧，就要学习如何运用你的构想并将它们转化成资产，比如你自己的企业。许多小企业经营失败，就是因为所有者缺少资本、实际经验以及基本的会计技巧。因为无法阅读财务报表，许多投资者把投资看做是一项冒险的活动。《富爸爸现金流》游戏（成人版）就是在教授财务知识和投资的基本技巧。这个教育产品包括桌面游戏、一盘录像带和3盒磁带。大约完整地玩完两次游戏你就开始理解它了。但是，我们建议你至少玩6次，这样你就可以开始掌握现金流管理和投资的基础知识。

这个游戏为那些渴望为其财务未来投资的人而设计。当人们说："这个游戏太昂贵了。"我会回答："是的，但是在企业和投资上你损失的金钱可能更多。"因为害怕在市场中犯错，所以实际上许多人最大的代价是他们没能挣到的钱。

在你开始掌握了这个游戏的要点之后，你可以把它教给其他人。我们都知道教授课程是最好的学习方法之一，你教得越多，学到的也越多。

### 《富爸爸现金流》游戏（少儿版）

你的孩子可能成为下一个比尔·盖茨、美体小铺的安妮塔·罗迪克、沃伦·巴菲特或是唐纳德·特朗普吗？如果是这样，为孩子们设计的《富爸爸现金流》游戏，可以作为家庭的启蒙性财务教育游戏，它会教给你的孩子与我的富爸爸当初传授给我的相同的早期教育。很少有人知道沃伦·巴菲特的父亲是一名股票经纪人，唐纳德·特朗普的父亲是一位房地产开发商。父母对孩子早期的影响能产生长远的财务结果。

# 迅速提高财商的三个方法

## 方法一：阅读"富爸爸"系列书籍

**财富观念篇**　　《富爸爸穷爸爸》

《富爸爸财务自由之路》

《富爸爸提高你的财商》

《富爸爸女人一定要有钱》

《富爸爸杠杆致富》

《富爸爸我和埃米的富足之路》

**财富实践篇**　　《富爸爸投资指南》

《富爸爸房地产投资指南》

《富爸爸点石成金》

《富爸爸致富需要做的6件事》

《富爸爸穷爸爸实践篇》

《富爸爸商学院》

《富爸爸销售狗》

《富爸爸成功创业的10堂必修课》

《富爸爸给你的钱找一份工作》

《富爸爸股票投资从入门到精通》

《富爸爸为什么A等生为C等生工作》

**财富趋势篇**　　《富爸爸21世纪的生意》

《富爸爸财富大趋势》

《富爸爸富人的阴谋》

《富爸爸不公平的优势》

**财富亲子篇**　　《富爸爸穷爸爸（少儿彩图版）》

《富爸爸发现你孩子的财富基因》

《富爸爸别让你的孩子长大为钱所困》

《富爸爸穷爸爸（漫画版）》

| 财富企业篇 | 《富爸爸如何创办自己的公司》 |
|---|---|
| | 《富爸爸如何经营自己的公司》 |
| | 《富爸爸胜利之师》 |
| | 《富爸爸社会企业家》 |

## 方法二：玩《富爸爸现金流》游戏

风靡全球的《富爸爸现金流》游戏浓缩了《富爸爸穷爸爸》一书的作者——罗伯特·清崎三十多年的商界经验，让我们在游戏中模仿和体验现实生活的同时，告诉游戏者应如何识别和把握投资理财机会；通过不断的游戏和训练及学习游戏中所蕴含的富人的投资思维，来提高游戏者的财务智商，最终实现财务自由。

## 方法三：关注读书人俱乐部微信

北京读书人俱乐部微信公众号由北京读书人文化艺术有限公司运营，为"富爸爸"读者提供符合富爸爸理念的各种理财资讯、产品和工具。读书人文化是一家专业图书策划与出品公司，一直致力于为读者提供幸福生活的知识。从2000年成立至今，读书人文化已在投资理财、文化生活和少儿教育三个领域确立了自己的文化理念和品牌，先后策划出品了"富爸爸穷爸爸"系列、《谁动了我的奶酪》《金字塔原理》《空谷幽兰》《中国的品格》《莲花次第开放》《一心一意来奉茶》《小狗钱钱》《儿童自我成长小百科》等优秀图书。同时，公司也以自身积累的图书和作者等优质文化资源为载体，不断拓展相关衍生产品与服务，如培训讲座、投资工具和影视作品等。读书人文化将秉承"读书人当为天下爱书人服务"的理念，用更多优秀图书和产品，助力读者的财务自由与心灵自由之路。

readers-club
扫码关注读书人俱乐部
获取更多相关资讯

读书人淘宝店
扫码关注读书人淘宝官方品牌店
获取更多优惠信息

《富爸爸穷爸爸》

作者:〔美〕罗伯特·清崎

ISBN:978-7-220-10291-2

定价:48.00元

世界上绝大多数人奋斗终身却不能致富,因为他们在学校中从未真正学习关于金钱的知识,所以他们只知道为钱而拼命工作,却从不学习如何让钱为自己工作……

——罗伯特·清崎

清崎有两个爸爸:"穷爸爸"是他的亲生父亲,一个高学历的教育官员;"富爸爸"是他好朋友的父亲,一个高中没毕业却善于投资理财的企业家。清崎遵从"穷爸爸"为他设计的人生道路:上大学,服兵役,参加越战,走过了平凡的人生初期。直到1977年,清崎亲眼目睹一生辛劳的"穷爸爸"失了业,"富爸爸"则成了夏威夷的有钱人。清崎毅然追寻"富爸爸"的脚步,踏入商界,从此登上了致富快车。

清崎以亲身经历的财富故事展示了"穷爸爸"和"富爸爸"截然不同的金钱观和财富观:穷人为钱工作,富人让钱为自己工作!

《富爸爸穷爸爸实践篇》

作者:〔美〕罗伯特·清崎 〔美〕莎伦·莱希特

ISBN:978-7-220-10300-1

定价:48.00元

如果你的投资已经没有任何价值,如果你已经厌倦了那些陈词滥调的财务建议,如果你担心自己要无休止地工作下去,永远无法退休,或者,如果你只是想多花一些时间来陪陪家人,那么你可以从本书中找到答案。

——莎伦·莱希特

1999年4月,《富爸爸穷爸爸》在美国出版,仅仅半年时间就创下100万册的销量。2000年3月,韩语版面市;2000年6月,登陆澳大利亚;2000年9月,简体中文版面市,连续两年半名列畅销书排行榜前10名……一时间,全世界范围内掀起了一股"富爸爸"热潮,无数的读者因为实践"富爸爸"的建议,获得了经济上的成功!

本书是《富爸爸穷爸爸》的实践篇,书中选取了22个具有代表性的成功案例,既有初次创业者,也有失业者、退休者,甚至是事业的失败者和破产者。他们现身说法,讲述自己的创富故事,为你展示如何一步一步地走上财务自由之路!

图书在版编目（CIP）数据

富爸爸投资指南 /（美）罗伯特·清崎,（美）莎伦·
莱希特著；萧明译. — 成都：四川人民出版社，2017.8
（2019.9 重印）
　ISBN 978-7-220-10298-1

　Ⅰ.①富… Ⅱ.①罗… ②莎… ③萧… Ⅲ.①私人投
资–通俗读物 Ⅳ.① F830.59–49

中国版本图书馆 CIP 数据核字（2017）第 193630 号

Rich Dad's Guide to Investing
Copyright © 2012 by Robert T. Kiyosaki
This edition published by arrangement with Rich Dad Operating Company, LLC.
版权合同登记号：图进 21-2017-498

FUBABA TOUZIZHINAN
# 富爸爸投资指南
〔美〕罗伯特·清崎　〔美〕莎伦·莱希特　著　萧明　译

| | |
|---|---|
| 责任编辑 | 李淑云 |
| 特约编辑 | 张　芹 |
| 封面设计 | 朱　红 |
| 版式设计 | 乐阅文化 |
| 责任印制 | 聂　敏 |
| 出版发行 | 四川人民出版社　（成都市槐树街2号） |
| 网　址 | http://www.scpph.com |
| E-mail | scrmcbs@sina.com |
| 新浪微博 | @ 四川人民出版社 |
| 微信公众号 | 四川人民出版社 |
| 发行部业务电话 | （028）86259624　86259453 |
| 防盗版举报电话 | （028）86259624 |
| 照　排 | 北京乐阅文化有限责任公司 |
| 印　刷 | 三河市中晟雅豪印务有限公司 |
| 成品尺寸 | 168mm×234mm　1/16 |
| 印　张 | 28.25 |
| 字　数 | 361 千 |
| 版　次 | 2017 年 9 月第 1 版 |
| 印　次 | 2019 年 9 月第 9 次印刷 |
| 书　号 | ISBN 978-7-220-10298-1 |
| 定　价 | 68.00 元 |